全島總罷工

殖民地臺灣工運史

蔣闊宇 —— 著

寫在本書之前

　　本書旨在以日本統治五十年間的新聞資料，重新建構殖民地臺灣工運史，希望對臺灣工人階級的歷史傳承，多少有些貢獻。

　　由於資料量十分龐大，本書將在最開頭提供一段「簡史」，供讀者綜覽全局，掌握當年工運脈絡。研究者可以把本書當成工具書使用，將「簡史」視爲索引，依目錄查找所需資料；一般讀者則可以將本書視爲工運故事集錦，同樣以「簡史」爲索引，去翻閱有興趣的工運故事。

　　在一九二〇年代工運狂飆的歲月裡，證峰法師林秋梧曾寫過一首詩偈：菩提一念證三千，省識時潮最上禪，體解如來無畏法，願同弱少鬥強權。

　　謹將此書獻給勇敢的臺灣工人。

目次

附錄

參考書目

表目次

圖目次

回看那個壯闊時代：
反思日治時期臺灣社運史的幾個可能視角

林文凱

中央研究院臺灣史研究所副研究員

　　很高興能為闊宇的這本書撰寫推薦序。記得好幾年前參加一個學術研討會時，我曾經就日治時代臺灣文學史研究中的臺灣經濟史想像等議題，與指導闊宇這篇論文的黃美娥教授，有過一番交流討論。其後，兩年前我在臺灣圖書館出版的刊物《臺灣學通訊》中寫了一篇短文〈昭和經濟危機下的臺灣勞工運動（1927-1933）〉，在該文中，我從臺灣經濟史的視角對於闊宇的碩論，也就是本書的前身做了一些不同觀點的對話討論。[1] 大概因著這個緣故，有機會蒙闊宇本人與黃美娥教授的青睞，邀請撰寫這篇序文。

　　近三十年來伴隨臺灣民主化，臺灣社會與學術界開始有機會正視這塊土地上發生的歷史與文學，臺灣史與文學研究從「險學」變成「顯學」，而在這一新興學術浪潮中，或許一九二〇至三〇年代的臺灣政治與社會文化運動是最受關注與熱門的研究議題。臺灣近代資本主義發展、政治啓蒙與社會運動以及文學革命，可以說都起源於那個精彩時代，而對那個時代的歷史詮釋與重構，不僅是戰後初期國民黨政權歷史宣傳的重點，也是一九七〇年代以來臺灣各時期的政治與文化運動以及學術界歷史論辯的

1　林文凱，〈昭和經濟危機下的臺灣勞工運動（1927-1933）〉，《臺灣學通訊》第105期（2018.05）：12-14。

焦點。

在筆者來看，本書有幾個層面的意義值得關注，首先，這本書在臺灣社運史料開發與利用上有其示範作用，雖然臺灣社運史的研究已有數十年，但既有研究基本上都僅依賴總督府的官方史料以及連溫卿、蔣渭水等社運重要參與者的相關史料，而闆宇這本書則費心整理了日本治臺五十年間的各種新聞資料，帶領我們前往歷史現場查看那些年間臺灣人的社運圖像。雖然晚近學界已經廣泛利用這些新聞史料從事各種主題的研究，但很少有如闆宇這份研究一樣，把這些新聞資料庫像是歷史田野般，詳細地逐筆整理了其內容，並透過與各種相關史料的比對，組裝與述說出一個不同於陳說的社運歷史。

其次，這本書對於臺灣的左派政治史研究也有其積極意義，過去的左派政治史研究，受限於既有史料的性質，往往集中於總督府的帝國主義鎮壓敘事或者運動重要領導者的民族主義英雄敘事，但闆宇的研究的確如其所說的，透過「工運組織內部運作過程」的描述，盡力呈現出日治時期臺灣工人組織與工人集體的狀況。闆宇囿於其左派帝國主義分析架構，書中對於右派政治人物在工運發展中的角色分析雖然未盡公平，但這種側重於普通民眾工運意識與行動的分析取徑，或許是過去側重於英雄與民族主義敘事的政治史研究應該參考的，對於我們認識日治中期臺灣社會民眾的意識狀態與政治化應該是重要的。

此外，這個工運史的描繪對於臺灣經濟史的研究也有一定的啟發。在本書中，闆宇應用了一些臺灣產業史的最新研究來說明個別產業勞工運動的發展背景，但這本書也描繪了很多過去經濟史研究未曾關照過的產業，譬如印刷、木工、紡織等多種產業。因此，透過閱讀本書，經濟史研究者也可進一步開拓一些新的研究對象與議題。另一方面，過去臺灣經濟史研究往往強調「農業臺灣／工業日本」的圖像，但本書有關工運的歷史敘事，則一定程度透顯了日治中期以來臺灣工業發展的圖像，補白、說明了臺灣產業史的一些重要發展面向。

闆宇在本書中對於日治中期臺灣工運發展的分析，奠基於其對該時期

臺灣經濟史的一些看法，做爲這個時期的經濟史研究者，我對其分析所借鑑的馬克思主義經濟史觀的定位有些不同觀點，但我不擬在此細談，有興趣的讀者可以從上述提及的短文以及我的日治時代臺灣經濟史的研究，詳細了解這些不同觀點。[2]

「左手寫詩、右手搞工運」（新新聞記者報導語）的闊宇，撰寫本書的目的不僅是日治時期工運歷史的重寫，同時也希望爲今日的勞工運動開展新的「變革性政治想像」。因此，在此我只想介紹一些在分析討論臺灣一九二〇至三〇年代的經濟史、社會運動史與社會主義史等研究議題時，可以關注的一些研究典範與理論觀點。

首先，闊宇在這本書所採用的經濟史觀，一部分是當時臺灣左派與第三國際採取的列寧觀點的馬克思主義經濟史觀，這是一種經濟決定論的壟斷資本主義論，用以說明殖民地的資本主義發展與資本家對於勞工的剝削狀況；另一部分則是戰後一九七〇至九〇年代流行的新馬克思主義經濟史觀，即屬於馬克思主義發展經濟學的依賴理論（Dependency Theory）一環的聯屬理論，來分析一九二〇年代臺灣米糖相剋的產業結構下工人工資的變動，這一理論主要關切之前壟斷資本主義論所忽視的不同產業生產模式之間的聯屬關係。

一九二〇年代晚期以來至今臺灣經濟史學界的幾個重要作品中，矢內原忠雄的《帝國主義下の台湾》（1929）一書屬於列寧的壟斷資本主義論，而涂照彥的《日本帝国主義下の台湾》（1975）一書，與柯志明的《米糖相剋：日本殖民主義下臺灣的發展與從屬》（2003）都可歸屬於聯屬理論。但值得注意的是，涂照彥的分析雖然多方修正矢內原忠雄的觀點，但仍然強調殖民剝削與支配的面向，然而柯志明雖然同樣採用類似的聯屬理論分析架構，但卻強調日治中期一九二〇至三〇年代晚期日本管制臺米出口之前，臺灣農民整體生活水平的明顯提升，換言之，雖然採用聯

2　林文凱，〈認識與想像臺灣的社會經濟史：1920-1930年代臺灣社會史論爭意義之重探〉，《臺灣史研究》第21卷第2期（2014.06）：69-110；林文凱，〈晚近日治時期臺灣工業史研究的進展：從帝國主義論到殖民近代化論的轉變〉，《臺灣文獻》第68卷第4期（2017.12）：117-146。

屬理論的馬克思主義分析架構，但柯志明的分析結論卻是接近於晚近經濟史學界所謂的殖民近代化論（儘管實際論證架構有很大不同）。

　　值得注意的是，闊宇在分析一九二〇至三〇年代的勞工薪資與勞工運動之間的關聯時，雖然說是從廖偉程的研究中轉引柯志明的聯屬理論分析觀點，但實際上他的分析論點與其說是接近柯志明，不如說是接近涂照彥的殖民剝削觀點，即強調一九二〇年代以後勞工薪資日益惡化。簡言之，柯志明的研究主要關切臺灣米作與蔗作的產業與農民收入的聯屬關係，並未進一步延伸到工業勞工部分，但若依照其聯屬分析論點，並參照溝口敏行等人的實質工資統計資料，實際上並無其所謂一九三〇年間嚴重倒退回一九二〇年以前的情況。

　　其次，是與上述經濟史觀點相關的勞工運動解釋問題。闊宇在解釋勞工運動的發生時，強調：「經驗證明任何勞工運動的起源都是工人階級改善生活的願望，好了要更好，壞了要抵抗。」單看這句話會以為他將勞工運動的產生，完全歸結在經濟剝削上。不過，他的工運史解釋成功的地方在於透過「工運組織內部運作過程」的討論，潛在地說明了一九二〇至三〇年代的臺灣勞工如何定義生活的好壞，與發展出改善生活的願望。

　　晚近社會學界有關社會運動的理論觀點，除了帶有經濟決定論馬克思主義色彩的階級關係決定論外，主要有相對剝奪論、資源動員論、政治過程論與新社會運動論等分析典範。雖然闊宇在分析一九二〇至三〇年代的勞工運動時，有時候受限於當時工運組織者的左派帝國主義論與階級分析話語，而過度強調了經濟剝削的面向，但他有關工人組織與工人集體的分析觀點，涉及了社會運動的組織、動員、心理認知與共識建構等議題，其實很可以與前述的幾種新的社會運動解釋觀點相互連結。

　　在此我想提醒的是，闊宇在本書的分析集中於工人經濟狀況與組織和集體的討論，這的確是工人運動分析最重要的基礎，但若配合前述的幾種社會運動解釋觀點來看，該時期工人運動史的出現，其實有必要放在更廣泛的社會與歷史脈絡中來分析。因此，有關該時期臺灣史研究所探討的一九二〇年代第三國際馬克思主義左派理念的傳布、殖民地統治體制轉向

內地延長主義、一九二〇年代前期臺灣右派主導的議會請願運動，還有同時期的各種社會文化運動，這些與工人運動直接間接相關的各種制度、脈絡與環境，或許也可以適當納入解釋架構中。

　　最後，從社會主義史的角度來說，晚近臺灣左派的政治史與文化史研究者，仍一直將其對社會主義運動與思想的認識停留在一九三〇年代的第三共產國際時期，並未注意到戰後冷戰體系雙方左派思潮的先後更新。一方面，歐美自由主義陣營的左派思想家放棄了第三國際時期經濟決定論的馬克思主義，改採經濟、政治與文化體系各具相對自主性的文化馬克思主義（或者說西方馬克思主義）；同時北歐與西歐國家的左派政黨也反對暴力革命的共產黨政略，而發展出社會民主主義的左派政綱，也就是在資本主義經濟的基礎上，透過社會福利政策的社會重分配體制，建立保護勞工與弱勢者的公平正義社會。另一方面，戰後追隨蘇聯的共產黨國家如東歐各國與中國、越南，則在數十年的社會主義體制實驗失敗後，不得不追隨西方已開發國家採行資本主義的經濟改革方略，並希望逐步建立社會福利體制。

　　當然如同最近幾年受到矚目的社會經濟學者T. Piketty的《二十一世紀資本論》或者諾貝爾經濟學獎得主J. E. Stiglitz的《全球化及其不滿》等書所說，戰後一九六〇年代以來幾十年間，在北歐、西歐與日本和東亞四小龍逐步確立的這種維持經濟發展並一定程度兼顧社會分配正義的體制，並非必然可以持續下去並擴及其他發展中國家。因為近年來伴隨全球化與新自由主義的發展下，資本流動日益快速便利，全世界的資本家們正在以提供投資與創造工作機會為由，威脅要求各國改變稅制並削減社會福利，嚴重戕害戰後以來做為社會發展典範的社會民主主義的存續。但無論如何，面對新自由主義的威脅，這些學者們的解方顯然不是第三國際時期的暴力革命與廢除資本主義等傳統第三國際方案。

　　就闊宇本書所關心的當代臺灣社會如何從歷史學到教訓的問題，我想戰後臺灣社會的經濟發展與民主化以來的社會民主主義進展，的確仍有很多問題與挑戰，而日治時代的臺灣工運史不僅對於工運等社會運動，還有

政治與文化運動，以及臺灣社會如何從過去變成當代社會，也的確能提供很多的歷史教訓。但我想進一步提醒的是：經歷戰後七十餘年社會變遷的我們，在反思與重估那一段工運的歷史與當代意義之時，也應放寬歷史的視野，將戰後世界各國的社會主義理論變遷與學術史一併納入思考。同時，這一代困頓年輕人的社會改革處方，不應僅向過去臺灣戰前的左派歷史求索，也必須將世界各國戰後的社會主義實踐歷史納入考察，並思考如何壓制新自由主義對於社會民主體制的破壞性力量。

序二

反思當代、指向未來，
從眞誠面對歷史開始

周聖凱
桃園市空服員職業工會祕書長、協助推動2019年長榮空服員罷工

工人運動近年「重新」躍入了臺灣社會大眾的視域，有賴多場受矚目的行動：2013年關廠工人臥軌臺北車站，2015年到2018年反對《勞基法》兩度修改的工時鬥爭，以及三場大型罷工——2016年的華航空服員罷工、2019年的華航機師罷工與戰後臺灣史上規模最大的長榮空服員罷工，都像是大型的勞工教育，和其他社會運動同軌進行。2014年三一八佔領立法院的運動帶給臺灣人更多的抗爭意識，許多臺灣工人也都投身其中，而空服員和一場又一場不同性質的罷工，則給了臺灣工人具體的抗爭工具，發現抗爭不是只能對準抽象渺遠的國家和國際關係，工人可以透過工會，在工作場所團結戰鬥，讓自己和身邊人得以享有更好的生活、更多愛人的時間，甚至心靈上的自由，許多工人都在告訴我這樣子的故事。

我很幸運做為工會組織者，正在經歷臺灣工人運動漸趨壯大的歷史進程，一場如此高密度的抗爭故事，更幸運的是還有許多工會組織者和工會幹部並肩同行，其中一位就是本書的作者——桃園市產業總工會的祕書蔣闊宇。

蔣闊宇所服務的桃園市產業總工會，就是近幾年多場罷工和抗爭的重要推手，蔣闊宇這部《全島總罷工：殖民地臺灣工運史》的發想、寫作、幾度修改到出版完成，也都發生在近幾年臺灣工人運動漸趨壯大的歷史進程當中。本書描敘的是一百年前臺灣的工人運動，同時持續和當代的工人

運動和臺灣社會進行對話，一百年前臺灣人面對的問題，蔣闊宇對此提出的辯證和觀點，都在督促我們一代人來重新思考歷史的反覆，與臺灣工人現正面對的內部和外部困境。

臺灣當代的戰鬥工會，不論是我所服務的桃園市空服員職業工會或蔣闊宇服務的桃園市產業總工會，都在面對一個誤解：抗議民進黨時你就是國民黨，抗議國民黨時你就是民進黨，不能說你是國民黨，也不能說你是民進黨，那就是共產黨。

這充分顯現臺灣工人集體不被承認有清晰且具體的主體性，這來自當代臺灣單薄的政治想像、愈趨激烈化的國族焦慮。我們可以看見過往的歷史敘述──對日治時期臺灣工人運動與社會運動的敘述，經常是以民族主義抗日的視角出發，很少更深地挖掘工人運動的組織動力。這樣子的視角底下，運動的左右翼分裂就都好像是讓人悲傷不能團結的事情而已，我們也常常只記得某些突出的個人或團體名稱──蔣渭水和臺灣民眾黨、連溫卿和左傾的臺灣文化協會、謝雪紅和王萬得以及臺灣共產黨等等，工人運動除了被羅列出來的抗爭事件外，通通面目模糊。

蔣闊宇的這本《全島總罷工：殖民地臺灣工運史》的史觀，就在重新反思這件事，蔣闊宇同時為研究者和工會組織者，非常清楚工人運動的抗爭動力其實來自「工會」的組織工作，從這個角度來看，才能真正理解臺灣一百年來的工人運動。因為不僅個別工人有自己的利益盤算，全臺灣工人也有共通的階級利益，但從個別工人是幾乎不可能主動跳躍去思考全臺灣工人的共通性，中間需要工會這個集體組織做為關鍵推動的環節。工會往往也會有自身的組織考量，唯有從這個以工會、以組織發展為軸心的史觀，去看清楚工會如何建立工人的「想像共同體」，才比較有可能還原臺灣工人運動實際運作的生態相，在錯綜複雜的盤算間，理解臺灣工人集體如何制定策略，分進合擊或是兄弟爬山各自努力。

在蔣闊宇的歷史敘述下，我們可以看得更清楚：左右翼路線鬥爭的問題，不只是知識分子的命題，更是個大型的思想市場，不同的工會和工人要在其中去選擇誰的路線和策略對自己有利。左右翼路線鬥爭的問題也不

只是邏輯論述的交鋒和紙上談兵，而是能否在個別工會的勞資關係中收效，才有可能進而點點滴滴改變臺灣工人的內心景觀和社會結構。

《全島總罷工：殖民地臺灣工運史》就描敘了非常多左右翼知識分子如何競爭工會的支持，還有工會抉擇的過程，以上都會再反過來影響左右翼知識分子推動運動策略的考量，思想論述也會隨之有所調整。足見知識分子不總是「給」的人，很多時候是被工人啓發、被工人調整的。知識分子也不能單純視爲外力，應該要視爲和工人群眾一起在工會或更大的組織架構底下，共同「運動」的人。本書對日本時代臺灣工運史的深入探討和詮釋，都再再點出工會組織事實上是非常有主體性的。

蔣闊宇以工人的集體組織做爲推動工運和歷史的主體，在臺灣的歷史敘述中很有開創性，這個史觀也是當代相當欠缺、需要補足的部分。很多臺灣人沒辦法理解工會組織有其主體性，就更沒辦法正視工會有其自身的組織考量，因此從外在的社經情勢和內在的心理結構，都壓抑了工人和工人運動各方面的發展。例如統獨論述和藍綠對立的社會動員，逼臺灣人在抽象的政治利益和具體的經濟利益中間精神分裂。

近幾年愈趨蓬勃的自主工會，以及兩波反對《勞基法》修改的工時鬥爭，漸爲藍綠對立的論述劃出裂痕，從藍綠對勞工態度的相近性，證明了他們實爲利益一致的共同體和共犯結構，都將統獨論述當成提款機而已，沒辦法爲臺灣工人階級代言，於是乎臺灣工人正在胼手胝足開闢的第三條路，就變成了左統和共產黨，然而比起統治階級爭相爲工人運動貼各種標籤的時候，臺灣工運內部對左右翼路線和策略的討論則微乎其微。以此觀之，當前臺灣工運的風雲際會，實還不如一百年前的臺灣工運，這正是我輩需要更努力的地方，期許將來臺灣各大工會和各大社運團體能坐下來一起對話和思考，什麼是工人需要的路線、臺灣人需要的路線。

蔣闊宇的《全島總罷工：殖民地臺灣工運史》是一部思想的寶庫，做爲工會組織者，從中領悟良多，足以反思當代的臺灣社會和工人運動，也更爲啓迪了我認爲臺灣工人運動要走的第三條路，2014年三一八佔領立法院的運動帶給了臺灣人更多的抗爭意識，而空服員和一場又一場不同性質

的罷工給了臺灣工人具體的抗爭工具，逐漸為臺灣工人累積政治影響力，也愈來愈有戰鬥力，唯有臺灣工人更有戰鬥力，更好的國家才有實踐的可能性，去討論我們要什麼樣子的國家才有意義。

第一章

緒論

第一節　殖民地臺灣工運簡史

　　回顧殖民地時期臺灣勞工運動發展的軌跡，1927年4月的「高雄臺灣鐵工所大罷工事件」無疑是其中最重要的歷史時刻。在此之前，臺灣勞工與從事反殖民社會運動的知識分子處於兩相隔絕、互不往來的狀態，儘管分散於各地的工人已經歷過數十次的自發性罷工，卻少有「集體組織」被發展出來，無法爲臺灣勞工建立起全島性的關係網絡，無法做爲一個「階級」團結起來。與此同時，島內的反殖民知識分子，儘管許多人已接受了當年風行於全世界的社會主義理論，臺灣文化協會的工作卻依舊是以「文化、思想運動」爲主流，尚未意識到基層群眾組織的重要性。

　　基於這份「勞工與知識分子之隔閡」的緣故，「高雄臺灣鐵工所大罷工事件」做爲1927年文化協會分裂以後，左派分子全島性基層組織工作之一環，其爆發正象徵著這小小島嶼上「工人階級自發性」與「知識分子自覺性」之匯流──它讓以「勞工身分」爲認同的「階級意識」出現，讓全島工人致力於建設自己的工會，讓事件的參與者認識運動鬥爭的方法，更重要的是，讓工人階級看見自己所具有的特殊力量。亦即，臺灣勞工做爲一個階級，掌握了全島工業的生產力，因而可以運用「罷工」的武器同資本、同日本殖民者的國家機器相對抗，爲那佔了人口中絕大多數的勞動者

追求更美好的生活；臺灣勞工並且足以自成一股政治勢力，以社會運動的方法來影響整個社會。正如同當年蔣渭水那句有名的口號：「同胞須團結，團結眞有力！」

高雄臺灣鐵工所罷工的過程當中，在社會主義者連溫卿的倡議下，或許是受到1926年英國礦工總罷工的影響，單一工廠的罷工轉瞬演變成全島範圍的工廠工人「總罷工」行動。隨後，又演變爲1927年度大規模的五一勞動節鬥爭——在這遍地開花的工潮當中，民營事業的勞工對上資方，國營事業的勞工對上國家，一場罷工連鎖造成另一場罷工，層出不窮的抗爭事件造成全島工人階級的組織化浪潮，工會組織如雨後春筍般生長出來。與此同時，臺灣文化協會左傾以後，裂解成左右兩翼的島內反殖民知識分子，亦在這股工運浪潮當中拉攏各地勞工，增強各自的組織勢力。他們以不同的政治藍圖、實質的支援行動以及運動的成果，樹立起己方的威信。不過，儘管左右兩翼運動者形成競爭態勢，至少在表面上，雙方仍維持著「無產階級共同戰線」，在基層工人組織之內同進同出。《臺灣民報》的評論者將這段時間稱爲「勞動運動的黎明期」。

鐵工所大罷工之後，則是勞工運動的「成熟期」。不同於鐵工所運動中尚且能在表面維持的「無產階級共同戰線」，左右兩翼工會系統發展到這個階段，已經壁壘分明。在當年社運的右翼方面，右派人士一脫離文化協會，就聯合了島內地主、資產階級等有經濟實力的人物，在1927年7月成立臺灣史上第一個政黨「臺灣民眾黨」，從而聲勢大漲。他們爲運動中的工人提供了一套既有政黨推動政治主張、又有基層工會付諸實行的一整幅「改革願景」。加以同時期左翼分子紛紛入獄，臺北蔣渭水、臺南盧丙丁、基隆楊慶珍、臺中廖進平等右翼組織者，於是在全島各地取得了工人運動的主導權，大大增強了右翼分子的影響力。直到1928年春天，勞工運動的右翼勢力，已得到約莫三十個新興工會的支持。從而在1928年2月19日，臺灣島上全部的右翼工會團結起來，成立了臺灣史上第一個跨產業的全島性工聯「臺灣工友總聯盟」。 2月21日，右翼組織者又在民族主義的大原則之下團結在臺中國移工，成立了「臺北華僑總工會」，創造出「臺

灣民眾黨」、「臺灣工友總聯盟」、「臺北華僑總工會」三重組織相互提攜的運動態勢。

「臺灣工友總聯盟」結成以後，得到全島基層工人的廣泛支持，一路勢如破竹，在短短兩年之內成長到四十餘家基層工會、一萬餘名會員的全盛狀況。相較於左翼工會陷入內鬥，工友總聯盟以民族主義、組合主義（今譯工團主義）的精神，號召全島工人階級炮口一致對外，協調民族內部的階級矛盾，以便共同對抗日本帝國主義者。自此以後，右翼組織者在全島各地領導基層工會進行勞資爭議，其組織狀態在1928年中段達到最高峰。當年度五一勞動節，工友總聯盟除了在各地發動大規模五一抗爭，更同時在全島範圍內操作六場罷工行動，可知其深厚實力。

其中最重要的兩個罷工事件，乃是「臺南安平製鹽會社大罷工」與「高雄淺野洋灰大罷工」——前者象徵著國家機器決定採取大動作鎮壓工人階級，警察以「檢舉狂」的方式（黃師樵用語）濫捕濫訴罷工工人與組織者，有計畫地用司法機器打壓勞工運動；後者則是整個殖民地時期對峙力最強的一場罷工行動。以工人幹部黃賜為首的「高雄機械工友會」做為臺灣工運的火車頭，乃是當年最有實力的基層工人組織，工友總聯盟與臺灣民眾黨做為上級單位，更為洋灰工人引進了全島的社會資源做為後盾。然而，國家的暴力鎮壓卻讓這回罷工轉瞬落幕，罷工工人與組織者四十餘名被當局逮捕，並遭警方非法監禁長達七個月餘，才移送到法院（當時警察依法只有檢束罪犯一個月內的權限）。眼見國家機器決意「嚴辦」淺野大罷工的參與者，右翼人士最後只有靠民眾黨的力量去賄賂法官，才把身繫囹圄的運動者們挽救出來——淺野洋灰大罷工與隨後的司法審判，因而代表了殖民地時期臺灣勞工運動在國家機器的暴力鎮壓下由盛轉衰的歷史關鍵點，宣告了勞工運動「成熟期」的結束。

在「臺北華僑總工會」的組織脈絡，當年工運右翼的這條「民族主義戰線」始自1927年蔣渭水介入臺北華僑洋服工友會的勞資爭議，隨後蔣氏將華僑洋服工友會改組為「華臺洋服工友會」，試圖把中國移工與本島工人以同一個集體組織團結起來，從而緊隨工友總聯盟之後，右翼勢力成功

地設立了「臺北華僑總工會」。這民族主義戰線做爲當年工運右翼的某種「理想」，確實有它落實到人間的時刻——1929年「臺北木工工友會大木部」發動臺北地區建築工人的大罷工，「華僑木工工友會」登時響應，於是臺北城內不分本島、大陸籍的建築工人全面歇業，當局立即逮捕了華僑木工工友會會長鄭紀祥等一干核心工人幹部，並將他們遣返中國。由於殖民政府握有「遣返」大權，並將同爲勞動者的本島工人與中國移工置於「勞動的分斷體制」之下，華僑與本島工人遂難以團結，經過1929年臺北建築工人罷工的大挫敗以後，華僑工人再也不敢站出來聲援本島工人，右翼的民族主義戰線就此瓦解。

就如同臺灣工友總聯盟必須在南征北討、遍地狼煙的戰鬥中向廣大勞工群眾樹立起組織的威信，「臺灣民眾黨」內部的勞工運動者也面臨了同樣的處境。勞資爭議由黨外的大環境延燒到黨內，蔣渭水等社會主義者與蔡培火等「資產階級的忠實同志」的關係，一如當年俗諺所云：「北水南火，水火不容。」先有勞工運動派與議會運動派的人事鬥爭、「社會主義原則」寫入黨綱的鬥爭，後有彭華英的辭職脫黨風波，彭華英更在媒體上詆毀全島工人階級與其運動者，造成民眾黨機關報《臺灣民報》上，社論文章對之口誅筆伐。凡此種種，都爲蔣渭水、謝春木等民眾黨小資產階級核心幹部後來進一步走向勞工運動、信賴工人組織的左傾未來埋下了伏筆。

至於在當年社會運動的左翼一側，繼之以1926年底直到1927年春天鐵工所罷工之際，所建立的全島性機械工會系統，左派嘗試以「產業別／職業別」爲中心陸續建立起全島性的「工會聯合會」，成果包括臺灣工友協助會在嘉義地區國營事業大罷工中建立的製材工會系統、臺北印刷罷工中衍生出來的印刷工會系統，以及自由業爲主的臺北自由勞動者同盟。與此同時，也積極成立諸如彰化總工會、通霄總工會等以「地域」爲中心的「地方總工會」。這些左翼工會系統並且在「工農聯合」的政治想像下協同全島農運中心「臺灣農民組合」，成立「共同鬥爭委員會」，形成了「左翼工會」、「臺灣農民組合」、「臺灣文化協會」三者相互提攜的政

治局面。可惜的是，因爲在隨後的新竹事件、臺南墓地事件中受到國家機器的暴力鎮壓，左翼運動者陸續遭逮捕入獄，從而導致了基層勞工、農民組織工作的頓挫。

如果單就左翼在工運方面組織工作的軌跡來討論，當「臺灣工友總聯盟」組織工作的風聲傳播出來，文化協會連溫卿、機械工會聯合會陳總、臺北自由勞動者聯盟胡柳生、臺灣塗工會李規貞、臺灣工友協助會薛玉虎等左翼組織者和工人幹部，也紛紛聯合起來，推動左翼的全島性「臺灣總工會」的建設計畫。他們預計先將各個產業別的工會聯合成「全島性產業別工會」，其次，將這些全島性產業別工會做爲踏板，進一步聯合成「臺灣總工會」，期同右翼工聯分庭抗禮。在「臺灣總工會」的大計畫底下，1928年1月1日，左翼搶先工友總聯盟成立了臺灣史上第一個全島性產業別工會「臺灣機械工會聯合會」，其後「臺灣製材工聯合會」、「臺灣印刷工聯合會」、「臺灣自由勞動者聯盟」、「臺灣塗工會」等全島性產業別、職業別組織逐一出現。然而，正當這些產職業聯合會即將在更高層次聯合起來之時，左翼的「臺灣總工會」計畫卻遭遇了頓挫。

1928年4月底，「臺灣共產黨」於上海成立，黨內負責勞工運動的中央委員蔡孝乾、洪朝宗、莊春火三人在島內積極活動起來。他們的主旨在取消「臺灣總工會」計畫，而以「全島勞動運動統一聯盟」取而代之。這背後的政治考量是——臺灣總工會的成立將讓連溫卿一派人對左翼勞工運動的主導權更加鞏固，因而他們打算透過「統一聯盟」政策與右翼工友總聯盟維持一種曖昧的關係，待到共產黨上大派進出之「臺灣工友協助會」組織成長更爲茁壯，再直接以「工友協助會系統」爲中心，越過連派的「全島性產業別工會」，把「臺灣總工會」建立起來。這樣，上大派便能在鬥倒連溫卿的同時取得全島左翼工運的領導權。共產黨上大派與連派工會組織者兩邊鬥爭的結果，「全島勞動運動統一聯盟」計畫成爲左翼工人的內部共識，連派提倡的全島性總工會計畫無限期延宕。然而，上大派這「統一聯盟」，並沒有發揮收攏右翼工人的預期效果，因爲右翼工聯不但拒絕左翼工會的加盟，更開會決議全面禁止會員工會加入工總聯以外的上

級工會，再加上警察對左翼分子的暴力鎮壓，「全島勞動運動統一聯盟」還沒開始就一敗塗地。

連溫卿等人有鑑於上大派「統一聯盟」實踐之不可能性，不甘於自1927年以降發展起來的左翼工運陣地就此自毀城池，於是另外推動了「全島工會臨時評議會」計畫。其主旨在於「即使搞不出全島性總工會，至少該把現有的左翼工會團結起來，建立穩定的共同組織」。正當上大派與工會派兩邊打得火熱，國家機器在1928下半年度「臺南墓地事件」中對左翼分子的暴力鎮壓，卻打亂了左翼內部的所有規劃——蔡孝乾、洪朝宗相繼出逃大陸，連派工會組織者紛紛入獄，雙方的計畫都以失敗落空告終。隨後，共產黨中央雖然以「臨陣脫逃」的罪名開除了蔡孝乾、洪朝宗的黨籍，莊春火卻成為黨的勞動運動部長，沒有太多更積極的組織工作。連溫卿等則在出獄以後，運作文化協會的機器，動員文協成員支持「總工會」計畫，並且試圖建立「大眾黨」。可這一次，共產黨人已經全面掌握了文化協會與農民組合的主導權，並且動用日共、臺共的黨機器聯合打擊連溫卿的派系——鬥爭之結果，從墓地事件直到1929年底，連溫卿、李規貞被鬥出文化協會，左翼旗下各個工會系統已分崩離析，再無法團結運作。

時序進入1930年，隨著世界經濟大恐慌蔓延到島嶼之內，帝國主義與民族內部的各路資產階級，為了將利潤的損失轉嫁到勞工身上，維持企業的生產組織於不墜，紛紛採用裁員、縮短工時、降低工資等方式限縮生產、節制勞動成本的「產業合理化」措施。臺灣勞工在資本的總侵略之下紛紛起身反抗，從而喚醒新一波的工潮。同時，國家機器為了維持社會的「穩定」，對工人、農民、無產市民驟長的社會運動，進行了大規模鎮暴，島嶼上的勞工運動自此方在真正的意義上，步入《臺灣民報》所謂的「受難期」。

隨著經濟大恐慌時期全島階級鬥爭的普遍激化，繼1927年臺灣反殖民社會運動陣營的左右分裂以後，臺灣民眾黨在1930年再度分裂為「右中之左」與「右中之右」。這事情的導火線是蔡培火、彭華英等資產階級勢力為了與「臺灣工友總聯盟」在黨內的代表（即蔣渭水一派人）相對抗，另

外成立了一個「臺灣地方自治聯盟」。兩派傾軋的結果，資產階級同路人全部被民眾黨的左派中央開除了黨籍。在民眾黨內部的這一波階級鬥爭當中，蔣渭水、謝春木、盧丙丁等黨幹部終於認清了所謂「進步性民族資產階級」爲了維護自身在經濟上的利益，恐怕不是合作的好對象。他們對外聲明「現在的社會已不是依靠有產者的時代」，這份認識導致了臺灣民眾黨的進一步左傾——在社會主義者蔣渭水的大力推動之下，民眾黨全黨通過了「捍衛工農利益」、「民主集中制」、「尋求與世界弱少民族解放運動相提攜」等等的左傾綱領。然而，就在新綱領表決通過的黨員大會上，日本警察宣布了「政治結社臺灣民眾黨即刻解散」的命令，臺灣人第一個政黨於是歸於消滅。

國家機器的大動作鎮壓，導致勞工運動中的右翼人士更進一步左傾。社運明星蔣渭水、謝春木、陳其昌三人對外宣布舊民眾黨中央將不再籌組「合法政黨」，相反地，他們希望舊黨員用盡全力培植基層工農群眾組織。他們基於固有的「玉碎主義」思想，提出了「工人加入工友會、農民加入農民協會、無產市民及一切被壓迫民眾組織平民同盟」的「三角戰略」新政治藍圖，並且矢言採用「列寧主義」清算過去的錯誤，進而重新規定了臺灣工友總聯盟未來的發展方向。舊民眾黨左翼自覺爲弱少民族工農大眾「世界革命」之一環，一方面聲明將試圖在島嶼之外尋求全世界革命同志的互相提攜；另一方面，也在島嶼之內傾全力發展基層工農組織。1931年五一勞動節鬥爭爆發前夕，蔣渭水等右翼工人組織者終於跟臺灣共產黨攜手，建立了「五一勞動節共同鬥爭委員會」。至此，1927年高雄臺灣鐵工所工潮以後久已崩壞的「無產階級共同戰線」，重新建立起來。

在當年社會運動的左翼方面，由於臺灣共產黨中央早期錯誤的勞工政策，連溫卿時代好不容易建立起來的左翼工會組織已經一蹶不振，「全島勞動運動統一聯盟」的戰術在國家與右派的雙重夾擊之下毫無效果，這引發了島內左翼運動者與世界社會主義陣營對臺灣共產黨的批判。首先，第三國際曾透過中國共產黨給臺共「善意的建議」；其次，臺灣共產黨書記長林木順承接日本共產黨的指令，以1928年十一月指令與1929年二月指令

連續兩次批判島內的黨中央「取消全島性總工會」政策之不當，結果，林木順被謝雪紅撤銷了書記長的位置；第三，在第三國際東方局翁澤生、潘欽信的協助之下，臺灣島內深入基層運動組織的黨員，包括農組系的趙港、陳德興、文協系的吳拱照、工會系的王萬得、蘇新、蕭來福聯合起來，在1930年底「松山會議」上提出他們對黨中央的運動消極性的質疑，並且建立了共產黨內部的「改革同盟」，以對抗謝雪紅一派人的做事方式。這裡必須特別指出一點，共產黨人根據第三國際中央的斯大林主義「第三期理論」做爲認識論的前提，將臺灣社會的經濟大恐慌視爲工人階級「世界革命」高潮的前奏，因而刻不容緩地重啓島內的左翼勞工運動，重新把連溫卿1928年在不同意義上主張過的「臺灣總工會」與「全島性產業別工會」計畫提到最優先處理地位。自此以後，礦山工會籌備會、運輸工會籌備會、出版工會籌備會、臺灣總工會籌備會等工作計畫陸續在蘇新、蕭友山、莊守、王萬得等黨員組織者的推動下開展出來。

　　然而，就在上述工會籌備會紛紛成功設立，共產黨、舊民眾黨兩派社會主義者合流爲「共同鬥爭委員會」的時候，臺灣農民組合核心幹部趙港在一次與警察的遭遇中無意識地向國家暴露了共產黨組織的存在，因此引發了橫貫1931全年度的「臺共大檢舉」，左翼的工會組織、政黨組織在這一波大規模鎮壓中幾乎全數歸於消滅。在左翼勢力盡皆滅亡的情況下，共同鬥爭委員會中的舊民眾黨勢力只有自立自強——1931下半年度爆發了全島歷史最悠久、鬥爭經驗最豐富的基層本島人工會組織「臺北印刷從業員組合」大罷工，然而，社會運動圈只剩下臺灣工友總聯盟傾全力應援。就在罷工的過程中，被右派譽爲「臺灣人救主」的蔣渭水因病而死；謝春木與陳其昌等核心幹部，在國家鎮暴的大壓力中遠走中國，計畫從中國革命中汲取力量來解放臺灣；臺北印刷從業員組合在資方與國家的聯手進擊之下一敗塗地，組織瓦解。臺灣工友總聯盟也因爲這最後一次「大罷工」的失敗，從此抬不起頭來。

　　1932年，南部工人運動的頭兄、工友總聯盟臺南區的組織者盧丙丁被國家暴力監禁到迴龍「樂生療養院」，從此與世隔絕、不知所蹤；同

一時期左翼「臺灣工友協助會」組織遭到警方破壞，核心工會頭人薛玉虎病死獄中，工人幹部陳承家等則被以「搶銀行」、「火車上施放毒氣」等莫名其妙的罪名關入大牢；碩果僅存的工友總聯盟在孤立無援、法西斯主義化的社會大環境下，已經無所作爲。一直到1939年，工總聯臺南區宣布變賣工會財產，向殖民政府奉上「國防獻金」；過了1940年，島內報紙上再見不到勞工運動的相關消息——一九二〇年代後半，自臺灣鐵工所大罷工以來千辛萬苦發展起來的臺灣勞工運動，至此已被軍國主義化的大環境窒息。

幾個不同的觀點

在釐清了殖民地時期勞工運動的發展脈絡以後，這裡先將本書的發現歸納爲如下幾點：

首先，殖民地時期的勞工運動並不如同《臺灣社會運動史》／《警察沿革誌》的「煽動敘事」所設想的，全部是由民族主義者或共產主義者「煽動」出來的。因爲基層工人組織內部存在著一套「工人民主」的運作機制，不論是工會幹部、組織工作者、工會顧問，都必須以「選舉」的方式得到工會最高權力機關「大會」的認可，因此，臺灣勞工可以經由民主機制去依照自己的經驗決定自己的「領導者」與「運動路線」。有一個例子是：1927年臺北印刷工罷工之中，工會方面原本推舉民族主義者蔣渭水擔任顧問，然而，由於右派人士與資方的妥協造成了基層工人的憤怒，一部分工人脫離了右派掌握的工會，另外選舉出一位「日本人」樋口氏擔任委員長，並且加入了左翼的陣營。這個例子說明了，在工人民主的範圍以內，領導與被領導的關係並不是單方面的「煽動」，而是一種基於工會內部權力架構的特殊民主主義「交互作用」——托洛茨基在《俄國革命史》中用一個比喻很巧妙地表達了組織內部這種互爲主體的關係：「領袖們在革命過程中，並不是一個獨立的但是一個很重要的因素。沒有一個領導組織，那末群眾底力量將和不導

入活塞箱去的蒸汽一樣地消散。然而把事變向前推進的卻畢竟不是活塞或箱子，而是蒸汽。」[1]

其次，蔣渭水與臺灣民眾黨在「左右光譜」上向來被定位為中間偏左，因為它們聯合了民族資產階級，然而，本文指出這種印象並不夠準確。與其說中間偏左，不如說是「向左滑動」做為一種左傾中派主義，它背後作功的動力來源是黨內「勞工運動派」與「議會運動派」的對立與鬥爭，而不是兩者的聯合。與此同時，民眾黨這份左傾並不是社運明星之間標新立異的「主義遊戲」，它的運動乃是社會力「由下而上」對這個階級聯盟的政黨架構的浸透——先是由於臺灣工友總聯盟所屬基層工會在社會上的活躍，經由內部某種程度受限的「工人民主」，影響了做為工會組織者的蔣渭水等民眾黨員，而後方有了一連串黨內的人事與路線衝突。從這個角度來看，基層工人受到右翼組織者的影響而有了民族主義傾向，蔣渭水等社運明星同樣受到工人集體的影響，而發生了「自我改造」的左傾心理過程，這樣一種「民主的交互作用」引發了巨大的能量，使得臺灣勞工運動從社會基層向上發展，衝破了民族資產階級對於臺灣民眾黨黨組織的掌控。當臺灣勞工運動取得民眾黨政治路線的主導權，歷史經由蔣渭水之手在黨內確立了「以農工階級為中心的民族運動」，臺灣勞工巨大的集體能量便從黨組織的內部逆轉了資本主義社會的權力位階——這一回不再是資方來領導勞工，而是勞工運動透過黨的民主機制來領導資方了。這樣，民族資產階級的脫黨就成為歷史的必然，就如同當年臺灣地方自治聯盟主事者的一句至理名言：「你們花錢找自己死，真是天下的大傻瓜！」[2]

第三，臺灣工友總聯盟事實上沒有因為民眾黨的解散停止運作，相反地，它變得更為左傾，標舉了基層組織「三角戰略」以及「列寧主義」，在「共同鬥爭委員會」內與共產黨系的左翼勢力合作，從此脫離了向來獨立運作的狀態。從這個角度來看，真正象徵著當年臺灣勞工運動右翼衰落

1　見托洛茨基著，王凡西譯，《俄國革命史》第一卷（上海：春燕出版社，1941），頁19。
2　見簡炯仁，《臺灣民眾黨》（臺北：稻鄉，1991），頁196。

的歷史事件，並不是民眾黨解散，亦非蔣渭水死亡，而是在共同鬥爭委員會中左派被消滅殆盡以後，那一回1931年秋天臺北印刷從業員組合所發動的大罷工，因為這是國家機器暴壓與全島工運實力的最後一次「真劍勝負」[3]。臺北印刷從業員組合大罷工失敗以後，一九二○年代以來臺灣勞工運動碩果僅存的工友總聯盟才出現了欲振乏力的徵兆，此後歷年的五一勞動節只能開開茶會，再沒有大規模鬥爭行動。最終，到了一九三○年代晚期更可以進一步觀察到，曾經不屈不撓的工運分子楊慶珍與陳天順，在軍國主義與世界帝國主義戰爭的絕望前景中向國家機器繳械投降。

第四，殖民地時期臺灣勞工運動左翼勢力的內部運作狀況從來沒有被好好清理，本書發現，左翼工會系統在「連溫卿時代」與「共產黨時代」之間存在著「組織上的斷裂」，共產黨人雖然依舊與高雄臺灣鐵工所大罷工以來建設的左翼工會保持聯繫，卻沒有實質的影響力。除了國家與右翼運動者客觀上的聯合打壓，這主要是因為謝雪紅時期共產黨人「全島勞動運動統一聯盟」的戰略失誤，導致左翼工會內鬥，基層工會很難繼續信任共產黨組織者的緣故。如此一來，共產黨實質掌握的基層工會只有蘇新、蕭來福、莊守、王萬得等黨員憑其堅定意志從頭搞起來的新生工人組織，且全部還在「籌備會」階段。因此，當臺灣工友總聯盟取得了全島勞工運動的領導權，舊左翼工會系統內部呈現一盤散沙的狀態，其與新左翼工會之間的關係同樣是一盤散沙——左翼無法團結的這種狀態，一直到1931年共產黨勢力與舊民眾黨勢力聯合為「共同鬥爭委員會」時才被打破，該委員會裡除了有共產黨人領導的工會、文化協會、農組以及舊民眾黨人領導的工總聯，更包括了舊左翼工會原已被「驅逐」的工人幹部李規貞。

第五，殖民地時期臺灣勞工運動的左翼勢力，其在工會組織工作的最重要脈絡，其實是以「左翼全島總工會」的政治藍圖為中心線索。這裡有幾個歷史關鍵點——首先是1928年左右兩翼的「全島性工聯」結成計畫之

---

[3] 日文裡「認真地對決、比賽」的意思。簡炯仁曾說，日本警察之所以解散民眾黨，是因為懼怕左傾後的民眾黨以「民族鬥爭混合階級鬥爭」做為發展路線，簡氏亦稱此種路線為「真劍的民族解放運動」。見簡炯仁，《臺灣民眾黨》（臺北：稻鄉，1991），頁223-224。

爭；再來是同年度連溫卿「總工會計畫」與上大派「統一聯盟計畫」之爭，延續為連溫卿「評議會計畫」與連明燈等基層工會之爭；再來是共產黨內部「總工會計畫」推動與否的爭議，這促成了書記長林木順被撤銷職務，以及松山會議與改革同盟的出現；最後，在1931年的「共同鬥爭委員會」裡，「總工會」與「統一聯盟」兩大計畫終於達成其「辯證統一」，回到1928年臺共《政治綱領》所規定的路線上，這意思是說——在左翼勢力以全島性總工會為陣地的情況下，用共同鬥爭委員會的組織形式聯合右翼工人，成立地方評議會，再向上串聯成「全島勞動運動統一聯盟」。這裡一個關鍵性的問題是：那打一開始照《政治綱領》所規定的去做不就得了？何必繞這麼多彎路？本書對於這個問題的回答，乃是根據連溫卿的觀點——上大派蔡孝乾等的機會主義傾向，以及謝雪紅時期黨中央與小資產階級聯合的慾望，二者綜合起來，造成了「總工會」與「統一聯盟」在觀念上的對立，最後因為臺灣共產黨人不分宗派的努力，才在勞工運動的實踐中重新把觀念統一起來。

幾個方向

那麼，在提示了本書對於殖民地時期勞工運動史的研究成果以後，接下來將針對這裡未及處理、或者尚待深入探究的幾個議題面向，進行初步的闡釋：

首先，殖民地臺灣勞工運動以其固有的「對抗或改造資本主義」的傾向，在實踐過程中冒出了許多合作社，或曰「工友工廠」。這是一件頗神奇的事情，因為從世界勞工運動史的角度來看，不論工會、工聯或政黨等集體組織都是工人階級「自發性」的產物，然而，工友工廠這類「合作社」並非如此。最早的合作社是在英國社會主義者歐文、法國的聖西門、傅立葉等人的倡議下發展起來的，但在臺灣，這種東西卻被工人運動廣泛地接受，當然這是發展不平衡規律的結果，可是這規律太過抽象，不足以說明其細節。如同本書將在第二章裡提到的，在高雄工友鐵工所罷工發生

以前，早期參與運動的塌塌米師傅們就曾經在罷工後脫離公司，自產自銷。然而，真正具有象徵性意義的「工友工廠」依舊是鐵工所罷工末期產生的「明德工程局」或曰「高雄工友鐵工所」。黃賜等工會幹部在〈明德工程局宣言〉裡正式提出了以「勞資協調的精神」取代「資本主義」的觀念，從而在工友工廠的章程裡明文規定了「投資而未勞動者，或者勞動而未投資者，不得置喙工廠營運之事」這種從制度面去限縮資本對於勞動的宰制的辦法，讓高雄工友鐵工所具備了一種在殖民地資本主義大環境下搞小規模社會實驗的「空想社會主義」性質。在高雄罷工的起頭作用之下，可以觀察到，後來許許多多的右翼工會都在罷工中創立了這種合作社，譬如臺北華僑洋服工友會、基隆洋服工友會、新竹木工工友會等等不一而足。

「工友工廠」這種東西同時具備著進步性與反動性的兩副面孔。首先，它可以用來訓練運動中的勞工的「自我管理」，讓他們明白工人階級本可以在不依靠資方的情況下維持社會生產，這是身體感覺的社會主義學校；然而，它同樣可以用來把革命性的運動工人綁回資本主義的既存結構，只要把「會員大會」轉變成「股東大會」就行，因為再怎麼樣內部搞共產主義的合作社，對外都必須接受資本主義的價值規律，從而在市場上競爭廝殺，大環境的不利將使得以利潤為中心的思考方式在根本意義上優先於互助共享的精神。從今天的角度回望，老實說，對於這些「工友工廠」的發展情況依舊所知甚少，它們內部狀況如何？能否堅持下來？遭遇過什麼困難？是否最終轉變為資本主義企業？所有這些問題一點頭緒也沒有。工友鐵工所中的這一大群臺灣版的聖西門傅立葉，他們的經驗與教訓全部沒有保存下來，不得不說是件遺憾的事。

其次，本書雖然整理了殖民地時期工人組織發展的軌跡，然而，不得不說受限於資料匱乏，對於基層工會運作方式的理解並不全面，亦難深入，比較清楚的只有他們在勞資爭議和運動過程中所做出的行動與反應，這是本書著力於運用新聞紙資料的必然後果。今天的地方工會組織存在著定期或臨時的理監事會、常務理事會、會員大會等等運作架構，然而，對

於殖民地時期基層組織的這類運作方式，除了臺灣工友總聯盟因為留下了章程，大致還可以了解，其餘的工人組織運作方式則完全一無所知——他們的大會怎麼開？基層工會與上級工會有何互動機制？這些都有待更多新出土的資料來說明。

另一方面，在組織章程所規定的範圍以外，殖民地時期工會內部的集體生活長成什麼樣子？我們知道，日本人主導的臺北大工組合曾經以公積金的方式，確保會員醫療喪葬、返回內地時的必要金錢花費。臺南總工會則在盧丙丁的倡議之下成立了「弔慰部」，由於當年婚喪喜慶花費不貲，他們將慶弔道具收歸工會財產，以低廉的價格出借給工會會員與一般市民使用，同時回收少許金錢累積工會基金。臺南總工會亦曾經對一般市民舉辦「大懇親會」，會上除了辦桌讓購票入場的市民吃吃喝喝，同時也播放電影、開催演講會，聯合社運團體、文化團體的劇團、樂團，將娛樂與教育同時提供給市民大眾。從這些事情可以知道，事實上，當年的工會組織內部亦存在著多采多姿的集體生活。然而，今天依舊所知甚少。如果未來的研究者依據更深厚的資料進一步探討當年工運內部的集體生活，我們方有可能在社會運動的菁英以外，得知會員群眾的人際網絡、動員網絡、階級互動，乃至於反資本主義的運動性工會與殖民地資本主義社會之間，到底存在著怎樣的關係，其背後的辯證法又究竟為何？

第三，本書尚且無力為殖民地時期勞工運動內部的「培力」機制畫出一幅完整的圖像。本文已經追蹤出當年工會裡的知識分子組織工作者，乃至於後來的臺灣共產黨人，絕大多數都是「社會問題研究會」、「臺北青年體育會」等等組織培養出來的；黃賜、陳天順等等工人幹部出身的勞工領袖，則是從基層工人鬥爭中取得運動經驗、群眾基礎，從而上升到全島性工聯內部的政治性位置。然而，凡此種種運動者的生產機制，其更進一步的圖像依然不夠完整，有待來者釐清。事實上，當時不分左翼右翼的工運團體都有其「外圍組織」，民眾黨系擁有遍布各地的「勞動青年會」，文協系則是「無產青年會」——這些階級性不那麼強烈、用來吸引一般學生與市民的外圍組織，為殖民地時期的臺灣勞工運動培養出一整個世代的

組織者、運動者、文學家、哲學家。舉幾個例子，1930年紅極一時的「反普運動」高舉破除迷信的招牌，正是由「勞動青年會」中的青年文化運動者發動的；臺南那位有名的「馬克思主義佛學家」林秋梧，早先亦是在「赤崁勞動青年會」裡頭搞文化運動，他出家時震動了臺灣社運圈，人稱「馬克思進文廟」，引起不小的騷動。除了這些一般性的組織，當年在基層工會內部同樣進行著各種各樣的勞工培力，譬如透過讀書會、研究會、讀報社、識字班等等方式，聘請社會運動家或者各種「青年會」裡頭的知識分子，與工人一起研究勞動權益、法律規章、世界知識、文史哲學，乃至於馬克思主義的社會科學。在這個意義上，工運組織的培力工作同樣扛起了一種掃除文盲、發明文化、破除迷信、訓練民主的現代化任務，只不過走的並非是資本主義路線。經本書釐清了工運組織的發展脈絡以後，未來的研究者如欲進行這部分的研究工作，相信多少可以省力一些。

第四，殖民地時期的臺灣勞工運動，事實上是這「掐頭去尾的二十世紀」中「世界革命」之一個環節。在右翼一側，臺灣民眾黨與工友總聯盟的組織構造乃是蔣渭水根據聯俄容共時期的「中國國民黨」以及中國共產黨建立的「南京總工會」章程，從中打造出來的，而後兩者根源於當時第三國際中央斯大林主義的「階級聯盟」政策。因此，右翼的「全民運動」與「民族主義」不論在其組織層次或思想層次都有著「國際根源」。在左翼一側，連溫卿與共產黨同樣深受日本社會主義革命實踐經驗的影響，規定了臺共任務的《政治綱領》本身就是日共中央委員渡邊政之輔對1928年以前日本經驗的總結。與此同時，第三國際的斯大林主義同樣對臺灣共產黨有著根本性的影響，1928年9月，國際確立「第三期理論」取代了早期的「階級聯盟」，這樣從極右到極左的「大搖擺」，造成了島內共產黨人根據「第三期理論」對謝雪紅的「階級聯盟」傾向進行清算，並且加快了組織工作的步伐。從這個角度來看，殖民地時期臺灣勞工運動從捍衛基層工人日常利益的「自發性經濟鬥爭」出發，逐步向上形成了工會、工聯等集體組織，同時經由「政黨」與「國際」的中介，向上連接到「世界革命」——上級單位與基層組織形成一種「生動的交互作用」，從而在「經

濟鬥爭」中拉出了不可思議的政治高度。

　　這一點，即使在當年工運參與者的主觀意識裡頭亦然。別忘了，左傾以後的臺灣民眾黨曾公開宣言欲尋求「國際組織」的支持，與「世界弱少民族解放運動」相提攜；左派更是自覺地從斯大林主義「第三期理論」出發，將臺灣島內的經濟大恐慌視爲「世界資本主義矛盾總爆發」的症候，並以「蘇聯第一個五年計畫」的成功象徵著社會主義經濟的興起，預言「世界革命高潮」的到來。這樣就很清楚了，不論從客觀或主觀的層次來說，殖民地時期臺灣勞工運動都是「世界革命」的一個環節，在這份意義上，如果未來的研究者可以從托洛茨基對斯大林主義的批判角度出發，綜述臺灣勞工運動與世界革命的交互作用，那麼，對於「冷戰結構」的清算、對於做爲「世界工人運動低谷」的當下時代的反身性理解，以及對於相對於「資產階級民主」的另外一種民主追求——倘若能釐清這些「我們從哪裡來？該往何處去？」的大問題，必將是歷史上莫大的貢獻。

　　蔣渭水曾經爲五一勞動節作過一首自創歌曲，寫出了一個世代臺灣勞工的願景，這首歌在當年被日本警察課以行政處分。其歌詞是這樣寫的：

　　　　美哉世界自由明星
　　　　拚我熱血爲他犧牲
　　　　要把非理制度一切消除盡清
　　　　記取五一良辰

　　　　旌旗飛舞走上光明路
　　　　各盡所能各取所需
　　　　不分貧賤富貴責任依一互助
　　　　願大家努力一起猛進[4]

4　見蔣渭水著，王曉波編，《蔣渭水全集增訂版》下冊（臺北：海峽學術，2005），頁738。

在那幾年間島嶼上風起雲湧的五一勞動節鬥爭裡，在港都高雄的工友會會館、在大雨淋漓的豐原街道、在臺北街頭與日本警察的肉身搏擊當中，這首歌曾經在全島各地，被團結於臺灣工友總聯盟旗幟下的勞工們傳唱，各盡所能各取所需、不分貧富貴賤責任全依互助，這樣一種以分享的精神爲大前提，追求全體民眾富足安樂的「新社會之夢」，但願不致化爲歷史上轉瞬消逝的過眼雲煙——在這條旌旗飛揚的「光明路」上，願大家努力一起猛進！

第二節　文獻回顧與材料範圍

除了1939年日本警方完成編印的《警察沿革誌》／《臺灣社會運動史》以外，截至目前，以殖民地時期臺灣勞工運動爲主題的研究，尚無一本專書。此書原本是臺灣總督府警務局的內部文件，寫作的目的，主要是列舉島內社運勢力對秩序的破壞及其違法事蹟，做爲後進員警治理的參考。由於書中採用的敘事方式是「列舉」，因此，一個又一個工運事件之間的因果關係，往往難以辨明。另外，其列舉的事件本身就是經過篩選的，許多重要事件並沒有被警方記錄下來，因而造成視野的偏頗。當然，由於《臺灣社會運動史》對於勞工事件之列舉，爲現存歷史敘事中最爲詳盡者，此書同樣將是本書最重要的參考資料之一。

接著，一九二〇年代晚期全島社會主義運動的領導人連溫卿，在他生命晚年撰寫了《臺灣政治運動史》——雖然該書資料不如《臺灣社會運動史》豐富，對於諸多工運事件亦僅以提綱挈領的方式描寫，不去深入細節，然而，卻爲今人留下當年左翼分子的內部觀點。倘若沒有這本書，許多工運事件之間的因果關係，今天不可能辨明。因此，做爲十分珍貴的第一手資料，連溫卿《臺灣政治運動史》亦是本書論述的重要參照點。另外，謝春木在1931年出版《臺灣人の要求》，其中一部分描述了民眾黨系統「臺灣工友總聯盟」的發展過程，謝氏本人身膺該組織顧問，因此，儘管該書只是泛泛而論，卻代表當年社運右翼的內部觀點，同樣有著重要的

參考價值。連溫卿、謝春木的兩本書雖然並不以勞工運動為專題，卻都觸及《臺灣社會運動史》所匱乏的，事件與事件之間的因果關係。假如綜合連、謝兩人與警方的論述，仔細推敲，至少能得到比較全面的工運史視野。

　　至於以日本時代勞工運動為專題的單篇論文，同樣稀少，目前僅有短短三篇——首先是社會運動家黃師樵的著作，他根據當年參與勞工運動的自身經驗，加上所蒐集的資料，撰寫了〈日據時期臺灣工人運動史〉以及〈臺灣工友總聯盟的工會活動〉兩篇文章，先是發表於《夏潮》雜誌，後來收入黃師樵《臺灣共產黨秘史》。由於黃氏著重描述民眾黨系統的工運活動，殖民地時期的其餘左翼工會組織幾乎沒有被討論到，況且文字不多，比較是泛泛而談。其次，則有張明雄的著作〈日據時期臺灣勞工運動之發展〉，這篇論文於1987年分三期，發表在《勞工研究季刊》上，內容全部來自《警察沿革誌》。

　　除此之外，有些研究與運動無關，卻以當年的工人狀況為主題，不過，數量同樣稀少，目前找到的僅有兩篇。首先是廖偉程的碩士論文《日據臺灣殖民發展中的工場工人（1905-1943）》，這部厲害的著作，以柯志明對製糖資本、蔗農、米農三方關係的研究成果為基礎，論述了農民收入與工人生活水平的關係，勾畫出殖民地時期資本、勞動、國家三方互動的圖式。儘管工人運動不是該論文所欲處理的對象，廖偉程依舊指出一個重點，即：一九二〇年代裡相互競爭的資本，所導致國家的殖民政策搖擺不定，從而使工人獲得「騷動」的契機，本書將繼承這份觀點並從中加以發揮。另一部研究工人狀況的著作，則是劉鶯釧〈日治時期臺灣勞動力試析（1905-1944）〉，這是一篇期刊論文，從經濟學的角度切入，剖析殖民地時代在職人口的勞動力性質，主要是統計資料的解讀與重製。由於其中的「勞動力」沒有限定在工業部門，因而其研究成果同工人階級及其運動的聯繫較遠，本書難以運用其研究成果。以工人為主題的研究之所以這麼稀少，主要因為當年臺灣的工業並不發達，從經濟史的角度，相較於農業，工業的發展狀況並不那麼重要。

　　回顧既有的研究著作以後，可以知道，目前殖民地臺灣工運的歷史敘事不僅稀少，同時殘缺不全，基本上只要讀完《警察沿革誌》，就沒有太多新東西可以看了。不過，目前尚有另外一批有關勞工運動的資料，沒有被整理出來，就是當年各家新聞紙對於工會組織、工運事件的報導。比起《警察沿革誌》，新聞報導可以更為深刻地進入當時社會運動的人際網絡。有鑑於此，本書將整理《臺灣民報》、《臺灣新民報》、《臺灣大眾時報》、《新臺灣大眾時報》與《臺灣日日新報》所記錄的歷年工運事件、勞資爭議的相關新聞，嘗試利用這些報導做為核心材料，為殖民地臺灣工運史建構一個更為完整的圖像。

　　歷年新聞資料的整理工作，憑一人之力，原本是無法完成的浩大工程，特別是《臺灣日日新報》為日刊，發行時間更長達四十餘年，不可能從頭到尾完整閱讀，挑出其中的工運事件。幸好，拜科技進步所賜，今天已有得泓、大鐸、漢珍等致力於保存史料的資訊科技公司，將《臺灣民報》、《臺灣新民報》與《臺灣日日新報》的內容整理成電子資料庫，讓研究者如我，只要肯花時間，就能找出當年工人運動的相關新聞。因此，比起《警察沿革誌》裡歷史資料的記載，本書將著重運用新聞紙資料庫中得來的《臺灣民報》1,293筆報導、《臺灣日日新報》474筆報導，以及《臺灣大眾時報》、《新臺灣大眾時報》的數十筆報導，嘗試重新建構當年工人運動歷史的面貌——那包括各個大小事件的發展過程，以及事件與事件之間的因果關係。這是本書的主要工作。

　　那麼，以下將簡單介紹以上列舉的幾種新聞紙，及其資料性質。

　　《臺灣日日新報》自1898年發行，當年於總督府的主導下，該報合併了先前長州派的《臺灣新報》與薩摩派的《臺灣日報》。二戰後，經臺灣省行政長官公署改組為《臺灣新生報》，方才停刊。這是日本時代歷時最完整、島內發行量最大的主流報紙。由於其後臺為日本總督府，報導角度自然偏向殖民政權，相較於有著「臺灣人唯一言論機關」之稱的《臺灣民報》，《臺灣日日新報》的報導對當年的社會運動極不友善，藉由它的報導，並不能深入工運的發展歷程與組織狀況——不過，儘管對於島內社會

運動的報導膚淺，且常造假新聞，該報依舊具有一項無可取代的優點，即其歷時性的完整。藉此，可以大略得知殖民地臺灣歷年發生了哪些重大勞資爭議。因此，本文對於《臺灣日日新報》資料的用法，是以它來彌補《臺灣民報》與《臺灣大眾時報》的不足之處，一般不會以《臺灣日日新報》上的新聞做為論述中心，建構當年歷史狀況。

《臺灣民報》與1931年後改組的《臺灣新民報》，為當年社會運動右翼組織的機關報。該報的前身，乃是1920年本島知識分子蔡惠如、林獻堂等，為了推動啟蒙運動，在東京創刊的《臺灣青年》──這是一份十數年間肩負著臺灣人啟蒙運動、文化運動、工人運動、農民運動、政治運動的偉大報刊。自1923年蔣渭水創立「臺灣文化協會」起，正式題名《臺灣民報》，做為該協會發展島內社會運動的機關報；至1927年文化協會左右分裂，《臺灣民報》脫離左翼文協的掌控，成為民眾黨系社會運動的機關報；再到1931年，民眾黨左右分裂，黨內的右翼人士成立「臺灣地方自治聯盟」，再度帶走了這份報紙，改題《臺灣新民報》，使之更為右傾；到最後，這份報紙在1941年法西斯化的國家壓力下，改組《興南新聞》，批判力方大不如前。

從工人運動的角度來看待這份報紙，1926年以前，由於島內社會運動以文化啟蒙為主，因而《臺灣民報》上幾乎完全沒有工人相關報導。然而，隨著社會主義理論在島內的傳播，文化協會中的知識分子開始關心更為具體的、務實的社會問題。1926年以後，《臺灣民報》出現大量有關工農運動的報導，且隨著民眾黨系知識分子組織工作者涉入工運漸深，某種程度上，部分報導甚至深入各地工人組織的內部狀況──每期「地方通信」專欄上，可以見到全島各地工會組織的動態，包括新成立了什麼工會、什麼工會開會決定了什麼議案、將在何時舉辦什麼活動，甚至有時報導本身就帶有工會組織的會議紀錄的性質，有一點點類似先前《苦勞網》上的「社運公布欄」。這是非常珍貴的組織史料；與此同時，做為社會運動的機關報，《臺灣民報》對於歷年工運事件的報導既深入分析，又有著堅定的反殖民立場，部分執筆者甚至具有社會主義傾向，可以說，這份報

紙讓研究者能約略進入當時各地基層工會組織狀況、其人際網絡、其運動路線、其與社會上各方勢力鬥爭的邏輯。

綜上所述，這份報紙在政治立場上與《警察沿革誌》針鋒相對，將是本文建構工運歷史的關鍵性資料。可惜的是，《臺灣民報》自1931年轉入臺灣地方自治聯盟手上，從此不再關注勞工運動的發展，相關報導日漸稀少。至1934年以後，《臺灣新民報》的新聞內容，今天已完全散佚，不復可見。因此，本文利用民報系列資料的時間跨度，只能從1926年到1933年。更具體地說，在1932年4月以前的時段，本文將利用得泓資訊公司「臺灣民報系列資料庫」進行資料蒐集工作；1932年4月至5月，則使用六然居資料室策劃、國立臺灣歷史博物館出版的《日刊臺灣新民報創始初期》電子書；1933年5月至11月的部分，則使用中島利郎教授捐贈給國立臺灣文學館，而由該館電子化的「臺灣新民報檢索系統」資料庫。

《臺灣大眾時報》與《新臺灣大眾時報》報系，則是1927年臺灣文化協會分裂以後，左翼重新建置的機關報，政治立場屬於當年的左派，對於左翼工會系統的組織工作、運動歷程，以及幾場重大會議內容，皆有詳實紀錄。因此，這兩份報紙同樣是本文最重要的資料來源，用來捕捉當年左翼工會系統的動態。其中，《臺灣大眾時報》的時間跨度從1928年3月持續到1928年7月，正是社會主義者連溫卿一派工會組織者掌握了文化協會的時段；《新臺灣大眾時報》則僅涵蓋1931年度，那時，臺灣共產黨已經掌握了左翼社運的領導權──易言之，《臺灣大眾時報》與《新臺灣大眾時報》正好概括了勞工運動左翼的兩個歷史時期，經由兩者的對比，更有助於掌握左翼工會系統，其在連溫卿時期、共產黨時期，各自呈現什麼狀態。因此，大眾報系與《臺灣民報》同樣，為不可多得、彌足珍貴的殖民地勞工運動史料。

綜上所述，本文使用新聞材料，將依照如下原則：1926年以前的工運歷史，將根據連溫卿最早的工運史論〈過去臺灣之社會運動〉所提示的線索，配合《臺灣日日新報》的資料，加以重新建構；1927年以後的工運史，則根據《臺灣民報》、《臺灣新民報》、《臺灣大眾時報》、《新臺

灣大眾時報》分別建構出左右兩翼工會系統的組織發展史，並以《臺灣日日新報》為輔助材料；至1932年以後臺灣民報系、大眾時報系的新聞紙，對於勞工運動再沒有報導，便只能以僅存的《臺灣日日新報》，管窺當年工運的發展情形。進一步，本文將以這些新聞紙建構出來的工人運動歷史做為主幹，輔以警方《臺灣社會運動史》的紀錄、連溫卿《臺灣政治運動史》的回顧、謝春木《臺灣人の要求》之敘述，以及其他研究者、回憶錄的相關論述，去釐清殖民地時代的勞工運動事件之間的因果關係，以求出一幅比較全面的歷史圖景。

第三節　自主工運的史觀

　　既然本書的目標在於以新聞紙為中心，重新建構殖民地時期臺灣勞工運動的歷史，那麼，該以怎樣的敘事架構擺放這些材料呢？面對這個問題，重新回顧《警察沿革誌》／《臺灣社會運動史》對於「工運史」的處理方式是無法迴避的，因為它是從1939年直到今天，唯一一本完整的「殖民地臺灣工運史」。本書擬分成兩個部分來進行討論——首先，當年的警察是帶著怎樣一種「史觀」或「認知結構」來看待臺灣勞工運動，從而生產出《警察沿革誌》做為一部歷史敘事？通過初步的對話確立本書的史觀以後，接著再來討論歷史敘事的內容應該如何調整、如何進行歷史的分期與章節的配置，以便同日本警察的敘事做出區別。

　　在「史觀」的部分——往日曹永和先生對於警方所編纂的《臺灣社會運動史》一書曾做過明白的定性：「由於日本之殖民地臺灣的經營，主要是運用警察力量來鎮壓反抗、維持治安、強制執行其各項殖民政策，故這部『警察沿革誌』，雖然它的編纂方針是站在日本官方立場，由於收有大量警務局內部資料，卻是一部研究日據時代重要文獻。」[5]這提醒了後進研究者，應當對警方的資料抱持懷疑的態度。另外，該書除了立場上站在

5　見王詩琅譯註，《臺灣社會運動史：文化運動》（臺北：稻鄉，1988），頁2。

日本殖民政權一邊，王詩琅先生亦指出該書「原是爲供警察職員作爲執行業務上的參考」[6]，即帶有國家機器治理實務方面的特色，因此，破壞了社會秩序的「犯罪者」到底是誰？哪一位「煽動者」應該爲勞工運動對臺灣社會「穩定秩序」的破壞扛起刑責，接受警方「依法逮捕」？這就成了書中不斷追問的重要問題——《臺灣社會運動史》這兩份性質，綜合起來，造成一種特殊的理解歷史的方式，那就是，警方傾向於認爲社會運動是「善良大眾」被「犯罪者」給煽動出來的，畢竟，如果不是與「社會運動家」發生了接觸，單純的老百姓原來好好地在過自己小確幸的生活，怎麼會沒事上街頭抗爭呢？

　　《臺灣社會運動史》運用數據描述臺灣勞工的處境之後，日本警方緊接著寫道：「再配合上臺灣的民族特性，便呈現出勞工運動易受煽動者的煽動以及被利用的傾向。」[7]從警察的眼睛裡望出來，殖民地時期的臺灣勞工是文化落後的、缺乏階級自覺的、不會主動發動鬥爭的一群沉默綿羊，總而言之，都是反亂的「民族主義者」在煽動特定的政治傾向，勞工只是被利用而已——這樣一種「煽動敘事」構成了《臺灣社會運動史》整本書的敘事基調。如此一來，警方主筆的工運敘事就出現了許多沒有邏輯的離奇文字。簡單舉例，在描述1929年臺北木工工友會罷工事件時，警方寫道：「當局逮捕了陳隆發、盧丙丁、陳天順等六名工會幹部以及中國人鄭貞發等六名，以促使他們反省。……因而三月十五、十六兩日，全部員工幾乎都復職就業，爭議自然歸於消滅。」[8]罷工失敗的原因明顯是警方鎮壓，然而，警方的腦袋跟一般人正好相反，認爲是當局「促成工會幹部反省」以後，爭議就「『自然』歸於消滅」——因爲警察把自己的行爲算成是「自然力」的一部分，其「力」的地位等同於地球、宇宙或上帝的法則，所以工人罷工不自然、警察抓人好自然，國家機器的傲慢就是這麼一回事。

6　同上註，頁7。

7　見翁佳音譯註，《臺灣社會運動史》（臺北：稻鄉，1992），頁30。

8　同上註，頁99。

　　這裡要說的是，「煽動敘事」做為一種採光的濾鏡、視野的屏障，讓具體的歷史事件以一種歪曲的形式浮現在歷史敘事當中，阻礙了現在臺灣人回過頭去認識當年那段勞工運動的歷史——這裡，被警方的煽動敘事所過濾掉的「歷史的剩餘」，說起來很簡單，其實就是「工人階級的政治主體性」。在《臺灣社會運動史》中，勞工運動傾向於被描述成幾位民族主義者、共產主義者以其意志一呼百諾、萬眾追隨的場景，這樣，工人的工會組織表面上非常具有政治色彩，實際上卻是「去政治化」的。因為主體的能動性，做出選擇的行動者並不屬於組織起來的工人集體，反倒是掌握在做為煽動者、領導者的民族主義者、共產主義者手中。這當然是一種大有問題的說故事方式。用常識來想，平常請朋友幫忙買晚餐，他都不一定會答應，何況現在是一個不熟識的犯罪者／民族英雄／共產主義者單方面「煽動」工人冒著丟掉工作、失去薪水、觸法坐牢的危險，出來面對國家暴力，發動抗爭——因此，在「史觀」與其衍生的敘事手段的層次上，必須對警察的認知結構與其對歷史敘事造成的影響做出修正，即工人集體做為運動中的政治主體、行動主體，與民族主義者等所謂「外力」做為「共鬥」者，應該具有同等的能動性，雙方互為主體，而不該如警察所想像的那樣，把「勞工運動史」變成「政治犯的煽動史」。

　　有關「煽動敘事」還可以稍微多談一些。日本帝國主義者在其歷史敘事中表現出來的，對於臺灣勞工政治主體性的傲慢與偏見，到現在並沒有消失，反而被現代臺灣人內化、繼承下來，以一種轉換過了的形式鑲嵌在主流的「民族主義敘事」當中。甚至，該「煽動敘事」至今仍與資本主義現代國家形成一種共謀、遮掩的關係，用以維持現代統治階級、宰制結構存在的正當性。這一點，不分「中國民族主義」或「臺灣民族主義」皆然。長期以來，殖民地時代勞工運動的浪潮並沒有被當作獨立的政治勢力來理解，相關的歷史敘事散落在「臺灣史」、「抗日史」等各式各樣的「民族運動史」當中，且往往只佔一章專論或一個小節，而材料都是從《警察沿革誌》裡出來的。換句話說，工人的運動從來沒有被當成是「工人的」運動，被獨立地、賦有主體性地處理，它總是被收編為民族國家的

鍛造工程裡，群眾大匯流的一部分，或其中一股特殊的支援力量。總而言之，民族／國族是主體，民族主義者是聖靈的代言人，而工人只是各色國民當中的一群，默默無私地為民族、為國家奉獻一己之力。像是一九九〇年代傳誦至今的一句話：「勞苦功高的無名英雄」，不過，這次是放在社會運動的語境，工人不是為了自己而運動，而是為了民族而運動。

　　現有的臺灣或中國這兩種「主流的」民族主義敘事，對於過去勞工運動的描述，完全繼承了「政治犯」對善良勞工的「煽動」的架構，差別只在於：當年的政治犯成了現在的民族英雄，煽動改個字變成領導——即「民族英雄」或知識分子對於善良勞工的「領導」，終於建成了現在大家生活其中的（已完成或半完成的）「民族國家」。就「中國民族主義」的歷史敘事對於「殖民地臺灣工運」的收編而言，既然現存的「中華民國」本身就是當年「（抗日的）勞工運動」的「可欲」對象，那麼，現在勞工自然應該感到「滿足」、不需要「反抗」既存社會，儘管宰制結構依然存在——這是現代統治階級一種利用歷史敘事來夾帶「反對現代勞工運動」的意識形態的教化工程，一部規訓機器的零件，正所謂「為之仁義而矯之，彼具與仁義而竊之」。

　　另一方面，就「臺灣民族主義」的歷史敘事對於「殖民地臺灣工運」的收編而言，當年工人階級在鬥爭中對於島內政治現實的摸索，被論述成一種「臺灣意識」逐漸形成的過程。然而，由於國民黨政府在戰後實施了反民主的統治，造成臺灣人民內心與社會現實的聯繫，或曰「臺灣意識」，再一次被歪曲，成為失根的蘭花——根據這個理論，如果是為了臺灣民族，勞工運動至少是可以搞的，未來如果民族獨立了，勞工就來一起建設新國家。邏輯上工運依舊是從屬於民族打造工程的一股力量，並不具備政治上的獨立性。

　　這樣就很清楚了，主流的兩種民族主義敘事為「殖民地臺灣工運」繪製的地景，由於直接繼承了日本警察「煽動敘事」的大架構，執著於把故事說成是民族國家建構的一個環節，由民族英雄、知識分子去領導勞工大眾，導致這些敘事裡頭都找不到「工人階級的政治主體性」，以及勞工運

動不分過去、現在、未來的合理性與正當性，講得好像勞工不被民族英雄或知識分子領導，就不能搞工運。

雖然上面著重指出了現在各種臺灣史、抗日史對於帝國主義煽動敘事的直接繼承關係，然而，這裡並不打算反對「所有的」民族主義。畢竟，一種不內化「煽動／領導」的認知框架的民族主義，至少腦袋裡是想像得出來的。換句話說，即使是從工人主體、工人利益的角度出發，特定條件下「某一些」民族主義敘事同樣可以接受。這一點列寧講得特別清楚，當杜馬裡的高官站在民族主義的峰頂侃侃而談，他們的目的是要鎮壓工人抗爭、削弱工人組織的力量；與此相反，十月革命以後，誰要是留在蘇維埃裡號召民族主義，誰就是保衛革命[9]—— 如果民族主義的目的在於阻止、減弱勞工運動的力道，那麼，沒理由接受這種禁止人民追求更高生活水平的主義；如果民族主義不會破壞工人的自我組織、自我培力，以及民主團結的大原則，且能讓社會上不同的階級團結在工人的周遭，同樣沒什麼理由好去排斥它。只不過，臺灣目前可見的民族主義的敘事框架，並沒有出現一種版本標舉勞工的利益高過於統治者的利益。

基於這樣的問題意識，加以本書並沒有能力提出一種有別於主流的民族主義敘事，因此，本書在敘事手段上打算把「所有的」民族主義「問題化」，對之採取存而不論的態度。不論該主義所指稱者是臺灣民族或中國民族，後續行文之際，將全部不加區分，一律稱之為民族主義，將兩者視為同等的問題來對待。

帝國主義與民族主義所共構的「煽動敘事」的問題核心，在於其視野、其框架無限放大了集體中的特定人物的政治能動性，即政治犯或民族英雄，剩下來為數眾多的工人主體，其政治能動性卻相反地被無限縮小，與此同時，它並沒有交代工人主體的政治能動性為何消失，以及民族英雄對工人的領導是透過什麼樣的機制——因此，其錯誤導因於它無法正確地

9　見列寧，〈論「左派」幼稚性和小資產階級性〉，《列寧選集》第三卷（北京：人民出版社，1995），頁 511-540。

指認出「個人」與「集體」之間的辯證法。為了在跳出煽動框架的同時，不陷入無政府主義那種否定了人類創造集體生活的必然性的浪漫情懷，讓社會運動中成千上萬的個別運動者神祕化，變成無法做為思考、敘事之對象的「獨立個體」，這裡就必須將「個人」與「集體」兩個觀念棄存揚升到「組織」的觀念，讓組織層次的討論成為個人與集體的中介。如果沒有組織的中介，具有異質性的眾多個體將會複雜到不可討論；同樣地，如果沒有組織的作用，領導者和被領導者之間互為主體的政治能動性，也會神祕到不可討論。

　　因此，本書主張，在敘事手段上取消煽動敘事的同時，必須選擇以工運組織的內部運作過程，來取代掉現有民族敘事的煽動過程，從把握工人組織的狀況出發，來把握工人集體的狀況。

　　這不是說領導人不重要，相反地，領導人之所以這麼重要，正是因為組織或者外在於組織的社會力，需要他這個人的某項特質、才華，從而把他選出來做領導——這個人於是成為社會力與集體意志匯集的「樞紐」。說到底，勞工的權益總是自己爭取來的，實際採取行動，承擔刑責的也是那個選擇了運動之路的自己。這裡沒有半點決定論的味道，而是個人與集體、天才與社會、意識與無意識的辯證法，歷史做為人類意志與各方面條件限制多邊互動的產物，其實只是普通的常識。

　　這裡，盧卡奇對於革命的工人組織的理解是很有啟發性的，他認為組織同個人的關係是「存在和意識的辯證過程，做為歷史過程的統一」[10]；換言之，組織做為不同個體的意識的能動性的匯流，這份集體力量將足以改變物質存在，它正是歷史進程的原因與結果。從反面來說，如果沒有組織做為人與歷史的中介，各不相同的眾人，其異質性的意志就無法匯流，從而每一個個別的工人勢必不能介入歷史的進程——更具體一點，如果沒有工會機器、黨機器或其他什麼機器，手無寸鐵的個人對於資本、國家的

10　見盧卡奇〈關於組織問題的方法〉，轉引自吳永毅著，《運動在他方——一個基進知識分子的工　　運自傳》（香港：香港理工大學應用社會科學研究所博士論文，2010），頁29。

暴力將毫無招架之力。因此，不論是知識分子組織工作者，或者一般勞工階級，唯一的出路只有團結起來，做為機器齒輪之一部，駕駛著工會機器、黨機器，以對抗殖民政府的國家機器，這是一個超級機器人大戰的概念。

基於這樣一種以「組織」所代表的工人的政治主體性為中心的史觀，在這座小小的島嶼上，哪個時候出現了哪些組織？組織工作如何開展？哪些組織的抗爭動能增強或減弱？哪些工會以哪種方式運作起來？哪些組織做了哪些事情？組織與組織之間有過哪些互動？它們內部或外部的權力關係網絡長成什麼樣子？就成為本書首要關注的焦點——用一句話來概括，本書將把殖民地時期臺灣勞工運動的歷史，等同於殖民地時期工人階級集體組織的發展史、運動史與衰敗史。

可惜的是，上述這種史觀的想像只能是一種「理念型」，受限於年代已遠、材料湮沒，現在真正可以深入掌握狀況的當年的工人組織終究不多，雖然有《臺灣民報》與《警察沿革誌》為今天的研究者留下當年工會與政黨的決議文件、宣言、行動與其人際網絡，但終究是不夠的。職是之故，本書所建構的歷史敘事只能站在可見材料的基礎上，盡量朝著「組織中心」的方向發展。客觀上，並不會真的那麼有辦法深入當年工人組織的決策機制。

最後，來解釋本書何以將書名訂定為《殖民地臺灣工運史》。其所指為，日本帝國主義殖民統治的數十年間，臺灣島的工人階級組織起來，建設自己的組織陣地，做為一股政治勢力興起抗爭的歷史。

第四節　章節架構與歷史分期

在確立組織中心、工會自主的史觀以後，現在可以來討論本書的章節配置了。做為對照組，這裡同樣先討論日本警察在《警察沿革誌》／《臺灣社會運動史》當中，有關勞工運動的敘事架構與章節配置。《臺灣社會運動史》的第七章是目前可見唯一完整的殖民地臺灣工運史敘事，該章在

討論完勞工運動的社會背景、一般狀況以後，在主要的抗爭故事部分，將工運根據不同的「煽動者集團」裂解成三大塊——「臺灣民眾黨所領導的勞工運動」、「臺灣文化協會所領導的勞工運動」以及「臺灣共產黨所領導的勞工運動」，並且分別敘述了這三個集團各自的發展，以及他們各自領導的四五個大規模勞資爭議。

這樣的處理，似乎讓《警察沿革誌》的歷史敘事架構，在表面上看起來更加地「組織中心」，但實則不然，因為警方的敘事整體而言並不是歷時性的，不同的罷工事件、不同的組織工作被等量齊觀地並列呈現，這導致事件與事件之間的因果關係以及個別事件的歷史意義皆被掩蓋，讀者只能從中得到工運史的諸多不相干的、沒頭沒尾的斷片。因此，與其說《臺灣社會運動史》是「組織中心」的歷史敘事，不如說警方是針對各個「犯罪集團」，把它們的「罪證」進行去歷史化、去脈絡化的列舉與解讀。這種做法，本質上是反歷史的，因為他把組織與運動的延續性直接取消掉，架空成政治犯以不同犯罪手法來達成的「煽動事件」，從而用一種獵奇的方式加以「窺視」。勞工運動的前因後果、做為歷史主體的人在其中的掙扎，全部被無視了。

這裡只要舉一個例子，就可以說明警方敘事的這種神奇現象。讀完《臺灣社會運動史》的第七章以後，對於1927年高雄臺灣鐵工所罷工事件的理解，僅止於「這是一場規模很大的罷工事件」，而完全無法理解其歷史意義——由於它和其他罷工事件只是單純並列的關係，讀者完全無法注意到，原來日華紡織會社罷工、嘉義營林所大罷工、臺北印刷工罷工，乃至於大量左翼工會的崛起、文協農組工農戰線的建設、右翼臺灣工友總聯盟的成立、右翼的「組合主義」宣言，以及一年後做為工運衰落象徵的淺野洋灰大罷工，全部是鐵工所罷工的後續效應。在警方的敘事視野裡，臺灣鐵工所大罷工與高雄機械工會並不展現出它原有的「殖民地時期臺灣工運火車頭」的面貌，而只是諸多「密謀顛覆國家者」所煽動的罷工中比較早、規模比較大的一件。這個「歷史屏蔽」現象之所以發生，其根本原因，正在於警方的敘事乃是去脈絡化地以「犯罪集團」為中心構造，從而

取消掉歷史敘事應有的「歷時性」與「因果關係」的結果。因此，本書最大的目標就是以《臺灣民報》先賢們所提供的反資反帝反殖民立場，跨越警方視野的屏蔽，重建殖民地時期臺灣勞工運動組織與組織之間的「歷時性」與「因果關係」。

為了追求殖民地時期臺灣勞工運動事件與事件之間的「因果關係」，必須以「歷時性」的方式重構工運史敘事，這樣就陷入了歷史的另一道難關，即「歷史分期」的問題。到底應該依據怎樣的判準區分當年工運史的不同時段，從而轉換成章節配置呢？這份工作對於一介研究生而言實在過於吃重，幸好，已經有人對當時的工運史進行過初步的分期工作。當年勞工運動中的右翼機關報《臺灣民報》，曾經登載兩篇評論文章，嘗試為「勞動運動」分期，其作者很可能是蔣渭水或謝春木，因為在右翼系統中，兩人是工運的核心，方有可能對運動掌握到如此程度。民報記者與工會中的知識分子組織工作者密切相關，且往往重疊，其觀點正好與本文相同，乃是以「組織」的發展為中心，根據當年勞工運動的高潮與低潮進行歷史分期的理論工作──首先，1927年4月10日，高雄臺灣鐵工所大罷工剛爆發出來的時候，《臺灣民報》上登載了評論文章〈黎明期臺灣勞動運動〉：

> 在這沉默的臺灣工界卻也漸漸的震動了，於各地都有工人團結的聲音。單就臺北而言，於三月初間已經成立了機械工友會，而三月中旬又再組織了塗工（油漆工）工友會，不日中又再有木工工友會和工友互助會將成立了。

> 作事起頭難，這是古今的定例，蓋臺北機械工友會的成立，可說是臺灣人工團成立的濫觴，所以難免受盡艱辛，但自該會無事成立後，接踵就有塗工、木工、互助會的發生，此後不知道仿樣在各地要成立幾多的工會了。

> ……

　　現在臺灣的勞働運動已經是入黎明期，此去的發展自然是有澎湃的
形勢，但是現在還是在初期，基礎還未甚堅固，一時間是不能够急
收效果的。所以我們第一是希望先向內容充實，因爲工人在經濟上
缺乏餘裕，自然少機會修養智識，所以當先著手於教育方面，努力
於平民教育的普及才是！第二是要堅固團結，極力宣傳同業者的加
入，並向其他各地的工人，或他業的勞働者同樣組織工會，充大團
結的力量，並再研究各同志工團的組織化，作成有統一秩序的組織
體才得有利實行運動的。[11]

　　很清楚，《臺灣民報》從組織發展的角度，把1927年4月初高雄臺灣
鐵工所罷工以前，島內各地工會組織工作逐漸開展的那段時期稱爲「黎明
期」。那時，他尚未預料到鐵工所大罷工爆發以後，工會組織的數量將會
以旱溪暴漲的速度成長起來。

　　在另外一篇「分期」工作的文章〈受難期中的勞動運動〉裡，發表於
1929年1月1日的《臺灣民報》，作者在其中不無悲哀地寫道：

　　在受難期中的解放運動，無論那一方面那個團體，都脫不出這個運
命。如去年中的工人方面的運動，與資本主的抗爭事件——或怠
業、或罷工，大小總共以數十計，在其結果得著工資加昇與待遇改
善的不少。然而就中如工友總聯盟所屬工友會，對高雄淺野洋灰工
場作一月餘的繼續的罷工抗爭，及對臺灣製鹽的爭議，生出入獄的
犧牲者殆乎將近四十名，經半年有餘的豫審，至於年底始得保釋出
獄。[12]

11　見《臺灣民報》第一百五十二號〈黎明期臺灣勞動運動〉。
12　見《臺灣民報》第二百四十一號〈受難期中的勞動運動〉。

這裡也很清楚，《臺灣民報》的評論者是把勞工運動放置在臺灣總體社會運動的視野底下，認為1928年的高雄淺野洋灰大罷工，以及臺南安平製鹽會社大罷工[13]，皆受到國家機器、警察暴力的鎮壓，而以運動者入獄服刑告終，如同當年度新竹事件象徵著農民運動的挫敗，墓地事件象徵著市民運動的失敗，高雄機械工會的挫敗因而也具體而微地象徵著殖民地臺灣工運的挫敗。評論者於是認為工運進入了「受難期」。

這裡，姑且不論什麼「黎明期」、「受難期」的標籤，取《臺灣民報》之精神，即以「重大工運事件」做為歷史分期判準。因為事件不只是事件而已，事件之爆發，乃是組織發展累積了一定能量，而與歷史條件、社會動態以及經濟結構相互震盪的結果。事件可以做為複雜歷史條件的簡單象徵。在民報記者的眼睛裡，根據上述引文，最重要的兩個事件是1927年的「高雄臺灣鐵工所大罷工事件」，以及1928年的「高雄淺野洋灰大罷工事件」。高雄臺灣鐵工所大罷工，與其衍生的全島總罷工，象徵著工人階級組織化浪潮的出現，打破了過往社會結構對工人的壓制局面。另一起，高雄淺野洋灰大罷工的動員力，象徵著工運實力的高峰，而罷工遭受警察鎮壓，導致失敗，象徵著國家機器強力介入，工運自此由盛轉衰。本書將繼承這個由當年組織者遺留下來的歷史觀點，用這兩個罷工事件，做為章節配置的斷點。但民報上的分期理論有一個缺點，即其思考是完全基於右翼工運組織的發展狀況，以至於左翼工會系統不在視野之內。不過，考慮到1928年以後，臺灣工運的整體領導權，已從左派轉移到右派手上，客觀上，臺灣工友總聯盟本身幾乎就代表了全部的工運，所以這個缺點不算是不能接受。

另外一個極其重要的罷工事件，乃是後來發生在1931年間的「臺北印刷從業員組合大罷工」。在檢閱了當年新聞紙的資料以後，本書發現，臺灣工友總聯盟系統的工運勢力並不如一般史書史論所說：在民眾黨解散、

---

13 《警察沿革誌》認為這場罷工不重要，完全沒有紀錄，但黃師樵卻認為這場罷工是警方「檢舉狂」的司法濫訴行動的開端，賦予行動重大意義。這也是史觀不同導致歷史敘事不同的好例子。

蔣渭水死後旋即歸於消滅。相反地，工總聯變得更為基進化，印刷從業員組合的大罷工正是他們最後一次與資方、國家正面對決。結果，罷工遭鎮壓而失敗，國家開始有計畫地逮捕工運分子，舊民眾黨系統的中堅幹部遠走中國，從此，工總聯方才真正弱化。在民報評論者的眼睛之外，本書將以臺北印刷從業員組合的最後一次大罷工，做為歷史分期的最後一個斷點，它既是殖民地工運的尾聲，亦是工會組織實力的迴光返照。

這樣一來，這本論文的章節安排就確立如下：

第一章，緒論。旨在討論本文的材料、史觀、章節配置，並提供一簡史，供讀者快速掌握殖民地臺灣工運史脈絡。

第二章，黎明期（1926-1927）。主要討論1927年高雄臺灣鐵工所大罷工，與其衍生的全島總罷工，以及1927年五一勞動節鬥爭，描述當時左右兩翼工運分子分進合擊的「無產階級共同戰線」。除此之外，並藉由連溫卿所提供的線索，追溯1927年以前勞工運動發展的軌跡。

第三章，成熟期（1927-1929）。主要討論鐵工所事件後引發的工人階級組織化浪潮，並將論述的脈絡區分為左右兩翼。在右翼方面，討論臺灣工友總聯盟與臺灣民眾黨的發展過程，並以1928年五一勞動節鬥爭為主要事件，那時，工總聯同時在全島範圍內，操作包括淺野洋灰在內的六場罷工。左翼方面，則討論臺灣總工會的結成計畫，以及左翼工會內鬥的軌跡。

第四章，受難期（1930-1932）。主要討論殖民地臺灣工運的瓦解過程。右翼方面，論述民眾黨的解散過程，以及工友總聯盟的進一步左傾。左翼方面，論述臺灣共產黨的紅色總工會計畫，與其瓦解過程。舊民眾黨人與共產黨人在1931年的五一勞動節鬥爭前後合流，崩壞已久的「無產階級共同戰線」重新建立。隨後，工運的左右兩翼，分別在「臺共大檢舉」與「臺北印刷從業員組合大罷工」之後遭殖民政府壓迫窒息。除此之外，並藉由新聞紙資料，追蹤1932年以後工運的軌跡。

附帶說明一點，為了貼近殖民地時期臺灣勞工運動的時代氛圍，較全面地表現當年臺灣工運分子的思維、修辭方式，本書對於當年宣言、傳

單、聲明書以及相關論述的引用，傾向於「全文抄錄」，特別是新聞紙上僅見的文獻更是如此處理，除非原文實在太長。

第五節　左右光譜

最後，由於本書大量使用「左翼」、「右翼」來指稱不同的人群，有必要對這兩個詞的指涉範圍做出清楚的界定。

蝟集於新文協、農民組合以及臺灣共產黨周遭的那群人，他們奉行馬克思列寧主義，自稱左派，稱之為左自然不用懷疑。然而，被稱為右派的群體則複雜許多。首先，資產階級本身就不是鐵板一塊，除了進步性民族資產階級的議會運動派，更存在著辜顯榮一類反動資產階級主導的公益會。蔣渭水一派雖然也自稱右派，但和前面兩「右」更不相同──聚集在臺灣工友總聯盟的組織者有著近似於左派的面貌，言必稱馬列，時而多一個孫中山，實踐上走的一樣是組織基層工農小市民的路線。

上述區分方法其實是早期社運圈內限定的概念，為一九二○年代的社運分子用來彼此指稱的一套代名詞的遺留。比如說：蔣渭水為了表示自己跟連溫卿不同，故自稱為右派；連溫卿則相反自稱左派。但事實上，當時主流社會的分類法正好跟社運圈內人完全相反──譬如，當年主流媒體的用詞是把辜顯榮一派視為正常的「國民」，納入殖民政府的內地延長意識形態；而蔡培火一干議會運動者已算是「激進派」、「偏左派」或「民眾黨內的穩健派」；蔣渭水、盧丙丁等標舉民族主義的工運分子則是「極左派」、「過激派」或「民眾黨內的極左派」[14]；至於新文協和共產黨，連左派都算不上，他們是「非國民」與「陰謀分子」，總之是一群瘋子，連標定左右光譜的資格都沒有。

左右本是相對的概念，在不同的理解脈絡下，同樣一個詞會浮現出不

14　例如1931年2月22日《臺灣日日新報》漢文版〈決要再起廖梁兩氏談〉一文中，就把盧丙丁、梁加升、廖進平三人一律稱為極左派，然而這三人同時又被左翼稱為右派。

同的意義。為了回到當時社運的語境，本書在使用這些詞彙的時候選擇回到那些社會運動者的人際網絡，以行動者所屬的組織、所屬的運動位置做為標定其左右光譜位置的判準，而「不是」以行動者的思想光譜做為判準。之所以將文協農組共產黨稱之為左翼，而右翼一詞則用來泛泛指稱各種資產階級同路人，主要因為當年那些運動者這樣自稱。

　　事實上，如果單純以人的思想傾向來標定其左右光譜位置，自稱右派的蔣渭水如果活到今天，他會被視為異常激進的極左派。由於蔣派人物的位置有其曖昧於資產階級的特殊性，既相近又相遠，因此，當行文有需要時本書會交錯以「民眾黨左翼」、「工運右翼」兩個不同的詞來指涉這同一群組織者、工人幹部或群眾。把蔣派從資產階級的脈絡中切割出來之所以必要，是因為歷史的巨輪押著他們最後倒向左邊。倘若用詞不加區分，便難以指認出後面這段臺灣工友總聯盟列寧主義化的歷史。

第二章

黎明期（1926-1927）

　　1927年1月2日，社會主義者連溫卿在《臺灣民報》上發表〈過去臺灣之社會運動〉[1]，這是歷史上第一篇論述臺灣工運的文獻，從「勞働運動」的角度[2]回顧並且分析了臺灣各種形式的社會運動。在列舉1926年以前的工人自發性罷工以後，連溫卿寫道：

　　　　然則將來如何？可以組織的統一之，不以地方的利害打算，應以全島的爲目標方可。但欲這樣實行以前，當克服、監視脫不離同情範圍內人們的言動。因爲由「自治研究會」惹出非孝的爭論，雖可以斷定彼此爲反動者，然若和這回資本主義論爭的人們比較，其意識的、其用意的程度有別，需防日本的「赤松」到了臺灣，即變做白心底番薯罷。[3]

1　見《臺灣民報》第一百卅八號〈過去臺灣之社會運動〉。

2　該文第一段末尾寫道：「但這篇小文祇是侷限著、注重敘述勞働運動而已。」勞働運動的觀念所指不只是勞工，還包括農民。當年左派對於運動的想像是將運動組織擴大到工農兩個生產部門。鑑於殖民地臺灣的農民運動已有專門研究，本書不再深入探討。

3　指赤松克麿於1924年所提出的「科學的日本主義」，用科學社會主義的語言包裝大日本主義。見陳水逢，《日本近代史》（臺北：臺灣商務，1988），頁545。連溫卿這番話的意思是要提防那些形左實右的投機分子。

　　連溫卿這段文字宣示了當時左翼知識分子投入勞工運動的決心，更預言了1927年後全島工人階級的組織化浪潮。放到當年的歷史情境裡，〈過去臺灣之社會運動〉可以說是一篇從左翼觀點出發考察，總結了過去，更前瞻未來的宏文，也是今天回過頭去理解1927年之前臺灣勞工運動史的一把鑰匙。本書將從連溫卿的這篇文章出發，重新建構殖民地臺灣工運史。

　　連溫卿有關勞工運動的敘述架構，乃追溯「知識分子的思想運動」與「工人階級的自發性經濟鬥爭」各自的足跡。前者特指臺灣文化協會中的知識分子以「研究會」、「讀書會」等形式傳播左翼思想的運動：

> 然則其思想的先驅什麼？當那「臺灣」（大正七年）發刊以來，而在「德模克拉西」[4]和民族運動猖行介紹之中，早有彭華英氏在其第二卷第四──五號介紹著「社會主義的概說」了。一方面在臺灣成立了「臺灣文化協會」，即有「馬克斯研究會」的組織，而爲大正十二年成立的「社會問題研究會」之先驅，然而皆沒長命存立於世至今。[5]

　　文化協會內部的「馬克斯研究會」由連溫卿主導[6]，後來的「社會問題研究會」則以連溫卿、蔣渭水、謝文達、石煥長、山口小靜爲主要活動成員，同樣以研究社會主義爲目標。[7]

　　至於工人階級自發性的抗爭行動，連溫卿所追溯到的最早爭議是在1923年臺北320名印刷工人的罷工行動：

4　德模克拉西即民主主義（Democracy）。

5　見《臺灣民報》第一百卅八號〈過去臺灣之社會運動〉。事實上，臺灣左翼知識分子的活動從彭華英、許乃昌開始，亦發展出赤華黨等組織，比連溫卿這裡的回顧有更長的歷史。詳見邱士杰，〈二十世紀臺灣社會主義運動簡史──組織史部分〉，2009，苦勞網：http://www.coolloud.org.tw/node/77056

6　有關當時社會主義知識分子的組織，見邱士杰，〈二十世紀臺灣社會主義運動簡史──組織史部分〉，2009，苦勞網：http://www.coolloud.org.tw/node/77056

7　見王乃信等譯，《臺灣社會運動史（一九一三年～一九三六年）第三冊：共產主義運動》（臺北：海峽學術，2006），頁4。

工人方面，則有印刷工三百二十名的大罷業，自八月十四日起至九
月三日互相對峙，卒見成功。這是因爲不景況的緣故，而企業家組
合的「臺北製本同業組合」決議欲廢止從來的手當（按：津貼）四
成所招的結果，而終照工人主張的改爲三成二分五厘。可是這罷工
的解決早了幾日，而逸去那印刷工三個組合合同的機會。[8]

　　可知，殖民地時代的臺灣勞工已有能力進行自我組織，從而該罷工行
動裡存在著三個印刷工會，就算三者最終沒有整併，依舊有能力在各自爲
政的狀況下取得罷工的勝利。

　　「知識分子的思想運動」與「工人階級的自發性爭議」這兩條軸線在
〈過去臺灣之社會運動〉一文裡最終並沒有縮合，連溫卿只留下一個大統
合的未來展望：「可以組織的統一之，不以地方的利害打算，應以全島的
爲目標方可。」[9]本書將繼承連溫卿敘事的雙軌架構，回顧1927年之前的
臺灣勞工運動，並將連溫卿沒有提及的資料加以補完，以期歷史敘事的完
整。

第一節　自發性勞資爭議

一、1926年以前的勞工運動

　　1923年印刷工罷工以前的臺灣勞工運動至今沒有任何論述，限於資料
匱乏，這裡根據連溫卿所提示的線索，會同《臺灣日日新報》之報導，輔
以《臺灣民報》[10]，將1926年以前，規模大到足以見報的勞資爭議整理成

8　見《臺灣民報》第一百卅八號〈過去臺灣之社會運動〉。

9　同上註。

10　事實上，《臺灣民報》所記錄的勞資爭議在1926年以前只有一筆，即1926年6月三井物產所屬
　　碼頭工人的罷工，《臺灣日日新報》也有記載該起罷工。

【附錄一】——爲避免妨礙正文的閱讀，附錄於本書最末。

　　《臺灣日日新報》所記錄的較大型的勞資爭議事件，從創立之初的1898年截至1926年底爲止共有76件[11]，其中47件所爭取的與工資水平之調整相關、2件屬於追討欠薪、9件反對職場上的規範與監督、3件要求改善工時或工資、2件反對解雇、6件屬於其他、7件原因不詳。歸納起來，早期勞資爭議幾乎全部起源於勞動者要求改善自身經濟待遇。

　　比較特別的只有四次人力車夫罷工，其抗爭對象爲殖民政府。不過，資方的缺席是因爲當時人力車夫多爲自營作業者，國家又介入管理的緣故[12]，倒不是因爲抗爭已出現政治高度。

　　從民族別的角度來考察，早期的抗爭者並不只有本島工人，也包括日本人、大陸人，更多時候是不同民族的工人聯合抗爭。許多報導只提及抗爭者職業，不論及民族，然而，光是從該職業之內容亦可以判斷這類報導所描述的抗爭者並不限於本島人——比如說，大稻埕製茶業工人多半是華僑[13]，土木建築工人中擁有高階技術的是日本人，港口苦力同時有本島人、日本人和華僑，人力車夫既有本島人與日本人的自營作業者，更有許多業者雇用大陸移工來拉車[14]，塌塌米師傅則多半是日本人[15]，需要現代

11　實際上發生的勞資爭議當然遠多於這76件，然而今天沒有更多的資料讓研究者了解更多。《臺灣社會運動史》裡收錄了警方所統計的歷年勞資爭議數量，光是1920年就有51件（同年度《臺灣日日新報》有紀錄的僅10件）、1921年有31件，可惜的是，這筆資料的時間範圍最早只到1920年，且除了數字以外沒有更詳細的內容。

12　當年國家機器爲了方便管理人力車產業，規定各營運區域必須設立民間的人力車組合，凡是人力車夫皆必須加入，否則無法取得人力車的營運許可，不論該車夫是自營業者或受雇於人。國家對於人力車夫的規定就是透過這民間的人力車組合才能貫徹到基層，組合既是一個傳達國家文明教化的意志的空殼，屢次大規模抗爭自然都是以當局爲對象。從這個角度來看，這四次車夫抗爭嚴格說起來並不算勞資爭議，一方面因爲抗爭主體除了工人階級還有眾多自營小生產者，另一方面，在整個產業並未以勞資關係結構起來的半封建的情況下，資方不是規定勞動條件的權力者，國家機器才是。有關日治初期人力車產業的構造可見蔡龍保，〈舊事物‧新管理：日治初期臺北地區人力車的發展（1895-1904）〉，《臺灣學研究國際學術研討會：殖民與近代化論文集》（臺北：國立中央圖書館臺灣分館，2009）。

13　《臺灣日日新報》上有不下百篇報導有關大陸製茶移工之狀況。

14　見蔡龍保，〈舊事物‧新管理：日治初期臺北地區人力車的發展（1895-1904）〉，《臺灣學研究國際學術研討會：殖民與近代化論文集》（臺北：國立中央圖書館臺灣分館，2009）。

15　見《臺灣日日新報》1919年8月13日〈疊職罷業終熄〉。

技術的電機工人與船員等職業就更不用說了。在跨海流動的資本面前，只要在同一個產業位置上，各民族的工人都面對同一個資方——多民族、多國籍的工人聯合抗爭是這個時期工運的特徵。

如果加入歷時性的因素，1910年以前的20起勞資爭議中，至少有17起是確定或推測為非僅本島人參與的爭議；1910到1920年中間的40起勞資爭議中則有至少23起；1920到1926年中的16起勞資爭議中則有至少8起——越是早期的抗爭活動，就越多具有跨民族性質，且往往由日本人或華僑帶頭，純粹由本島人構成的抗爭反而很少。早期島內活躍於抗爭的工人，其實是日本人與華僑，本島人階級意識較低。

與此同時，島內最早發動抗爭的集體組織，也是日本人設立的，本島人在這類工會中並沒有主導權。可以說，1926年以前的臺灣工人運動非但不是以民族主義為軸心發動，其原初型態更有明顯的國際主義傾向，即跨國籍、跨民族工人的聯合，或許和殖民地臺灣產業、文化、人種多元混雜的性質有關。

二、臺灣最初的工會組織

從組織史的角度考察《臺灣日日新報》這批資料，在1896年到1926年這31年間，只有五個工會見報——它們分別是1903年的臺北大工組合[16]、1918年的臺南職工組合、1922年臺北塌塌米工人的疊職工組合[17]，連溫卿所提到的1920年三個臺北印刷工組合，以及1924年華僑靴工組合。

除了這幾個工會，文獻上沒有其他工人抗爭超過一次——可知直到1926年，臺灣勞工幾乎處於無組織的、一盤散沙的狀態，歷年勞資爭議沒有催生太多集體組織，或者說，即使有些工會生長出來，它們也沒有被社會看到，不具備運動性。

16　日文「大工」即木工之意。見《臺灣日日新報》1903年8月7日〈職工組合發會式〉。

17　見《臺灣日日新報》1922年10月15日〈疊職工作業組合を計畫 競爭で今年は安い疊替が出來るだらう？〉。

依《臺灣日日新報》的資料，臺灣史上第一個可見的工會是1903年成立的臺北大工組合。當年殖民政府發包工事採「入札」制度，即競標，由開價最低的業者取得興工權利。至1903年，由於新築工事、家屋等土木建設的需求相較於前年顯著減少，使得業者之間競爭加劇，木工的日平均工資遂被承包業者由原先的1圓20錢下壓至50錢左右，短少將近六成。同年5月14日，西門外街的日本人木工本間松次郎率領木工，與臺北市內諸土木承包業者在松竹亭進行團體協商，爭取到每日工資提高到1圓以上，該協約並受臺北廳當局認可。[18]同年8月4日，大工們所組織的勞動者組合正式成立，在武德殿內辦理發會式。[19]

臺北大工組合由日本內地人與少部分本島人共同構成，而由日本人主導。雖然會員中有本島人，但權力完全掌握在日本人手上，該組織中的28名幹部幾乎全部是日本人，本島人僅佔一席。該組合之下又依工人作業地點之市街分為城內（含大稻埕）、新起街（含艋舺）、西門外街三部，各自設有地位相當的部長，部長之上似乎沒有一個總的領導人。[20]該工會生於鬥爭，後來也在組織內部創造出工人間的集體生活，除了對內每個月辦一回演講，也設有公積金保障會員喪、病、歸國（即回去日本）時所需費用。[21]

該組合的活動時間從1903年起至少延續到1909年，中間不只一次發起抗爭，這群日本工人是一九二〇年代以前唯一在組織上有延續、有戰力的工會。除了1903年最初創立時的團體協商，1907年7月也曾發起同工同酬運動[22]，1908年3月更發動罷工要求調薪，聚集兩百七十餘名工人示威於

---

18 見《臺灣日日新報》1903年5月22日〈臺北大工の總集合〉。
19 見《臺灣日日新報》漢文版1903年8月7日〈職工組合發會式〉。
20 見《臺灣日日新報》1907年7月2日〈三市街の大工組合〉。這篇報導中詳列當年選舉28名工人幹部的姓氏，其中一位姓林，是以本島工人在組織中應該有一個席次，雖然日本人也有姓林的，但該工人幹部為本島人的可能性畢竟較大。又，該篇報導中提到大工組合創立於明治36年，即1903年，因此可以推斷1907年報載該組織與1903年報載的臺北大工組合為同一個組織。
21 見《臺灣日日新報》1908年9月5日〈大工頭梁連組合組織〉。
22 見《臺灣日日新報》1907年7月2日〈三市街の大工組合〉。

圓山公園。[23]

　　1918年末成立的臺南職工組合與1922年臺北的疊職工組合，則都是日本人的工會[24]，同樣都是生長於抗爭中。前者在成立後不到一年，即發動提高工資的團體協商，然而失敗了；後者本身就是爲提高工資而成立，除了這些訊息，報紙上無法得到有關這兩個工會更多的資料。

　　臺灣本島人最早的工會組織，則是1920年成立的三個臺北印刷工會。這群先覺者在1923年策動了一次罷工[25]，抵抗業主廢除津貼的企圖：

　　　　臺北製本印刷同盟組合（按：此爲資方組織），此次因對本島印刷職工，宣言斷行減少薪水一節，職工等以組合處理不當，皆弗肯服。于是再四五爲折衝，印刷主仍爲拒絕，不許其要求，州當局亦出面調停。果也客月下旬，印刷主對于職工共發解雇通知，然其後又暗裡交涉。印刷主一邊之廢四成手當（按：津貼）爲增給二成五分之主張，讓步至三成，而公休日及皆勤手當（按：全勤獎金）之復活條件，容職工之手當三成二分五厘主張，遂妥協成立，其由印刷主一旦通知解雇者，又再爲顧入。成立後職工等共于三日午後一時，會于江山樓，印刷主亦舉代表數名臨席，開宴交歡，于是一同圓滿解決云。[26]

　　三個印刷工會早期的發展幾乎沒有紀錄，往後資料就比較多了——

23　見《臺灣日日新報》1908年3月24日〈同盟大工の示威運動〉。
24　見《臺灣日日新報》1918年10月28日〈臺南職工組合組織〉，報載會員爲內地人職工兩百八十餘名。疊職工組合之所以推論爲日本人工會，是因爲當時塌塌米師傅多半是由內地聘僱，例如1919年8月13日同報載〈疊職罷業終熄〉就提到罷工後遭雇主排擠的工人返回內地之事，然而這篇報導畢竟不是在講1922年疊職工組合的事，所以只能「推論」疊職工組合爲日本人工會。
25　這三個印刷工會設立於1920年的資訊來自兩個地方，其一是連溫卿晚年寫的《臺灣政治運動史》（臺北：稻鄉，2003），頁167；其二是《臺灣民報》第一九一號〈臺灣社會勞働團體調查（三）〉寫到這三個印刷工會後來整併而成的「臺北印刷從業員組合」成立於大正8年，即1919年12月，足證連溫卿之記憶沒有太多誤差，印刷工會確成立於1919年末至1920年初那個時段。
26　見《臺灣日日新報》漢文版1923年9月5日〈印刷職工圓滿解決〉。

它們受1927年工潮的影響，在罷工中整併成單一的「臺北印刷從業員組合」，後來更與反殖民知識分子合流，加入臺灣工友總聯盟。[27]直到1931年因為最後一次大罷工失敗，方才瓦解。

第二節　新臺灣文化協會

一、社會問題研究會

　　為了追溯臺灣工會組織者的源頭，〈過去臺灣之社會運動〉論及附屬在臺灣文化協會底下的「社會問題研究會」。它的成立背景是一九二○年代上半葉，那時農民、勞工的抗爭剛開始萌芽，知識分子逐漸把眼光從文化運動轉移到具體的社會問題上。

　　該會雖不是島內第一個左派結社，可它在社運史上極具時代意義——除了連溫卿、蔣渭水兩人分別成為左右兩翼勞工運動的代表人物，更重要的，該研究會引領為數眾多的「無產青年」，創造出臺灣左翼的思想共識，最終導致文化協會的左傾與分裂。

　　1923年7月23日，社會問題研究會正式成立，辦事處設在連溫卿住宅，印製趣意書五百張散布至島內各地：

> **我們同人是……**
>
> 鑑及最近在新店發生的佃農紛爭，南部創立地主佃農協調會，特依照前記趣旨、綱領，組織社會問題研究會。凡是人類，沒有一個人不受社會束縛、暗示的，所以想：感到社會的缺陷的，自然應該以這社會的環境所發生的問題為對象，求其解決的。然而所求的解決是甚麼呢？這正是我們所要知道的，而且也是組織本會的緣由。我們淺學菲才，是否對於人類稍有所貢獻？相信這端賴社會的扶掖、

27　見連溫卿，《臺灣政治運動史》（臺北：稻鄉，2003），頁167。

指導、聲援。

趣旨

人類有個二代歷史的時代，這就是由法國和俄羅斯所表現的革命。所有古老的傳統主義和保守主義，固執著頑迷的宿命，已經突破過了歷史時代的革命期了。新的人類愚蠢地還要以嗤笑和罵語與威嚇來欺瞞，故意不看。

人類希望過更幸福生活的意識，難道可以當作一時的現象看過不理嗎？受一定生產條件影響的社會，難道果能保得永續性和調和性嗎？

你看！正要踢破社會制度軀殼的所有問題，勞工問題和佃農紛爭，在所謂武陵桃源的臺灣，也已經舉起了狼火了。這對人類告訴了些甚麼？這正是我們同人所要研究的。

綱領

站在近世的科學，基諸一定的社會條件研究之。[28]

　　由於該會思想基進，不只民眾缺乏理解，連文協內部的知識分子亦往往不能接受。[29]該會雖未獲得工農迴響，卻在學生裡喚醒了反帝反資、民族主義的意識，造成全島公學校同窗會的抗爭。這群受到研究會影響的學運分子，後來成為左翼文化協會與臺灣共產黨的核心幹部，更是重要的工運組織者。大正12年7月30日，臺北市太平公學校所召開的同學會，廈門集美學校留學生翁澤生、洪朝宗、鄭石蛋等人，故意用臺灣話演說，且主

28　見王詩琅譯註，《臺灣社會運動史：文化運動》（臺北：稻鄉，1988），頁325-326。
29　見連溫卿，《臺灣政治運動史》（臺北：稻鄉，2003），頁122。

張同學會應獲得自治權等事，使同學會陷於混亂[30]，爲此後一系列學運之發端。

翁澤生、洪朝宗等青年學生聚集在蔣渭水、連溫卿、王敏川等社會主義者的周圍，陸續成立臺北青年讀書會、臺北青年體育會，然而，讀書或有之，體育則沒有人在練習，兩個社團大多以「臺北無產青年」的名義發動反政府運動，宣傳社會主義思想。[31]

這個階段，儘管已發生數次思想論爭，左翼知識分子與林獻堂、蔡培火等協會的右翼領導者，在行動上並未發生衝突，左右兩翼共處於臺灣文化協會，各搞各的，分進合擊。

二、臺北無產青年

1926年的五一勞動節，社運中的左右對立浮上檯面。[32]這是臺灣有史以來第一次大規模慶祝五一，臺灣文化協會在臺北港町的文化講座辦理大演講會，開放給所有市民參加。當天晚上，日本警察把持講座大門，所有參與者進入前都被搜身。下午七點半辯士到齊，場內已湧入群眾一千餘名，站在門口街巷擠不進去的，還有二千餘人。

蔣渭水首先開場演說「五一的由來」，「話未及兩句，就被中止；次王敏川君講『勞働者的覺悟』，也是遭了同樣的中止；王君下臺，蘇亞民君上臺講『臺灣人的自覺和勞働祭』，一開口說兩字『兄弟』，就被中止和命令解散。後雖有辯士署名都說不得了。外有謝春木君由桃園打電報來說明『將來的支配者是勞働階級』，也不得宣讀。」[33]隨後一大隊警察提著紅燈籠出現，把民眾逐出會場。[34]左翼分子舉辦此一活動，不只得罪

30　見王詩琅譯註，《臺灣社會運動史：文化運動》（臺北：稻鄉，1988），頁327。
31　同上註，頁326-333。
32　見連溫卿，《臺灣政治運動史》（臺北：稻鄉，2003），頁131-132。
33　見《臺灣民報》第一百五號〈臺北的勞働工節〉。
34　見《臺灣民報》第一百五號〈倒是平安的地方〉。

警方，更得罪了當時身為文化講座管理者的蔡式穀。這位律師認為演講者未經同意就利用港町講座，像侵入民宅一樣，並揚言要向法院提出告訴[35]——文協右翼之反對左翼的群眾運動，到這裡終於表面化。

　　五一勞動節過後沒多久是六一七始政紀念日，當時臺灣社運圈中左翼力量的「出櫃」，便是從1926年6月17日這天開始。它本是國家規定要慶祝日本佔領臺灣的日子，但自領臺之初，已有一大部分的民眾稱之為「死政紀念日」。由於勞動節以後總督府對社運的壓力提高，當天右翼人士未有任何行動，左翼則在當晚舉辦了兩場反日政談演講會。第一場次由連溫卿、蔣渭水、王敏川、謝春木、鄭明祿等主講，地點在文化協會臺北港町講座；第二場次則是由「臺北無產青年」在日新町臺北青年體育會事務所召開。[36]蔣、連主持的場次聚集上千民眾，開始不到十五分鐘，就被日警命令解散[37]；無產青年的辯士潘欽信、高兩貴則是還沒開場就被三十幾個便衣警察逮捕。

　　晚上八點在臺北青年體育會事務所，洪朝宗首先登臺講演時，警察尚未臨監，僥倖全部講完。王萬得繼之登臺，不到五分鐘，文化講座那邊被命令解散的民眾潮水一般蜂擁而至。然而會館窄小，大部分聽眾滿溢出來，站在會館前的馬路上。「旋而野田警部引率大隊警吏開到，先守住會館樓門，繼而將王萬得、胡柳生、洪朝宗三人檢束，後將樓門關上，不許聽眾出去，命令記錄聽眾之住所姓名，秩序紛然，又將鄭明祿連溫卿檢束。」

　　5名被羈押的無產青年一起關在北署拘置所。晚上九點，連溫卿、鄭明祿兩人也被警方送進牢房，彼輩見同志進來，皆在檻內招呼，拍手歡迎，又和唱「籠鳥」及「枯芒」，將此寂寞棲冷嘆聲之處，變為一歌舞場

35　見連溫卿，《臺灣政治運動史》（臺北：稻鄉，2003），頁132。

36　見《臺灣日日新報》1926年6月19日〈始政記念日に騷擾を目論んだ文化協會の一味 近く嚴重處分されん〉。

37　見《臺灣民報》第一百十二號〈警察行政須要監視〉。

所。[38]相較於三年前因治警事件坐牢的政治犯一片悲壯憤恨，這樣一群快樂唱歌的囚徒應該是前所未見。

警方一直到6月24日下午才釋放無產青年。其中潘欽信、高兩貴、王萬得、胡柳生、洪朝宗五人以違反《治安警察法》遭到起訴。[39]6月19日清早，以野田警部為首的便衣警察前往臺灣民報社支社、臺北青年體育會事務所，以及連溫卿的家宅，破門搜查。不數日間，主流新聞雜誌陸續以「左傾」、「赤化」、「過激」、「非國民」等詞彙攻擊臺北無產青年。[40]

1926年7月23日，潘欽信、王萬得兩人出席臺北地方法院公判庭，連溫卿晚年的著作留下他們答辯言論的吉光片羽，從中可見左翼青年高蹈的理想與苦悶的心境。茲抄錄部分文字於下：

> 有水裁判長先問潘欽信：無產青年是一個會，其目的如何？潘答：無產青年不是一個會，如臺北市民之「市民」兩字。無論如何，臺北市之人都可稱為市民，無產青年是相對於資產階級的稱呼。無產階級之人無論誰都可以稱呼之，目的並無具體的決定。……又問王萬得，謂有劉某等三人為證人，說王之演說：「謂日本人養臺灣人此為誣說，例如日本政府強收重稅養活日本人官吏」等之不穩言辭。王答：「在始政日，日本人說臺灣人應與彼輩慶祝，在我卻以為不然。日本占據三十多年，對臺灣人之差別待遇，此種現象使我輩臺灣人不但不想慶祝反而增加對政府之敵愾心。換言之，此種差別待遇如存在一日，則我輩對於始政紀念日當然無慶祝之必要，反而更要深深哀悼。我在新營、淡水、臺北郵局服務數年間受種種差別與侮辱，釀成我一種反抗心，在學校時學習如何使臺灣人幸福，如何愛護正義，一視同仁等等，而一旦踏入社會卻教人觸目傷心、

---

38 見連溫卿，《臺灣政治運動史》（臺北：稻鄉，2003），頁134。
39 同上註。
40 見《臺灣民報》第一百十二號〈警察行政須要監視〉。

哀痛，不覺對於學校教育發生莫大懷疑。」有水裁判長辯白說：
「會輕視臺灣人的內地人，大約為小部分的無智階級下等之人，你
不要認為在臺灣之內地人全部都是如此。」王答：「不！不但小部
分無智的日本人蔑視我輩臺灣人，政府之統治方針亦同樣。如臺北
市之路政，日本人居住之城內馬路全為寬濶光滑，到了臺灣人居住
之大稻埕則不一樣，偶有小雨，馬路便成為泥田、沼地。市內之設
施亦然，萬華八卦樓為極少數日本人所創設的整齊、美麗市場，這
樣的市場有數處。而我輩臺灣人有幾個？在八萬人以上居住的大稻
埕祇有一個汙穢、破陋、不便的市場。因此，為圖顧客方便，不能
在市場內和較大資本競爭的小資本經營小行商，若被自稱愛民的警
察官看見彼在軒下暫時勾留、或在不阻礙交通地方置放貨品，則遭
鐵拳、肆行毒打。光只是打還好，粗心者還將其貨物踢倒。小商人
一天無飯吃尚可以，但將來賴以為生的貨物也都泡湯了。如教育方
面，同在中等學校之臺灣人學生受不平等待遇自不必說，公學校數
額正在大大增加，而政府偏要縮小，要美麗校舍，可見政府對於臺
灣人教育毫無誠意。由此看來，『為臺灣人』一句話，眞是虛飾、
欺騙人家之辭。」……最後王萬得痛斥三好檢察官長之偏見，謂：
「警官常抱民族偏見，濫用職權，凌虐臺灣人，我輩正在遺憾之
時，不料司法官今也同樣，眞使我輩失望。三好檢察官若無抱民族
觀念之偏見，我是日之演講並無妨害治安，我不過敘述平素之見聞
而已。至於慶祝不慶祝，試問三好檢察官，在法律上有無記載？既
無記載就無強迫權限。我輩嘗受日本人之差別待遇、輕視、侮辱，
當然對於是日無慶祝之必要。由此觀之，對無妨害之事實偏偏以民
族偏見觀念滋事。果若其然，日本政府所標榜之『正義人道』盡為
虛飾欺騙之詞，由此民族觀念之論告，可以知悉日本人一般並無誠
意之心懷。」[41]

41　見連溫卿，《臺灣政治運動史》(臺北：稻鄉，2003)，頁134-136。

　　臺北無產青年至此一戰成名，左翼分子也成爲總督府和保守人士眼中的洪水猛獸。爲避免六一七事件連累到王萬得、潘欽信所任職的臺灣民報社[42]，兩人於1926年8月1日發表一封公開信，說明報社與事件無關。這封信也象徵著左翼分子在臺灣社運圈中的「出櫃」：

無產青年的公開狀

　　臺北無產青年，這就是臺北無產階級、勿論男婦老幼，凡是承認著自己是無產階級的一分子的兄弟姊妹所共有的頭銜，不是所謂臺北無產青年有志的我們幾個人的專賣品。既然，臺北無產青年的人數，至少也不下數萬人，但是，在現在的我們臺北無產青年，卻不是一個有組織的團體，也不是什麼結社。不過，臺北無產青年之中的我們──所謂臺北無產青年有志──時常掛著自他所承認的招牌──臺北無產青年──在這臺北市裡或到各地方開講演會、吐幾聲不平、流幾滴心淚，向著同類的兄弟們哀訴與對資本主義表示戰意吧。兄弟們之中對這點還認不清楚的很多，不是說我們是無產青年會員，就是將文化協會會員的名義加上我們身上，使臺北無產青年的一分子的我覺得非常遺憾。怎麼樣說呢？就是像前面說的，在現在的我們還沒成立一個會，好似淡水河中堆積得成一大埔的砂利一樣，遇著狂風吹來，就騰空大飛直打的。望兄弟們不要將「會」字加上現在的我們的頭銜去。而我們又不但不是文化協會員，且完全和文化協會沒有關係的，這點也拜託大家不可誤認。若將我們認做文化協會員，不但是我們所當不起的，還恐怕會連累文化協會全體的信望，那麼對「文協」就很不住，因爲我們的主義和「文協」的宗旨不同，做事有時恐會是非相反。言長筆拙，擱筆吧。祝兄弟們努力！

42　同上註，頁137。

一九二六、七、二二日[43]

　　無產青年聲明自己不是文化協會會員，且他們的「主義」與文協宗旨不同，「是非」有時更同文協相反，這個動作具體而微地說明了一個歷史事實——民族資產階級主導的前期臺灣文化協會，已一點一滴失去了它對社會運動、群眾運動原有的全面領導權。

　　到了1926年，島嶼上各形各色的社會問題逐一爆發出來，小作人爭議、二林蔗農事件、無斷地拂下事件、學生罷課、工人罷工，凡此種種都顯示了社會上熾烈的群眾動能。而奉行「議會設置請願運動」的前期文化協會根本無法吸納這麼強大的社會力，從中找到運動的施力點。民族資產階級的自治主義已無法解決驟然爆發的社會問題。

　　因爲這個緣故，受壓迫的農民、工人在組織上需要的是農民組合、勞動組合，而不是文化協會；在運動方式上，他們需要的是自身的覺醒、團結，以及自發成爲運動中行動主體的一種直接民主，讓運動者自己來決定自身的未來，而不是文化協會裡的社運明星站到講臺上爲他們代言——這不只是心理層面的政治思想的差異而已。如果農民不去包圍糖廠，任憑社運明星們怎麼去跟糖廠資方遊說，不會給農民的一樣不會給出來。

　　在當時的歷史條件下，文化協會的主義與代議已失去客觀上爲工農階級爭取權益的作用。這就是爲什麼已經站出來的臺灣農民組合，會跟前期文協保持一定的距離，工人方面就更不用說了；這同樣也是爲什麼，連無產青年這種知識分子群體都不願意接受前期文協的主義與路線的指導——人民正在覺醒，文協卻開始多眠。簡言之，文化協會裡的知識分子已跟不上民眾的狀態，他們的眞心落後於眞實。

43　見《臺灣民報》第一百十六號〈無產青年的公開狀〉。

三、臺灣文化協會左傾

臺灣文化協會做為反殖民運動的中樞，在這種社會氛圍底下，已到非改變不可的時候，否則它就會逐漸失去群眾的指揮權。到1926年後段，社運圈內左翼分子與文協舊幹部的對立也已經浮出水面，社會主義者蔣渭水夾在中間，卻秉持著某種特殊的民族主義原則，試圖以自己的行動做為中介，繼續維持兩邊的團結。

蔣渭水在1927年1月2日的《臺灣民報》上，發表了那篇著名的迷幻蘑菇似的文章〈今年的口號：「同胞須團結，團結真有力！」〉，文中列舉南洋會爬樹的鱷魚、手勾手串成繩的猴子、聚集成團塊的鮭魚子、斑馬用臀部結成的圓陣以及馬克思列寧主義，最後斷言：「團結是我們唯一的利器，是我們求幸福脫苦難的門徑。」團結當然是沒有錯的，但怎麼個團結法呢？是無產階級團結在資產階級底下，還是資產階級團結在無產階級底下，這個差異先是決定文化協會的分裂，又決定後來臺灣民眾黨的分裂。

1927年1月2、3兩日，臺灣文化協會召開全島臨時代表大會，這是當年臺灣社會運動左右兩翼分裂的關鍵點。該臨時總會所欲處理的議案，乃是協會的改組與委員的改選。改組的方案共有三個版本——其一是蔡培火的版本，認為文協應減少理事數量，另設總理做為權力中心，且劃清代議機關與執行機關的權限，相當於立法權行政權的分離；其二是連溫卿的版本，認為文協應改採民主集中、議行合一的委員制，各委員地位平行並列，只互推一中央委員長做為代表；其三是蔣渭水的方案，做為蔡案與連案之折衷，採委員制，但諸委員之上設一總理。

議程進行下去，以蔡案、連案付諸表決，全島出席代表凡190名，以19票對12票決定連案通過——無產青年們扮演著關鍵票數的角色。他們原本不是文協會員，但數週前在蔣渭水、連溫卿的引介下，有王萬得等12人加入，取得臨時總會的投票權。再加上總會當天投票率極低，無產青年手上的選票成為關鍵少數，左翼的改組案通過表決。

新改選的委員也幾乎全是左派當選，蔡培火憤而離席。文化協會左傾

已成定局。自此以往，蔣渭水與其支持者爲那「臺灣人大團結」的理念，與文化協會中的左派漸行漸遠，終於自稱右派，而與蔡培火、彭華英等議會運動分子相結合。

四、工會工作的開展

從1927年初臺灣文化協會改組那一刻開始，文協自此始得完全與大眾接觸，與勞動者及農民互相提攜而各就解放展開部署。[44]以連溫卿爲首的知識分子開始由《臺灣民報》上的思想論爭，轉向具體的組織工作。他們決定以全島爲範圍，以掌握著新時代生產力的機械工人爲中心，展開大規模的工會運動。

1926年11月19日，文協左翼率先成立了第二個本島工人的集體組織——「臺北機械工會」。這是個跨廠場的職業工會，草創時期已有會員百餘人，幹部爲林聲濤、吳天賜、白金池、黃金田、連水仙、吳丙丁等年輕工人。[45]到1927年1月間，另外一個工會「基隆機械工會」也成功設立。後未及周月，左翼開始規劃全島性的大工會，以連溫卿的大統合願景，將兩個機械工會整併成單一的「臺灣機械工會」，而由連溫卿任顧問一職。總部設在原臺北機械工會，基隆的工會則改稱支部。[46]1927年1月1日在臺南則有「臺南機械工會」之結成，組織者爲盧丙丁。[47]

3月20日有油漆商薛玉龍、薛玉虎兄弟主導的臺灣工友協助會成立，這是個不同於工會的組織形式，某種程度上由外部向內協助工人的組織，且具有一定程度的流氓氣息。[48]

---

44 見連溫卿，《臺灣政治運動史》（臺北：稻鄉，2003），頁166。
45 見《臺灣民報》第一百四十二號〈機械工會成立了〉。
46 見連溫卿，《臺灣政治運動史》（臺北：稻鄉，2003），頁167。
47 見《臺灣民報》第一百九十號〈臺灣社會運動團體調查（二）〉。
48 見翁佳音譯註，《臺灣社會運動史：勞工運動、右派運動》（臺北：稻鄉，1992），頁209。關於工友協助會的流氓氣質，據聞薛氏兄弟在1929年試圖暗殺連溫卿，另外翁澤生於1930年寫給第三國際的報告裡也曾提及該會頭人之不受統制。

《臺灣民報》上登載了部分臺灣機械工會的章程：

機械工會會則

綱領

我們機械工，因固持生活向上和啓發智識，組織機械工團，互相勉勵、互相扶助，以期望將來現成了完全的勞働者，可得有意義的生活。

規則

第一章　總則

　　第一條　本工團稱爲機械工會。

　　第二條　本會之目的爲促進實現本會之綱領、宣言及決議。

第二章　機關

　　一、大會

　　二、委員會

　　三、常務委員

　　　　第一條　大會，爲本會最高決議機關，但大會閉會後，以委員會代之，而出席委員未滿半數以上不得開會。

　　（以下畧之）…………。[49]

　　左翼文協的組織工作順利開展，同樣刺戟了工運中的右翼勢力，雙方形成競爭態勢，相互爭奪群眾與組織的領導權。

49　見《臺灣民報》第一百四十二號〈機械工會成立了〉。

　　右翼所組織的第一批工會為1927年3月間成立的臺北塗工工友會以及臺北木工工友會，3月20日，兩會同時在蓬萊閣辦理各自的發會式、磋商會（即籌備會，磋商打合會員以便後續正式成立）。由蔣渭水主持工會章程審議與幹部選舉，文協代表黃細娥亦到場發表祝詞。臺北木工工友會是一個會員多達數百人的大型工會，委員長為王錦塗；塗工工友會的委員長則由李規貞擔任。[50]

　　有趣的是，不知道什麼原因，從這第一輪組織工作開始，右翼勢力所建立的組織一律以「工友會」命名，左翼建立的則都稱為「工會」，兩邊對峙的局勢很明顯。表面上，左右兩翼在基層工會裡自由出入，分進合擊，但檯面下的派系角力已暗潮洶湧。

第三節　高雄臺灣鐵工所大罷工

一、高雄機械工會的組織

　　繼之以臺北、基隆的臺灣機械工會成功設立，左翼打算進一步將機械工的組織工作往南方推展，到工業重鎮高雄。1927年3月中旬，高雄的機械工代表們已開始磋商協調，並決定4月3日將在高雄樓舉行「高雄機械工會」的發會式，宴請四方來賓，正式宣告新工會的成立。發會式的邀請對象包括工廠主、警察、市役所、友誼團體、地方有志等等，可以說各種關係都做足了。高雄工人們對外標榜，工會成立的目標乃是「技術向上」與「遇災凶互相援助」，這本是極穩健、極妥當的口號，卻依舊在發會式當天引來警方的取締。[51]

　　就當時的工業規模而言，高雄機械工會是一個非常大型的跨廠場工會，光是草創之初會員就多達六百餘名。更進一步觀察會員的構成，全部

50　見《臺灣民報》第一百五十二號〈兩個工友會開會〉。
51　見《臺灣民報》第一百五十五號〈高雄鐵工罷工的情況〉。

會員中服務於臺灣鐵工所的佔一百多名、服務於淺野洋灰會社的佔三百多名、服務於總督府鐵道部工場以及其他小型鐵工所的，則有二百餘名。[52] 這樣大規模的組織活動，當工會成立的風聲傳到高雄各資方的耳朵，引發極大的不安。然而，不同工廠的管理者對於這個新興工會的態度與處置，卻大相逕庭。譬如說，淺野洋灰株式會社採取的應對方式為「安撫工人」——在4月3日工會發會式那天，其支配人、事務長、工場長各包10圓紅包祝賀，專門派代表出席，甚至把當天視為會社成立十周年紀念，宣布為全體職工加薪。[53] 與此相對，臺灣鐵工所資方做了完全相反的事，試圖用各種手段阻止工人加入工會。

在高雄機械工會的組織工作開始以前，臺灣鐵工所內部已有三個職工團體，分別是職工友誼會、社員友誼會和運動部。前兩個友誼會完全是由日本人員工組成的社交機關，它們平日最大的任務是聯誼與慶弔，而且限制臺灣人參與。因為臺灣人員工普遍對於民族差別待遇抱有不滿，資方後來另外成立一個運動部，不分民族、不分藍領職工或白領社員，皆依靠會社方面的補助組織野球團、庭球團，期望用體育交流來達到民族和諧。高雄機械工會的組織工作開始以後，鐵工所資方認為臺灣人職工對既存的兩個友誼會以及民族差別仍懷抱不滿，遂延續先前組織運動部的邏輯，打算新成立一個「融合會」。而為了阻斷臺灣人職工同工廠以外社運團體的聯繫，資方甚至片面要求職工皆應加入融合會，不准加入高雄機械工會。

1927年4月1日，距離高雄機械工會發會式剩下兩天，臺灣鐵工所緊急通告旗下兩間工廠，要求各生產部門選出代表來跟資方開會，商議組織「融合會」。根據《臺灣民報》報導，第二工廠的職工們，在工作現場的監督傳達這消息的第一時間就表達了反對意見：「我們早欲入友誼會，納過會費兩三月，而且不准我們參加。我們今日欲組織工友會他們就想新組織團體，我們薪金薄少不堪擔負兩團體的費用，我們不必參加。」[54] 可翌

---

52 同上註。

53 同上註。

54 同上註。

日下午，該工廠還是派出代表來參加融合會的籌備會議了，那位代表正是後來高雄機械工會的會長王風。

　　鐵工所主任松田氏說明了融合會提案的理由，便要求工人代表現場做出決定，正式加入融合會。以王風為首的職工們立刻回絕，他們認為融合會的提案從一開始就沒有聽過工人的意見，且身為代表，他們有責任要把議案帶回去給各部門的同僚知道，等到收集完大家的意見以後才能決定是否支持，不是簡短開一次會就能決定。王風等代表於是要求之後再加開第二次會議，同時，融合會的議案應先擱置。這樣，臺灣鐵工所當路者遂加倍痛恨王風，更不管三七二十一，松田主任當場就宣布了融合會的成立，工人代表王風等則逕自宣布參與融合會之議案保留後論，雙方不歡而散。[55]

　　1927年4月3日高雄機械工會發會式當天，整個宴會過程都受到警方嚴密的監控。工會方面，六百餘名會員中到場者只有不到三百人。原來，高等警備課的小川警部補事先已「拜訪」了那些受到邀請、招待的人，勸告他們萬萬不可出席，即使出席了也不准發言。及當日臨監，更對發會式上來賓的祝詞一一干涉。《臺灣民報》上記載了「臺北工友會來臨席的某君」[56]在致詞的時候，受到警方數次注意，最後直接被中止發言。不過，儘管存在著諸多不順，高雄機械工會還是在當天正式成軍了。發會式隔天，4月4日，臺灣鐵工所的工人們得到了工會力量的支持，便告知資方不參加融合會的決定。同日，會社方面立即以事業不振、且王風是不良職工為藉口[57]，對工人們發表了解雇王風的通告。[58]這就成為臺灣史上第一次全島總罷工的導火線。

55　同上註。

56　這是《臺灣民報》上的用詞。當時臺北的工會不多，和社會運動有關連的、屬於左翼的只有臺北、基隆機械工的臺灣機械工會，右翼的只有臺北塗工工友會和臺北木工工友會，這裡發言的人比較有可能是前者的代表，畢竟後來前往高雄聲援的就是臺灣機械工會的張清海。

57　有關資方解雇王風的理由，事業不振是警方的說法，見翁佳音譯註，《臺灣社會運動史：勞工運動、右派運動》（臺北：稻鄉，1992），頁127；指王風為不良職工則是連溫卿的說法：「因臺灣鐵工所欲壓制工會，故意指出模範職工的會長王風為不良職工，命令其退職……」見連溫卿，《臺灣政治運動史》（臺北：稻鄉，2003），頁167。

58　見《臺灣民報》第一百五十五號〈高雄鐵工罷工的情況〉。

　　當天晚上，高雄機械工會集合三百多名會員討論對策，做出決議，要求資方立刻讓王風復職，如果會社不接受這項要求，工會將發動旗下鐵工所全體會員進行總辭職。[59]跟著工會制定的計畫走下去，4月5日，鐵工所職工們已開始怠業[60]，同時派遣工人代表郭清、陳良等人前往拜會工廠廠長。工人代表除了質問資方解雇王風的理由，更要求資方必須承認工會，往後解雇員工時也必須事先告知。[61]然而，資方不但完全拒絕工人的要求，有關王風復職之事更託語道：「專務、重役皆上京（按：指東京）中不能專斷。」然而，「專務、重役不在中可以罷免，因何不可復職呢？」[62]因此，這次談判的結果又是不歡而散。高雄機械工會方面決議隔日斷然實行員工總辭職，同時傳書向文化協會、農民組合等友誼團體報告這次事件的始末，請求島嶼上各方面的援助。同一天裡，百餘名工人先後蝟集於臺灣鐵工所事務所前，選舉工人代表，並且果真所有人都提出了辭職申請。[63]

二、社會資源湧向高雄

　　4月7日，罷工開始。臺灣鐵工所總數一百六十餘名臺灣人職工當中，有一百二十餘名加入罷工。除了高雄工人本身的奮鬥，由於他們已向臺灣文化協會等社運團體請求援助，島嶼上的社會力量與資源紛紛湧向高雄——同日農民組合東港支部、10日臺北機械工會林清海、11日文化協會臺北支部連溫卿、洪石柱等左翼知識分子先後趕到高雄支援，他們陪同工人前往鐵工所，向資方列舉要求事項，積極介入這次勞資爭議。用警方的話來說，「這些文化協會、農民組合的會員並擔任了爭議的指導」。[64]

59　見翁佳音譯註，《臺灣社會運動史：勞工運動、右派運動》（臺北：稻鄉，1992），頁127。

60　見《臺灣民報》第一百五十五號〈高雄鐵工罷工的情況〉。

61　見翁佳音譯註，《臺灣社會運動史：勞工運動、右派運動》（臺北：稻鄉，1992），頁127。

62　見《臺灣民報》第一百五十五號〈高雄鐵工罷工的情況〉。

63　見翁佳音譯註，《臺灣社會運動史：勞工運動、右派運動》（臺北：稻鄉，1992），頁127。

64　出處同上註。警方的語言是一種「煽動敘事」，然而，早在知識分子介入以前勞資爭議就已經發

　　許多友誼團體協助展開募款活動，資助罷工工人生活所需。例如，以盧丙丁、黃賜為首的臺南機械工會集資二百餘圓給高雄機械工會用做罷工基金；臺灣農民組合更發布聲明書，通達各地農民，求他們募集糧食、援助罷工。[65]4月12日，東港及潮州的農民組合寄來白米二十袋、番薯百袋，這些是由每位農民組合員蒐集白米一斗以為後援者。[66]在罷工開始的數日之內，臺灣全島的資金與糧食源源不絕地流往高雄，援助百餘名失去工資收入的罷工工人。

　　社運團體更在各地舉辦無數場同情演講會，為高雄罷工宣傳，希望喚起輿論。其中兩個例子，1927年4月9日，臺灣機械工會臺北總部在文化協會的港町文化講座舉辦一場同情演講，當日聽眾多達二千餘人，其辯士包括陳樹枝、王江崑、黃麒麟、鄭玉樹、朱興照、王錦塗、楊添興、蔡水、白金池，多數是工人出身的北部新興工會的幹部。[67]其中，王錦塗、楊添興來自蔣渭水一派所組織的臺北木工工友會、塗工工友會，白金池則來自臺灣機械工會，可以知道，雖然檯面下左右兩方對工會領導權的爭奪戰已山雨欲來，至少表面上還是共同聲援這次罷工行動。除此之外，11日在高雄苓雅寮亦有高雄機械工會主辦的演講，然而不論是臺北場或高雄場，最後皆以被警方命令解散告終。[68]

　　當時臺灣反殖民運動的幾個主力團體，幾乎全部動員起來，共同迎戰臺灣鐵工所資方。這些友會團體也分別發表宣言聲援高雄鐵工。除了臺灣農民組合，位在臺北的臺灣機械工會也做出決議，欲動員會員援助高雄的罷工工人，並呼籲所屬鐵工不得成為臺灣鐵工所資方的替代勞動力。之所以如此，是因為株式會社臺灣鐵工所在臺北也有個工廠，臺灣機械工會欲阻斷資方把人向南調度的可能性。

　　生、文協、農組最初只是應邀來協助。

65　見《臺灣民報》第一百五十五號〈高雄鐵工罷工的情況〉。
66　見連溫卿，《臺灣政治運動史》（臺北：稻鄉，2003），頁170。
67　見《臺灣民報》第一百五十五號〈臺灣機械工會開高雄罷工同情講演〉與翁佳音譯註，《臺灣社會運動史：勞工運動、右派運動》（臺北：稻鄉，1992），頁127。
68　見《臺灣民報》第一百五十五號〈高雄鐵工罷工的情況〉。

臺灣機械工會的宣言

工人爲著擁護自家的利益，以合法手段謀團結，是個至公至理，不料惡毒的高雄臺灣鐵工所主，竟將高雄機械工友會會長王風君革職，逐出工場外了。這種高壓手段，非法舉動，簡直是要將親熱的高雄工友，永遠伏在他馬蹄下，任其踐踏，任其吸盡膏血，方以爲快。我們確信，唇亡齒必寒，親愛的高雄工友會既決議同盟罷工，下令將全部的工友開往前防作戰，在此悲壯轟烈的交戰中工人生產品爲生涯的工業資本家的橫暴！現在我們臺北機械工友所取的態度。

決議文

一、爭議中誓不爲高雄臺灣鐵工所主雇傭。
二、其他任何有利之援助。

昭和二年四月十一日　臺灣機械工會本部啓[69]

　　1927年4月11日，高雄機械工會書記郭盈昌會同林清海、薛步梯、連溫卿等人，共同往訪臺灣鐵工所的松田主任，嘗試溝通。想當然耳，工會所提出的要求，松田氏一概不予承認。無功而返的眾人，便以工會的名義寄發「內容證明郵便」，即存證信函，正式向臺灣鐵工所資方提出下列五項要求[70]：

69　見《臺灣民報》第一百五十五號〈高雄鐵工罷工的情況〉。
70　同上註。

一、承認本工會，取消本會會長之解職。

二、要求支給罷工期間中之日俸。

三、要解職職工時須於二個月前預告之。

四、不論理由如何，對辭去現職之職工須支給相當於現在日俸之退職金，在職未滿一年者二十日分，一年以上者三十日分之比例。

五、休業及定期休日須支給日俸。[71]

　　回頭看去，工會這幾項制度面的訴求，不過是基本中的基本，現在都已是法律明定的保障。然而，當年的勞動者卻必須付出極大成本，才能換取這些殘羹剩飯。儘管如此，鐵工所對於員工的這些要求不予理會，並決定解雇全部員工。4月16日，資方把這決定通知百十三位罷工中的員工，同時告知員工自翌日起將發放儲蓄存款及未支付之薪資。然而，員工方面卻要求發給罷工中的薪水及退職津貼，因而未有人前往領取未支付之薪資及儲蓄金，雙方形成對峙狀態。[72]

三、臺灣鐵工所的產業地位

臺灣農民組合聲明書

　　奮鬥是我們應做的工作，罷工是無產階級唯一的武器。所以對這番的高雄機械工兄弟的罷工，我們應該盡力援助他們的成功，他們的成功即是無產階級的勝利。請看！敵營內的將紳莫不是大名鼎鼎的

71　見連溫卿，《臺灣政治運動史》（臺北：稻鄉，2003），頁168。《臺灣民報》和《臺灣社會運動史》裡亦有這存證信函五項要求的記載，然而皆不如連溫卿的紀錄詳盡，故這裡抄錄的是連溫卿的版本。

72　見翁佳音譯註，《臺灣社會運動史：勞工運動、右派運動》（臺北：稻鄉，1992），頁128。

大資本家。試看！該會社的總株數約四萬株中，以製糖會社重役名義參加者占其三分之一，其餘用個人名義參加者不計其數。加之，其製品完全是供給製糖會社搾取我們農民膏血的器具。我們明白了！該會社明明是各製糖會社的別働隊呵！

全島的農民兄弟呵！進！進！進！
打倒這個共同的兇敵！

　　　　　　　昭和二年四月十二日　　臺灣農民組合本部[73]

　　這是臺灣農民組合在1927年4月12日對外發表的聲明書，其熱切的文字清楚呈現出罷工工人的產業位置，以及他們與農民運動的連帶——當鐵工所資方跟新式糖廠資方差不多是同一批人，表面上不相關的現代工人與傳統佃農，原來是同一個社經結構的受害者。

　　根據洪紹洋的研究，株式會社臺灣鐵工所成立於1919年11月，最初的資本額為200萬圓，以當時每股面額50圓來計算，總計發行4萬股股票。這個數據和農組的聲明書一致。其中，株式會社鈴木商店[74]為最大股東，佔有15,000股；臺灣各個新式製糖會社共認購19,000股，剩餘6,000股則是由日本內地臺灣關係者持有，也就是農組所謂「以製糖會社重役名義參加」的持股者。[75]換句話說，雖然鈴木商店擁有臺灣鐵工所的經營主導權，但各個新式糖廠的股份加起來將近全部股份的一半。

73　同上註。《臺灣社會運動史》內亦載有此文，這裡引用較貼近當時時代氣氛的《臺灣民報》的版本。

74　鈴木商店為神戶製鋼所、大阪田中機械製作所合營，神戶製鋼的臺北鐵工所原本就接有修繕新式糖廠機械的業務。

75　見《臺灣日日新報》1919年8月31日〈臺灣鐵工所設立鈴木と田中の共同〉。

【表1】臺灣鐵工所設立計畫募集股數

股東名稱	募集股數	股東名稱	募集股數
田中鐵工所神戶製鋼所鈴木商店	15,000	臺南製糖	1,000
臺灣製糖	4,000	新高製糖	1,000
鹽水港製糖	2,500	新興製糖	1,000
東洋製糖	2,500	林本源製糖	500
明治製糖	2,500	臺東製糖	500
大日本製糖	2,000	內地臺灣關係者	6,000
帝國製糖	1,500	總計	40,000

資料來源：洪紹洋，〈日治時期臺灣機械業發展之初探：以臺灣鐵工所為例〉，《臺灣學研究國際學術研討會：殖民與近代化論文集》（臺北：國立中央圖書館臺灣分館，2009），頁293。

　　除了股份大部分都掌握在糖業關係者的手上以外，株式會社臺灣鐵工所的設立本身就是爲了補充殖民地糖產業的不足，其業務純然是爲新式糖廠修繕、製造製糖機器。臺灣鐵工所的生產事業因此是日本壟斷資本的糖業發展史其中一個環節。洪紹洋的研究顯示，於1900年臺灣製糖創建之初，所需要的建廠設備多半經由國外進口──以當年臺灣之工業實力，不單製糖機器無法自行製造，連最簡單的修繕都必須仰賴國外。[76]臺灣製糖會社爲了解決機器維修的問題，遂在1909年於橋頭工場興建鑄物工廠，是爲高雄臺灣鐵工所之前身。[77]隨著該工廠的逐步運轉，日資漸漸具備自行維修製糖機器的能力。1916年，橋頭工廠更領先日本內地，研發出壓榨蔗糖所必須的滾轆設備，讓糖業資本能夠以進口品三分之一的價格取得滾轆，開始製糖設備的「進口替代」過程。[78]株式會社臺灣鐵工所之所以成立，便是因爲神戶製鋼和大阪田中機械有了「在臺灣建設以糖業機械的製

76　見洪紹洋，〈日治時期臺灣機械業發展之初探：以臺灣鐵工所爲例〉，《臺灣學研究國際學術研討會：殖民與近代化論文集》（臺北：國立中央圖書館臺灣分館，2009），頁273。

77　同上註，頁274。

78　同上註，頁281。

造與修繕為主之大型鐵工所」的共識，於是召募各糖業資本的資金聯合設立。

日本鋼鐵業資本家的這份產業願景之所以跟糖業資本綁在一起，也是因為島上除了糖業以外，幾乎所有其他的工業皆無甚發展。整體而言，並沒有太多現代鋼鐵技術的需求。於是乎，臺灣鐵工所就有了旗下南北兩家工廠，一個是原本神戶製鋼所臺灣分工場的臺北鐵工所，王風等工人所屬的高雄鐵工所，則是買收了臺灣製糖株式會社高雄工場的經營權。[79]這幾經波折的工廠創設與整併，說到底，都是為了壓低製糖業在臺灣的生產成本、提高利潤率，以維護其資本積累過程的順利運轉。

弔詭的是，臺灣鐵工所在一九三○年代中期以前，營收狀況一直不是很好，資本家們沒有關廠收掉，本身就是件神奇的事。如同下引【圖1】所顯示，1919年甫成立，就遇上第一次世界大戰後的經濟不景氣，導致訂

【圖1】臺灣鐵工所盈虧（1924/1-1944/6）

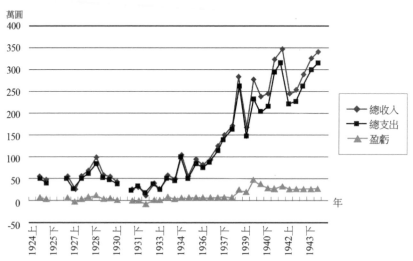

資料來源：洪紹洋〈日治時期臺灣機械業發展之初探：以臺灣鐵工所為例〉，《臺灣學研究國際學術研討會：殖民與近代化論文集》（臺北：國立中央圖書館臺灣分館，2009），頁293。

79　同上註，頁274。

單稀少，生產量遠低於鐵工所本身具備的產能，營收更是一年低過一年，甚至1923年、1927年、1932年還出現了虧損的情況。[80]這麼不賺錢的公司之所以十幾年來沒有被放棄掉，最大的原因在於，在殖民地畸形的產業結構底下，真正賺錢的是砂糖，而不是機械製造，而臺灣鐵工所正是糖業壟斷資本的積累過程中，不可或缺的輔助性的一環。

　另一個由下引【圖2】呈現出來的重要現象是，株式會社臺灣鐵工所的營收趨勢跟砂糖的生產週期有著密切的聯繫——在多數年份裡，上半年度的收入普遍低於下半年度。這是因為甘蔗收穫的高峰時段在12月到4月間，因此，新式糖廠接收原料、生產砂糖的季節是在上半年度，那時機器設備都忙著運轉，鐵工所方面必須等到下半年度，才有機械維修的工作可以接。總而言之，上半年是糖廠產糖、鐵工休息的季節，下半年則是糖廠休息、鐵工進廠維修設備的季節。這樣的產業結構，或者抽象一點稱之為

【圖2】臺灣鐵工所收入（1924/1-1944/6）

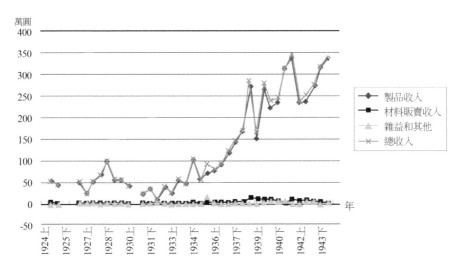

資料來源：洪紹洋〈日治時期臺灣機械業發展之初探：以臺灣鐵工所為例〉，《臺灣學研究國際學術研討會：殖民與近代化論文集》（臺北：國立中央圖書館臺灣分館，2009），頁292。

80　同上註，頁294。

生產方式，實際上決定了高雄機械工會的罷工戰略與政治想像。

四、罷工戰略與政治想像

　　首先，有關罷工戰略的部分。罷工發生的時間點是1927年4月6日，無工可做的上半年度，距離糖廠休息、鐵工真正忙起來的5、6月還有一段時間，資方因此有恃無恐，把一百十幾名罷工工人一律開除。這個做法是絕對划算的，一方面先威嚇工人，還有兩個月時間靜觀其變；另方面，上半年的淡季原本就沒什麼業務，還得照付工人工資，現在工人不做工，剛好省下一筆錢。而根據「利潤」的定義，省下的勞動成本就是企業利潤的一部分，只要確保淡季結束時有人來做工就好。《臺灣民報》當年深入的探訪，把資方的思考模式準確地記錄下來：

> （資方發言）「會社現時是閒散的時期，所以每日繼續做工是為工人的生活計不得已的，工人既不諒解，也是不得已，總望職工們就早復職。」[81]

　　然而，以王風為首的高雄機械工們比誰都清楚蔗糖產業的生產週期，因此，他們的目標更是只能打「持久戰」——只有一直罷工到下半年度，當鐵工所的業務運轉起來，生產的壓力出現，勞方才有籌碼迫使資方妥協。因此，罷工工人對於持久戰同樣有恃無恐，《臺灣民報》在報導裡寫道，工人們「確信得勝，意氣沖天」。

> 「他們都是熟練工，非容易求代他們的工人，各部又是有密切的連絡，一部不作，機械不成。」

81　見《臺灣民報》第一百五十五號〈高雄鐵工罷工的情況〉。

「三五月的生活費做得到，洋灰的工人決意徹底的援助他們。」

「情理長，罷免王風全無理由，又無予告，何況王風本是優秀的模範職工，所以完全會社的存意是打破工友會，於理不可容。」

「製糖會社的製糖期四月中就終了，所以鐵工所自五月就大繁忙了，鐵工所的工作是補修各製糖會社工場的機械，工場休工，機械就要拿來修理，雖持久戰也是不久的事。」

「求生活路於別方面是容易。」[82]

　　1927年4月11日開始，勞資雙方已進入長期對峙的情勢，其背後運轉的辯證法，正是這些從生產方式裡長出來的政治盤算。現在來討論產業結構與當年運動者腦袋中的政治想像的關係。這次罷工裡最重要的組織者、社會主義者連溫卿從一開始就存在著布爾什維克式「工農聯合」的政治想像，這可以從〈過去臺灣之社會運動〉一文裡看出[83]，大概也是受到1918年俄國十月革命經驗的影響。然而，想像終歸只是想像，真正讓它具備成為真實之可能性的，卻是客觀的經濟基礎——正如同農組在聲明書裡指出的，既然臺灣鐵工所是糖業資本積累過程的一個環節，那麼工人階級與當時早已遍地開花的蔗農運動所面對的就是同一批壟斷資本，更何況鐵工所和糖廠的生產項目、生產週期都結合得這麼緊密。

　　這個部分還可以談得更多些。根據廖偉程的研究，縱貫整個一九二〇年代，日本糖業壟斷資本是利用殖民地臺灣工業、農業兩個部門生產力發展的不平衡來獲取超額利潤。[84]在一方面，殖民地臺灣的農業部門的落後

82　同上註。

83　見本章第一節，連溫卿文章中的「勞働運動」的觀念下包含了工運與農運兩個脈絡。

84　見廖偉程，《日據臺灣殖民發展中的工場工人（1905-1943）》（新竹：國立清華大學歷史學研究所碩士論文，1994），頁24。

性質與前資本主義狀態，意即，農民生產作物是爲了自己吃、自己儲存、自己加工，不是拿去市場上賣的，這導致作物沒有市場需求，農產品價格無由提高。從而，壟斷資本有辦法將工業部門裡，工人階級的工資壓抑到落後農業部門的廉價水平——工資領很少沒關係，因爲糧食很便宜，這一點，大大降低了工廠的人事成本。當臺灣的砂糖以國際價格出口到世界市場，糖業壟斷資本就能以極低的工資換到超額利潤。

另一方面，糖業壟斷資本將資本主義的勞資關係限縮在工業部門，而在農業部門裡維持著原本的封建租佃制度，即建構出原料採集區域制度，用這種手段，更有利於糖廠將原料甘蔗的成本負擔轉嫁到蔗農身上，反正甘蔗收購的價格是糖廠說了算，而不是由市場供需決定——換句話說，在蔗糖的生產過程裡，承受最大剝削的不是糖廠工人，而是上游原料的生產者蔗農，工業部門內部的階級矛盾在產業鏈中被向上轉移到農業部門。因爲這個緣故，一九二〇年代中期開始，臺灣農民組合所帶領的蔗農抗爭週週見報、遍地開花，糖廠工人倒幾乎從來沒有出來抗爭過。相較之下，沒有封建農業部門做爲可轉移矛盾的產業鏈上游的機械工人，就具備較大的抗爭動能。

殖民地臺灣特殊的「壟斷資本」與「封建性」的結合，使得工人與佃農取得客觀上階級利益的一致性。因爲一旦農民的收入提升，它升得越高，工人的工資也必須相應提高，否則工廠將招不到工，資本的再生產過程將會中斷。如此，則佃農收入越高，日本糖業壟斷資本橫跨工農兩部門的剝削體制，就會崩解得越快。這份客觀的階級利益的一致性，爲當時的左翼分子開啓了一扇政治想像的天堂之門。在那裡，兩個不同的階級可以攜手合作，爲殖民地臺灣的未來解放做共同鬥爭。當年臺灣的社會主義者，其信仰蘇維埃式的「工農聯合」，其實是有道理的，那不只是一個「主義遊戲」。

從1927年4月12日臺灣農民組合發表的聲明書可以知道，農組的組織者已經站在農運的立場響應了這份政治想像，這就決定了往後數年的臺灣社會運動的政治藍圖——工農統一戰線，社會運動家們想盡辦法把工農組

織兜在一起。而且，不只有後來文化協會與農民組合聯手，照著這條路
走，再後來，臺灣民眾黨、臺灣共產黨，乃至兩黨瓦解之後潛伏於臺灣各
地的基層組織者，同樣照著這路繼續走下去。

第四節　全島總罷工與後續工潮

一、全島總罷工

　　1927年4月16日，臺灣鐵工所資方解雇全部113名罷工工人，同時聲
明，隔日起將發放儲蓄存款及未支付工資，言下之意，繼續罷工者視同離
職。機械工會則將全島募集來的糧食與資金分發給工人，用做生活費，確
保會員的生活沒有後顧之憂。於是，沒有任何一人前往領取存款與工資，
工會方面甚至進一步要求，資方應當發給工人罷工期間的薪水及退職津
貼──雙方的態度都十分強硬，訴求沒有交集，這場爭議從此進入各說各
話、長期對峙的狀態。

　　爲了打破這進退兩難的局面，在連溫卿的倡議之下，高雄機械工會決
定拉高抗爭層級，號召全島工人階級進行總罷工[85]──左翼組織工作者於
是藉由臺灣文化協會、農民組合的網絡傳告全島，指令各相關團體，於
1927年4月21日在各地舉辦同情演講大會，宣傳造勢，並促成所有全島關
係工會之工廠，於4月22日發動同情罷工，聲援高雄鐵工。[86]

　　《臺灣民報》記錄了4月21日那天，臺南機械工會、高雄機械工會、
嘉義機械工會舉辦同情演講會的經過，幾乎都是以警察驅逐告終。其中，

85　這次全島總罷工後面的決策機制並不清楚，這個發想到底怎麼出現的，現在已找不到資料。警
　　方的說法是「文化協會、農民組合方面則飛檄傳告全島，舉行援救罷工及同情演講。4月22日，
　　指令全島一齊實行同情罷工」，從這裡只知道文協、農組有深入協助。連溫卿則自稱爲「全島總
　　罷工的提倡者是連溫卿」，感覺頗爲得意，可知總罷工爲連所提倡。報紙資料亦看不出端倪。見翁
　　佳音譯註，《臺灣社會運動史：勞工運動、右派運動》（臺北：稻鄉，1992），頁128；連溫卿，《臺
　　灣政治運動史》（臺北：稻鄉，2003），頁169。

86　見《臺灣民報》第一百五十六號〈臺南工友開同情講演〉。

連溫卿、洪石柱在屏東被高雄警察署逮捕、留置，直到24日才把兩人送回臺北，這導致高雄場的演講會開不起來。警方另一個目的，或許以為抓了連溫卿，就能瓦解總罷工計畫。臺南的演講會，則有機械工會書記郭盈昌、陳良與其他5名工人，遭警方檢束至臺南警察署。嘉義方面分成四五支演講隊在街路上到處亂竄，邊走邊講，似乎因此沒有人被抓。[87]島內部分地方，甚至同情演講會還沒開成，辯士們就被警方「預防性羈押」了。其中最誇張的案件，發生在4月23日新竹文化協會會員陳金城身上，他只是在媽祖廟口吃點心，便被懷疑為當晚的演說者，獨身一人被五六十名警力檢束押到留置場去輪流毆打，叫他跪、叫他蹲，還把人倒吊起來恣意謾罵，事後由蔡培火陪同去法院按鈴控告，結果也是不了了之。[88]遠在島嶼另一端的基隆高等警察課，也在21號趁夜突襲當地的文化協會會員，並強加「預防性羈押」，只為了瓦解隔日的總罷工行動。[89]日本警察對臺灣工運分子的暴力鎮壓，說明了殖民政權的瘋狂體質。

儘管當時的政治情勢這麼險惡，1927年4月22日，天一亮，工人階級總罷工的烽火已在島嶼上四處蔓延。這是直到今天，臺灣史上仍僅此一次的總罷工行動。基隆、臺北、桃園、新竹、苑裡、通霄、苗栗、豐原、臺中、彰化、嘉義、臺南、高雄、屏東等地皆有工人響應同情罷工，不論國營事業或者民營事業，計有六十餘間工廠，四千餘人參與行動。罷工過程中全島各工廠被警方檢束至留置場者多達一百三十餘人。[90]依據總督府《工場名簿》的統計，1927年全臺灣有登記的工廠工人總共只有53,749人，可以知道，當年參與總罷工的工人的比率高達全部工廠工人的7.4%。

---

87 同上註。

88 見《臺灣民報》第一百五十七號〈新竹司法警官的暴狀〉。

89 見《臺灣日日新報》1927年4月23日〈基隆の同情罷業首謀者檢束で氣勢頓挫〉。

90 見連溫卿，《臺灣政治運動史》（臺北：稻鄉，2003），頁168。警方統計的總罷工人數並非四千餘人而是1,433人，然而，比對連溫卿、警方兩邊的罷工工廠列表，許多連所提到的工廠並沒有被警方納入統計對象，可知連溫卿掌握的資料比警方還多，因此，這裡採用連溫卿的數字。警方的統計資料見翁佳音譯註，《臺灣社會運動史：勞工運動、右派運動》（臺北：稻鄉，1992），頁128-129。

連溫卿在《臺灣政治運動史》中詳細列舉出他所掌握的罷工工廠名單：

臺北：日華紡織工場、能登谷工場、山瀧鐵工場、大正鐵工場、共成號鑄物工場、林和尚工場、杉本鐵工場、根華鑄物工場、金和製作所、成興鐵工所、共和鐵工所、城本鐵工所、中田鐵工所、東門鐵工所、小高鐵工所、振武鐵工所、臺北鐵道部。

臺南：越智鐵工所、川中鐵工所、義和鐵工所、廣昌鐵工所、金泉安鐵工所、東山鐵工所、許澤鐵工所、永春鐵工所、新田鐵工所、專賣局嘉義支局、嘉義營林所。

高雄：淺野水泥工場、武智農具製作所。

此外，基隆、桃園、新竹、臺中、苗栗、通霄、苑裡、屏東、彰化，亦有參加罷工的工場，但無記錄可考者則無法在此指出。[91]

所有這些工廠裡頭最積極響應總罷工者，為臺北的日華紡織株式會社，以及同樣屬於高雄機械工會的淺野洋灰株式會社。根據警方的統計，前者616名員工全部參加了同情罷工，後者438名員工中亦有348名投入罷工。[92]從連溫卿的資料推測，這次大規模罷工主要是透過甫成立不到半年的臺灣機械工會的關係網絡來進行動員。當時左翼已建立起來的較為完整的工會，只有臺北（含基隆支部）、臺南、高雄三個大型機械工會系統，而這正是上面這份列表所採用的總架構。

這場空前絕後的總罷工行動，將階級鬥爭的熾熱火種散播到全島之

91　見連溫卿，《臺灣政治運動史》（臺北：稻鄉，2003），頁169。
92　見翁佳音譯註，《臺灣社會運動史：勞工運動、右派運動》（臺北：稻鄉，1992），頁128-129。

內，所有這些加入同情罷工，或者想罷工卻失敗了的工廠，民營的對上了資方，官營的對上了國家，許多行動現場遭警察大規模介入，強制進行封鎖——深入全島街頭巷尾的警察治安系統，已盯上運動中的工人與組織者。譬如，臺南機械工會的同情罷工行動，當天工人不過是聚集在明治町的工會會館，朗讀宣言，卻遭40名巡查突擊，宣布解散，並檢束了組織者盧丙丁與十數名工人，該會館更被警力直接封鎖，不放任何人進入。[93]國營的臺北鐵道部工廠，所屬員工的同情罷工計畫則在實現以前就被國家瓦解——4月20日夜裡，鐵道部大批職工聚集在臺北蓬萊閣，召開會員大會，欲議決同情罷工，卻遭到大批警力突襲，終於在工人們高亢的「鐵道職工萬歲！」呼聲中，遭當局命令解散。隨後，鐵道部7名職工被交通局總長辭退[94]，鐵道部更通達各驛站、工廠及相關運輸業者，要求他們警戒其下工會運動的發展。[95]所幸還有蔣渭水透過關係，或謀職、或捐款，來為這些被解僱的鐵道部工人另謀生路。[96]

更有許多工人因為發動了同情罷工，聲援高雄機械工會，而與資方或國家產生一次一次愈見嚴重的衝突，終於在陸續的抗爭裡，創造出戰鬥性的工人集體組織——臺北人力車組合、日華紡織株式會社、嘉義營林所、臺北印刷工組合隨後的罷工活動屬於這種情況。像是化學裡的連鎖反應，一個爭議引發另一個爭議，一場罷工喚起另一場罷工，一個工會催生出無數個工會，工人階級的罷工潮緊跟著組織化的浪潮。或許可以這樣說，這一次總罷工之所以能夠獲得全島工人的認同，乃因為它是一個由鐵工所的烈士們打開了的殖民地臺灣剝削體制的裂口，讓工人們可以從中釋放出長

---

93 見《臺灣民報》第一百五十六號〈臺南機械工同情罷工〉。

94 見《臺灣日日新報》1927年4月24日〈高雄の罷業職工と策動した臺北鐵道工場の職工七名解僱 鐵道部の態度強硬〉，以及《臺灣民報》第一百五十六號〈鐵道部太橫逆〉。有關這起失敗的罷工，連溫卿認為是「為右派策動下，因而不能團結，終於發生被解職者七名」，《臺灣民報》的報導則說員工大會的目的是為了成立共濟會，並非要為臺灣鐵工所做同情罷工。如果連溫卿與《臺灣日日新報》所言不虛，《臺灣民報》便是在為蔣渭水等的失手辯護。見連溫卿，《臺灣政治運動史》（臺北：稻鄉，2003），頁168。

95 見《臺灣民報》第一百六十一號〈官營的工場亦惹起罷工風潮〉。

96 見《臺灣民報》第一百五十七號〈鐵道部壓迫職工〉。

期以來對於勞動狀況的各種不滿。它又像一個機會，讓工人們可以用同情罷工的名義開始行動，進而爭取到屬於自己的，而不是臺灣鐵工所工人的勞動權益。

《臺灣民報》這樣描述了當時的社會氛圍：「自高雄臺灣鐵工所罷工以來，各地工人一齊憤起，未組織的趕急出來組織工會，組織完成的工會就去積極的結束援助高雄鐵工，其勢之急速而擴大，在臺灣貪眠苟安的官僚和資本家，也被叫醒起來，大驚小怪，如狂人執利刀亂舞的暴狀，不久不傷人而不肯放手的樣子。」[97]

二、五一勞動節（1927）

為延續總罷工野火一樣的運動浪潮，工運團體不分左翼右翼，隨即著手策畫1927年度的五一勞動節鬥爭，嘗試從中收攏群眾、擴大各自的組織陣地。如此態勢，國家機器亦全面動員起來，為阻止工人運動益發尖銳化，警方規定了從此針對勞動節的取締方針——「完全禁止室外集會，以及嚴禁民眾運動」。[98]此一方針後來沿用了數年。勞動節當天，工會相關人物只要不進房屋，就會遇上警察，有如戒嚴。這個規定使得往後歷年的五一鬥爭多半只能以演講會、座談會的方式進行。

1927年的五一勞動節當天，臺北、基隆、新竹、臺中、彰化、大肚、霧峰、豐原、臺南、嘉義、小梅、虎尾、鳳山、屏東各自都有不下一場的大型演講會舉辦——左翼社運團體以文協、農組、機械工會系統為動員的中心，且有所屬五十餘間工廠共同休業；蔣渭水、謝春木等右翼人士則透過臺北木工工友會、華僑洋服工會等中國移工團體以及部分親蔣的文協支部（如臺南支部）來動員。[99]

這麼多演講會之中，最為盛大者，當是右翼系統的臺北木工工友會，

97　同上註。
98　見翁佳音譯註，《臺灣社會運動史：勞工運動、右派運動》（臺北：稻鄉，1992），頁48。
99　同上註，頁49-51。

由蔣渭水、王錦塗等人在臺北新舞臺舉辦的場次。《臺灣民報》記者這樣描述當晚的場景：「十數人辯士登壇熱辯，其中多被中止，至十時半竟被命解散，但是聽眾不肯散出，再齊唱木工工友會萬歲和臺灣無產階級解放萬歲。然後被警察隊押出，今晚的警察雖不敢蠢動，但是也稍有挑戰態度，在數千人的民眾中，雜有二百餘個的警察紅燈的光景，實在是稀有的壯觀，是表臺灣民眾進步可喜的現象呀。」[100]茲將當日臺北木工工友會發送的傳單抄錄於下：

八時間的勞働
八時間的休息
八時間的修養

這是我們無產階級的理想：

八時間的勞働，是能增進勞働的活力，防止人類的退化，能使大多數的無產階級，智識進步、道德完善、生活向上。

米國勞働者，因為要求八時間勞働制的實現於一八八六年（四十二年前）五月一日舉行第一回運動，其結果，得了很大的勝利。所以米國勞働者，每年以五月一日為勞働紀念日，故又稱五一祭，這是勞働祭的起源。一八八九年（三十九年前）在巴里開會的國際社會黨，指定五月一日，為表示萬國勞働者之國際的團結和階級的一致的總動員日。

一八九〇年（三十八年前），在歐米各國就舉行全世界的之勞働祭了。

---

100 見《臺灣民報》第一百五十七號〈臺北勞働祭的大盛況 聽眾六千大舞臺滿座〉。

五月一日　要　休　業
五月一日　要祝福勞働

我們臺北木工工友會，要開催大講演會，來祝賀這萬國無產階級唯
一的勞働祭，請大家快來聽！

【口　號】

無產兄妹齊起來
解放自己的束縛

團結是無產階級唯一的武器
是到自由平等的路徑

農民團結起來設農民組合
工人團結起來設工友會
農工階級齊集於自由平等旗幟之下來奮鬥！

臺北木工工友會萬歲！！
臺灣無產階級解放萬歲！！
世界無產階級解放萬歲！！[101]

從高雄臺灣鐵工所罷工、全島同情總罷工，再到1927年五一勞動節鬥
爭，這一系列抗爭行動牽引出巨大的動能，以及組建工會的浪潮。以下將
挑出當年這股遍地開花的工潮中，幾個最重要的延伸事件逐一做介紹。包

---

[101] 同上註。

括：臺北日華紡織株式會社616人罷工、嘉義林木產業的千人聯合罷工、臺北人力車夫超過四百人罷駛、臺北印刷從業員組合超過三百人罷工。

三、臺北日華紡織株式會社罷工

有關這起超過六百人參與的罷工事件，《臺灣民報》第一百六十號報導：「臺北市大安的日華紡績會社，近來生產品的消路不廣，以致現貨積滿倉庫，經營的成績不振。所以爲資本家的常套手段就是搾取勞働者，去充補豫定的利益，不是遞減工資便是延長勞働時間，如此次日華紡績的罷業原因完全也是在此一點。」[102]

1927年4月21日，總罷工前一天，日華紡織資方決定延長員工每日工作時間20分鐘，引發嚴重不滿。在連溫卿的影響下[103]，工人們決議隔日起以「支援高雄鐵工所罷工團」的名義[104]進行同情罷工，向會社示威。4月22日，日華紡織工人罷工開始，名義上是響應全島同情總罷工，實際上是不滿工時被雇主延長。會社方面則派人勸導工人繼續上班，並警告罷工者如果直到4月27日還不來上班，請自行辦理離職手續。這樣，日華紡織工人的罷工從23日延續到26日，資方劃定的截止日期一到，所有工人都回到了工作崗位。[105]原先預定的目標，每日工時並沒有因罷工而縮短。警方把這次事件定調爲「此次的罷工僅止於同情罷工，尚未發展至將原本的不滿具體化」。[106]

然而，沒有具體化的不滿不會自動消失，反而會累積成下一次行動的動能。同年5月9日，工人林中和在上班時間翻越圍牆外出，不巧被工頭撞

---

102 見《臺灣民報》第一百六十號〈日華紡績罷工眞相 原因反對時間延長〉。

103 這是警方的說法。事實上，4月21日當天連溫卿被檢束於高雄警察署，不可能影響到工人的決議，但也有可能是連在21日以前就布好了局。見翁佳音譯註，《臺灣社會運動史：勞工運動、右派運動》（臺北：稻鄉，1992），頁123。

104 見《臺灣日日新報》1927年4月24日〈一部の職工が臺北でも同情罷業〉。

105 見《臺灣民報》第一百六十號〈日華紡績罷工眞相 原因反對時間延長〉。

106 見翁佳音譯註，《臺灣社會運動史：勞工運動、右派運動》（臺北：稻鄉，1992），頁123。

見，資方以素行不良爲名直接把林中和解雇。然而，林中和有義兄弟17人，群起向廠方質問解雇之必要性[107]，他們聲明，若廠方決意解雇林氏，請一併解雇他們——日華會社以此爲口實，又把這17人全部開除了。許多員工聯名向會社請願，要求讓被解雇的18人復職。資方回應，復職是可以的，但復職者必須提出悔過書，以及連帶保證人的署名申請書。復職者如果再被解雇，保證人便會受到連坐處分。工人無法接受這樣的條件，交涉陷入僵局。[108]

日華紡織會社營運的成績一直不好，員工的工資因而被壓得更低。臺灣人女工最低可到每日18錢[109]，大約只有臺灣人男性日平均工資99錢的五分之一，更別提日本人男性的日平均工資高達1圓92錢[110]，比本島女工的十倍還多。同時，4月21日資方片面決定延長工時以後，工人們不分男女，必須從早上六點半做到下午五點四十分，差不多11個小時，中間只有半小時的午休時間。[111]

5月18日，工廠內又發生3名女工午休後遲到半小時上工，工廠監督嚴厲斥責，揚言要取消當日的工資，記他們全日曠工。其餘女工既同情又憤慨，於是共同前往質問廠方。沒想到，會社再一次採取強硬手段，當場開除了19名陳情女工。5月19日，資方公告新的工時規定，要求工人們自5月21日起每日勞動時間再延長20分鐘，從早上六點半做到晚上六點。[112]

超低工資、超長工時與差別待遇，再加上數週以來請願的男女工47名分別被解雇，資方一再軟土深掘，終於造成廠內所有臺灣人員工的不滿。1927年5月19日，日華紡織工人發動第二度同盟罷工，過程中，甚至有罷工者二百餘名離開廠區，到臺北街頭示威遊行，遭當局命令解散，22名示

---

107 見《臺灣民報》第一百六十號〈日華紡績罷工眞相 原因反對時間延長〉。

108 見翁佳音譯註，《臺灣社會運動史：勞工運動、右派運動》（臺北：稻鄉，1992），頁123。

109 見《臺灣民報》第一百六十號〈日華紡績罷工眞相 原因反對時間延長〉。

110 這是1929年末的官方統計資料。事實上，1927年的平均工資還比1929年高。見翁佳音譯註，《臺灣社會運動史：勞工運動、右派運動》（臺北：稻鄉，1992），頁17。

111 見《臺灣民報》第一百六十號〈日華紡績罷工眞相 原因反對時間延長〉。

112 同上註。

威者被警方檢束。[113]日華資方面對罷工維持一貫的強硬態度，通告全廠，即日起停工一星期，以「鎖廠」對付罷工。隨後又故技重施，要求罷工工人「限期復職」——資方聲明，5月25日前回來上班的人將被繼續雇傭；但未在期限內復工者，視為員工自願離職，將新聘人力取代其地位。[114]同日，百名員工會集於太平町二丁目的工友協助會事務所商討對策，並將該事務所充當為爭議團臨時事務所。[115]臺灣工友協助會是左翼文協系統的工運組織，其負責人為油漆商出身的薛玉龍、薛玉虎兩兄弟。至5月23日，工人們向日華資方提出三項要求：

　　一、解雇職工全部復職。

　　二、勞働時間自午前七時至午後四時止。

　　三、工資要增加從前的三割以上。[116]

　　5月24日，紡織工人以罷工團名義向會社郵寄聲明書，要求資方承認團體協商的正當權利，但會社認為沒有接受的理由，直接回絕。在《臺灣社會運動史》中，警方記錄了往後的發展——到了五月二十六日，仍然沒人前來上班，於是會社方面著手招募新員工，自三十一日開始進行部分的作業。工友協助會方面則發表聲明書，並接受友誼團體的援助與救援資金、物品，繼續進行對抗。但大勢已達困憊之極，六月九日雖僅二名男工、三十五名女工復職，然其他員工的態度已逐漸軟化。[117]後續一直到6月中，依舊沒有多少罷工者復職，日華資方卻已募集到新女工百餘名、新男工四十餘名，產量逐漸回復到罷工以前，爭議終於落幕。

　　儘管跟資方妥協復職的員工不多，這回罷工依舊失敗了。不過，根據

113 見翁佳音譯註，《臺灣社會運動史：勞工運動、右派運動》（臺北：稻鄉，1992），頁123。
114 見《臺灣民報》第一百六十號〈日華紡績罷工眞相 原因反對時間延長〉。
115 見翁佳音譯註，《臺灣社會運動史：勞工運動、右派運動》（臺北：稻鄉，1992），頁123。
116 見《臺灣民報》第一百六十號〈日華紡績罷工眞相 原因反對時間延長〉。
117 見翁佳音譯註，《臺灣社會運動史：勞工運動、右派運動》（臺北：稻鄉，1992），頁124。

《臺灣民報》所載，日華工人的抗爭為往後就職者爭取到稍好一點的勞動
條件——罷工期間，新募集的工人因為廠內在鬧工潮，對於就職多所猶
豫，資方遂每日派汽車到大稻埕雙連街口、艋舺祖師廟口，接送工人上下
班；罷工落幕後，員工的工作時間小幅度縮短約半小時，改成從上午六點
五十分做到下午五點四十五分；日工資則上漲5到10錢不等。[118]

四、嘉義營林所大罷工

　　1927年3月間，總督府營林所「嘉義出張所」所屬「製材工廠」與
「修理工廠」的員工，已在「獎勵積蓄」的名義底下互相聯絡，初步組
成一個職工俱樂部。[119]其協助者為臺灣文化協會鄭明祿。[120]該俱樂部曾在
1927年4月間為高雄臺灣鐵工所的罷工進行宣傳[121]；全島總罷工當天該俱
樂部亦動員工人參加同情罷工。同時，更定期在嘉義南座附近舉辦例會，
以「發揮相互扶助之精神」為宗旨，聯絡嘉義在地工人。至此，以營林所
各機關轄下製材工為中心的工會逐漸成型。

　　1927年的勞動節，嘉義工人也響應文化協會的計畫，預定在戶外召開
同情演講會。然而，由於警方宣布了「禁止一切戶外集會及嚴禁民眾運
動」的取締方針，演講會場地的使用權遭到干涉，工人只好中途轉往公
園，以「觀光遊覽」之名行集會遊行之實，但同樣被命令解散。連在自家
俱樂部會館外集合、攝影留念，也被強制驅離，其中，工人幹部蔡卿好、
陳東波二人甚至被檢束回派出所。所有白天的活動都被警力介入。入夜
後，不死心的工人把活動場所從戶外移到室內，在俱樂部會館重開一場演
講會，沒想到警察入門突襲，再度命令中止。自此，營林所工人和官方的
衝突已愈趨嚴重。終於在5月中旬，嘉義當局為遏止營林所內部的工會運

---

118 見《臺灣民報》第一百六十三號〈罷業後的日華紡績〉。
119 見《臺灣民報》第一百六十一號〈官營的工場亦惹起罷工風潮〉。
120 見翁佳音譯註，《臺灣社會運動史：勞工運動、右派運動》（臺北：稻鄉，1992），頁124。
121 見《臺灣日日新報》1927年4月21日〈嘉義の工友會の策動〉。

動，下令將曾金泉、許堆兩名工人幹部解雇。到這裡，勞方已開始籌畫反擊。[122]

罷工的開端是1927年5月21日的貯木場點名事件。照嘉義出張所的慣例，全體工人會在中午十二點半集合到貯木場中某一工廠內接受所方點名。工人們認為貯木場範圍過於廣大，每天只為了點名，必須從各自的作業場所走回工廠，根本浪費時間。21日當天，貯木場工人蝟集在工廠外頭，拒絕進入屋內接受點名，他們認為，廠方應指派一名專責的主任，親自到各個作業場所點人頭，而非要求所有工人走路去工廠。隨後，全部工人連續六天不到工廠內接受點名。5月25日下午，營林所一一約談貯木場員工，得知理由後，約定隔日勞資雙方共同開會討論處理方式。然而，當26日工人代表與工廠主任在討論如何善後時，總督府殖產局的庶務課長淺野氏剛好來到貯木場，工廠主任似乎想要圓滿解決，但殖產局的淺野課長聽完討論內容，卻執強硬態度介入，勞資協商因此破裂。[123]

5月27日，營林所當局發布了公告——貯木場全體工人，除了5名非會員以外，其餘14名工會會員全數開除。營林所轄下各單位的工人聞此消息，莫不憤慨，於是，修理工廠、仕譯工廠、製材工廠三部裡的工會成員開始醞釀怠工。28日，製材部的產量只剩下以往三分之一不到，工人推舉十數名代表，以會長蔡卿好為首，去找官方談判。然而，營林所所方不但不予理會，更認定蔡卿好等工人代表就是事件首謀，當場將26名工人革職。下午四點，214名員工退出工廠，前往包圍營林所的事務所，然而，貯木場主任說了又說，全是把責任推託到殖產局淺野課長的決定，至於淺野課長毫不意外，完全找不到人在哪裡。

5月29日，數百名嘉義地區的製材工在各自的工廠裡發動聯合罷工。除了營林所嘉義出張所轄下修理工廠、仕譯工廠、製材工廠三部，共四百人；阿里山出張所所屬伐木工數百名，以及專賣局嘉義製酒工廠工人兩百

---

122 見《臺灣民報》第一百五十八號〈嘉義工友會的活躍〉。
123 見《臺灣民報》第一百六十一號〈官營的工場亦惹起罷工風潮〉。

名，陸續投入同情罷工。5月31日起，罷工人數已超過一千人，演變成整個林木產業的大罷工。[124]根據《臺灣民報》的記載，光是阿里山出張所的同情罷工，已導致阿里山至竹崎段的鐵路癱瘓，被解雇的工人率領近百名員工徒步下山，到嘉義街上跟其他工廠的罷工團會合。對此，嘉義當局特派警察隊入山警戒，甚至拔劍阻擋工人下山。[125]6月3日，營林所在畚箕湖的74名員工，又有44名加入罷工。

時間回到5月27日，工會會長蔡卿好得知營林所的解僱公告後，立即派出工人代表前往臺灣文化協會臺中本部，尋求支援。當天夜裡，文化協會常務委員王敏川抵達嘉義。翌日，臺灣農民組合幹部簡吉、黃石順、薛步梯、陳培初，文化協會幹部洪石柱、臺灣民報記者謝春木等人，為了傍聽違反森林令事件的公審也來到嘉義。當局認為他們似乎與爭議有關，故發出警告，斥令他們立即返家。其後，工友會幹部即懸掛爭議部總指揮所的招牌，擔當爭議的領導。[126]謝春木在《臺灣民報》裡寫出當時的氣氛，嘉義地區形同戒嚴：「記者與三四名農民組合幹部到嘉義的時候，正私服的警官在驛頭警戒的不下十名，我們一步入嘉義街的時候，我們背後就尾行了數名的刑事，到友人家裡，吃一杯未完，警察課就派人來請吾們，警察課長要求農民組合幹部絕對不可與工人接洽、對談及訪問他們的會館，若違此命就要檢束。」[127]得知警察課長的命令後，農組幹部不只決定全力介入罷工，更打越洋電報給日本勞働農民黨的律師布施辰治、古屋貞雄，兩氏即時回覆一通電報，激勵嘉義工人堅持團結，他們乘坐的輪船，14天後就會抵達臺灣。[128]

1927年5月29日，嘉義的工會幹部許日清、吳隆乾兩人抵達文化協會臺北支部，拜訪連溫卿。連溫卿旋即帶人前往總督府陳情，但不得其門而

---

124 同上註。
125 同上註。
126 見翁佳音譯註，《臺灣社會運動史：勞工運動、右派運動》（臺北：稻鄉，1992），頁125。
127 見《臺灣民報》第一百六十一號〈官營的工場亦惹起罷工風潮〉。
128 同上註。

入，於是郵寄抗議書給營林所，提出「速使全部員工復職」、「承認今後的團體交涉權」、「支付罷工中的工資」等要求。[129]1927年6月1日，營林所的嘉義出張所、阿里山出張所、嘉義製酒工廠以及奮箕湖的罷工工人，在嘉義街上發動大遊行，迎風的旗幟上寫著「怨氣沖天」四個大字。警察命令解散，檢束24名工人，收押在留置場，以至於隔日被捕工人的家屬憤恨不平，相率至郡役所要求「討回丈夫」。[130]

臺灣農民組合在嘉義大遊行當天，向全島發了一封公開信：

> 在帝國主義的最後階段，資本主義沒落的過程中，其累及殖民地已極端化了！諸如製糖會社、製鐵工廠、洋灰工場等種種的大掠奪，剝削機關與專賣工廠，以及這次進行罷工的官營營林所製材工場，這些不外都是一個完全的剝削機關。其鎮壓較諸其他更為露骨，愈自不待言。請看！這次的壓迫嘉義工友會！

> 一切被壓迫階級的各位！
> 一切無產階級的兄弟！
> 奮起吧！奮起吧！共同一致對抗，打倒剝削機關！這是我們的使命。
> 嘉義的工友們！勞動工友們！一齊奮鬥！農民們！

> 六月一日　臺灣農民組合本部[131]

即使抗爭的聲浪如此浩大，營林所當局依然沒有退讓，反而貼出公告：如果罷工工人到6月8日仍不復職，將逕行解雇處分。該公告沒有起太大的作用，直到6月9日，嘉義出張所只有8人復職，阿里山出張所33人復

---

129 見翁佳音譯註，《臺灣社會運動史：勞工運動、右派運動》（臺北：稻鄉，1992），頁125。
130 見《臺灣民報》第一百六十二號〈嘉義工人罷工續聞〉。
131 見翁佳音譯註，《臺灣社會運動史：勞工運動、右派運動》（臺北：稻鄉，1992），頁126。

職，畚箕湖的員工亦僅有7人復職。1927年6月底，營林所當局開始招募新工[132]，爲確保罷工工人的生計，嘉義罷工團的協助者之一——臺灣工友協助會，聯合全島九個文化協會關係團體，於6月29日至7月1日間在臺北港町文化講座舉辦「嘉義罷工團家族援助日」，當天演講的收入全部捐給罷工工人，做爲安頓家族的生活費。[133]

嘉義罷工團持續跟當局對峙，沒有一方讓步。結果如何呢？新聞紙上沒有紀錄，但根據警方的說法，雖然爭議繼續對立，但復職者也逐漸增加，組織零亂，結果並未獲得任何成果，罷工便歸於慘敗而熄火告終。[134]

五、臺北人力車工潮

人力車是當時臺灣人日常交通運輸的方式，但到1927年，臺北市已開始建構大眾運輸系統。殖民政府計畫自1927年5月1日起，開放公共汽車在臺北市內行駛一定的路線。公共汽車做爲新興運輸業，勢必侵蝕傳統人力車的市場，人力車夫認爲生計受威脅，加以全島工運浪潮的影響，他們也決定用組織化、集體化的辦法來爭取權益。

當時，臺北市內的人力車夫約有二千名，華籍者（按：指大陸移工）佔四分之三，其中一千二百名住在南警察署管轄內，八百名住在北警察署管轄內。[135]1927年4月28日，約有四百名車夫集會於臺北蓬萊閣，決議成立「車夫會」，其宗旨爲「講究互助」，訴求臺北當局限制汽車通行的路線。然而，警方直接解散蓬萊閣的集會，更禁止車夫會之設立，主導者數人當場檢束。車夫們爲此憤恨不平，經一日交涉談判，不得要領，4月30日起，不分南署、北署轄下的車夫同時發動罷工。[136]

---

132 見《臺灣日日新報》1927年6月29日〈嘉義營林所職工募集 罷業者は大弱り〉。
133 見連溫卿，《臺灣政治運動史》（臺北：稻鄉，2003），頁171。
134 見翁佳音譯註，《臺灣社會運動史：勞工運動、右派運動》（臺北：稻鄉，1992），頁126。
135 見連溫卿，《臺灣政治運動史》（臺北：稻鄉，2003），頁172。
136 同上註。

　　1927年4月30日清早，臺北街上一把車都沒有。《臺灣民報》報導：「警察當局大為狼狽，就派特務刑事四處查訪，因刑事皆強制車夫拖他，故市上除自用車外十數把車全部是載刑事。因有不知道是載刑事，故罷工的人碰著便嘲他說，『今天可賺得多了』，只這一句話，在車上的大人便說是煽動脅迫，就檢束了，如此被檢束的有十數人。」[137]那天下午，南北二署署長召集轄下所有車夫，當面訓示，說自働車的運轉是交通上不得已的，勸車夫忍耐。儘管口徑一致，但在這次事件的處理上，兩位署長卻有很大的不同。南署方面訓示道，決不可再設工友會，工友會是極不良無道德，要馴良從業免致妻子憂慮，如有不滿可派代表十名來商議解決云云。當時有一工友要起質問就被檢束了，已後經眾人不服要求釋放，才放他出來。至午後選十名代表見署長，然不說是非就將十名一盡居留，連罷工當日被檢束的共二十數名，全部即決被言渡居留二十九天。[138]至於北署方面並沒有檢束車夫，署長只在5月2日向車夫們提出三項承諾：

　　一、將現在的組合改善，照工友的希望辦事。
　　二、指定自働車的停留場。
　　三、現在的驛旗要撤廢。[139]

　　罷工當天遭警方檢束的罷工車夫有二十幾名，為了援助其家屬，一部分車夫互相約定，每日捐出5錢，讓他們可以度過經濟上的難關。[140]
　　1927年5月3日晚上，新一輪的戰鬥開始了。面對自働車的競爭，從大稻埕直到艋舺之間的人力車車夫，全部聯合起來，一致把車資下壓到跟自働車同樣價錢，均等為10錢，用自我剝削的方式，直接跟機械力競爭。[141]

---

137 見《臺灣民報》第一百五十八號〈臺北人力車的工潮〉。
138 同上註。
139 同上註。
140 同上註。
141 見《臺灣民報》第一百五十八號〈人力與機械的競爭 警察當局壓迫勞働者〉。

　　儘管如此，警察並沒有同情車夫的處境，當然也沒有遵守先前的約定，講究公共汽車上路後的善後對策，甚至連車夫們對自動車的這種「自由競手」，都要加派警力干涉，時不時以「通行妨礙」的名義，檢束人力車夫。[142]比如，5月6日晚間，人力車夫聚集在自動車發著所附近，宣傳挽客，警方以危害交通爲理由阻止人力車夫招客，更逮捕林來發等4名「不良」車夫，即決留置二十九日。[143]

　　起初，人力車夫削價競爭的戰術起了很大效果，其結果民眾（乘客）都同情於人力車夫，故此人力車非常的好況，而自働車卻不得不以空車終日運轉了。看現在的經過以勞力「薄利多賣」的人力車反多收入，而自働車連日都虧本了。所以本來是機械勝人力的原則，於今倒反是人力將勝機械了。[144]《臺灣民報》的評論甚至認爲，團結的力量有可能把公共汽車逼出市場，自動車會社既然開業了最少也要繳納半年二三千圓的營業稅，所以若停業則稅金是無所出處，但是繼續營業又虧本，故此實在是騎虎難下之勢。[145]可是，能夠決定未來產業構造的並非民眾的同情心，在鋼鐵般的經濟規律前，人力車夫的努力好像悲劇英雄。對此，連溫卿下了一個簡單結論：「起初，雖能獲得大眾之支持，然終最後仍告於失敗。」[146]

六、臺北印刷從業員組合

　　臺北市的印刷工人在1920年已建立三個不知名的工會，更曾於1923年間發動320人的罷工，縮小資方調降工作津貼的比例。[147]而1927年5月間，在鐵工所一系列事件的示範作用之下，臺北印刷業又出現新一波工潮。

　　臺北印刷株式會社所屬的植字工人爲事件開端。《臺灣民報》報導，

---

142 見《臺灣民報》第一百五十八號〈臺北人力車的工潮〉。
143 見《臺灣日日新報》漢文版1927年5月8日〈檢舉車夫留置二十九日〉。
144 見《臺灣民報》第一百五十八號〈人力與機械的競爭　警察當局壓迫勞働者〉。
145 同上註。
146 見連溫卿，《臺灣政治運動史》（臺北：稻鄉，2003），頁172。
147 見本章第一節。

植字文選機械的職工總共約有一百人，因爲該社長船橋某從前是從事於探礦，自到印刷會社對待職工依然是如對待坑夫一樣，於每年煩忙期就要求職工從事夜業，及至閒散期就要解雇職工，並不豫先通知又無退職慰勞。現在又近於閒散期，故此聽說又將要解雇一二十名的職工，所以職工們很感不安。[148]5月20日，臺北印刷工人召集會議，決議向臺印社社長船橋氏提出訴求，同時聲明，資方若不拿出誠意處理，工會將以行動反制。同月25日，工人代表把陳情書遞交給船橋社長，提出二項訴求：

> 一、要解雇職工的時候須在二個月前豫先通知，不然要支給二個月
> 　　分的給料於職工。
> 二、職工自由退職或是被解雇的時候，要應其勤續年間，最少要支
> 　　給給料二個月分的退職慰勞金。[149]

　　會社最初沒有拒絕員工的要求，竟這兩點只是最起碼的保障，難以否認其正當性。勞資雙方進行數次磋商，擬出一致的意見、具體的條文，只待船橋社長本人簽字便能完成協議。

　　然而，到6月15日，資方突然改變了態度，推託說，臺印社是業者聯合團體「臺北印刷製本同盟」成員之一，如果不理會其他業者，單獨變更內部勞動條件，必定影響其他業者的營運，這違反製本同盟的規則。因此，必須先把勞資雙方議定的條約上呈到同盟總會，待總會承認後方能正式與員工簽字。聽起來好像有點道理，但其實船橋社長本人就是臺北印刷製本同盟的組合長，具有同盟的主導權，工會遂認定資方並無「誠意」。當天晚上，工人派出代表往訪船橋社長，請他用一夜時間慎重考慮，同時聲明，隔天早上勞方會再派代表過去簽字，屆時社長如果拒絕，勞方將決行罷工。[150]

---

148 見《臺灣民報》第一百六十號〈印刷工對會社的要求〉。
149 同上註。
150 見《臺灣民報》第一百六十四號〈臺印社罷工勝利 會社全部承認要求〉。

　　隔日，6月16日，船橋社長不願簽字，臺北印刷株式會社全體工人發動罷工。資方大爲狼狽，立刻派出工廠部長訪問工人代表，說明會社早已承認工人全部訴求，16日中已簽字，希望工人即刻恢復工作。6月17日，工人們認爲資方既承諾勞方兩項訴求，旋即復工。

　　6月20日，臺北印刷製本同盟召集會議檢討罷工事件，會議上竟直接修改臺印社與工會簽署的協議內容，做成六項決議。6月23日，由臺北各印刷業者分別對各自員工發表：

一、爲業主之便宜解雇時對勤續日數五月以上六月以下者支給日給五日分，六月以上一年以下者十日分，以後每滿一年增加五日分。

二、病氣或業主認爲不得已之事情退職者，勤續日數滿二年以上日給十日分，以後每滿一年各增加五日分。

三、從業員中竊盜傷害等抵觸法律犯罪時，或就業中賭博其他違背業主命令不守規則等的行爲被解雇時不得支給手當。

四、爲業主之便宜要解雇從業員之時要於一週間前豫告本人。

五、爲從業員之便宜要轉於他同業者時要一週前通知業主得其承諾，任意不出勤者手當一切不給。

六、本規定自昭和二年始，但因業主之便宜解雇者自傭入三日起算之。[151]

　　當初協議的資遣費應有至少兩個月工資，卻被同盟片面修改成五天工資起跳；勞方訴求兩個月的資遣預告時間被修改成短短一週，且當資方違反此條例，不再有罰則。同時，同盟還提出另一條更惡劣的附帶決議：條約生效的前提是廢止既有公休日。換句話說，工人果眞想要資遣費制度，除了節慶假日以外，不得放假。從來的公休日是一月兩日，合其他祭祝日起來共有三四十日，這些公休日雖是休業然有給料，但是將公休日廢止在

---

151 見《臺灣民報》第一百六十六號〈臺北印刷從業員全體罷工的眞相〉。

從業員實在是很大的損失，業主這樣的失議未免太過無理了。[152]

　　這起勞資爭議原只是臺北印刷株式會社一家公司內部的問題，製本同盟這樣一搞，戰線直接擴大，演變成所有臺北印刷工人對抗所有臺北印刷業者的大規模鬥爭。如此情勢，順水推舟，在臺北木工工友會王錦塗與部分右翼組織者的協助下，原本1920年成立的三個臺北印刷工組合整併成單一的「臺北印刷從業員組合」。6月23日，新成立的臺北印刷從業員組合在樂仙樓召開大會，不同工廠的印刷工聚在一起，討論資方同盟的決議，訂定往後行動的方針。從業員組合第一次大會的決議如下：

> 第一對退職及解傭手當支給的規定略加修正。
> 第二對公休日廢止的事，照業主的決議承認。
> 第三再提出左記的要求。
> 　　一、要求實行八時間勞働（午前八時起至十二時午後零時三十
> 　　　　分起至四時半止）
> 　　二、夜自午後五時起至八時止以五時間計算，（其他午後八時
> 　　　　起至十二時之間每三十分間算做一時間，但翌日午前零時
> 　　　　起至五時之間每二十分間算爲一時）
> 　　三、休業日特別出勤時要支給日給的倍額。
> 　　四、爲病氣缺勤時要補助月額金百分之三十，（但從業員要提
> 　　　　出診察券）
> 　　五、對在職中死亡者要求支給退社手當今的倍額。
> 　　六、要增加日給三割。[153]

　　資遣費的價碼勞方如何調整，今天是看不到了。不過就已知的部分可以做個歸納——表面上，勞方放棄公休日是退了一步，然而，卻打算增加

---

152 同上註。
153 同上註。

對勞方有利的交涉條件，用八小時勞動制、夜間加給、假日加班費、疾病時的假日補助，以及加薪三成等方式，彌補公休日廢止後短缺的薪水與休息時間。給資方面子，自己要裡子，貌似理想，不過資方怎麼可能全盤接受這個打包好了的方案？就算要談判，也一定會逐條拆解來談、來修，最後就變成讓步的部分全讓掉了，但進攻的部分什麼也要不到。如此結果，勞方當然無法接受。7月2日，臺北印刷從業員組合重啓罷工。

　　7月6日，臺北印刷製本同盟對罷工工人發出最後通牒，要求工人在7月9日前復職，否則視同任意離職，會社將在9日以後結清離職者未領受之工資。這跟日華紡織5月間對付罷工者的手法如出一轍。該公告內容如下：

> 這回組合規則改正發表的時候已經懇說求勿誤解，甚至一齊罷業本當視爲退職者而處理之，然而特猶豫至來九日午前中，尚望熟考報名復職就業，不然則視爲任意退職者處理之，對於退職者要即時前來清算未給賃金，特此通知。[154]

　　罷工持續下去，7月9日幾乎沒有工會會員前往復職。三四十個日子過去，直到1927年8月初，勞資雙方依舊對峙，但皆已露出疲態。臺北木工工友會會長王錦塗遂自告奮勇爲雙方調停，他四處奔走，卻被各印刷業者拒之門外。聽說臺北印刷製本同盟希望警方介入爭議，資方甚至將解決的條件全部委任給州高等警察課的課長谷山氏，王錦塗於是登門拜訪谷山，向他說明從業員組合方面可以接受的和解條件：

　　一、要求職工的全部復職。
　　二、公休日復活。
　　三、勤續年限繼續。

---

154 同上註。

四、要解職職工的時候於一定期限前明示理由，使從業員組合承
認。

五、爲業務上負傷的時候要支給日當給料（但要提出診斷書）。[155]

　　王錦塗提出的條件已倒退到5月爭議開始之前，不要說八小時勞動、
加班費等附帶條件，連資遣費制度都消失了，明顯急於求和。谷山課長則
表示：「我的主見，勞資之爭，我們警察官欲持公平的態度。照我所看，
双方態度過於強硬，非我所能容喙的時機。但是双方意見接近，待我一言
就可以解決的時候，我亦欣然爲諸君效勞。所以我欲暫時待機，未得爲你
們做仲介。我對業主也是一樣的態度。業主們也來相探求我調停，我也對
他們表示我們的態度，我說今日若欲調停非干涉一方並沒有法子。待你們
的意見有些接近，我方能爲諸君解決此案，不然即是干涉，勞資之爭警察
絕對不可干涉，我希望双方互讓發見一致點以便解決。」[156]

　　印刷罷工的僵局難以破解，臺北從業員組合於是再開會議，討論往後
行動，決議兩點方針：

一、組織十萬圓資本的工場，以從業員自己經營。

二、其餘的志願渡華就職。[157]

　　勞方已在考慮退場機制，然而十萬圓是何等天文數字，不是說募款就
能募到的。然而，在勞方計策窮盡的時候，資方也撐不下去了。臺北印刷
製本同盟畢竟是很多資本家的組合，不是每個成員都有資力撐過長達四十
餘日的罷工，因此，陸續有業主單獨找員工解決。[158]製本同盟眼看內部步
調越來越不一致，隱約恐慌，主事者船橋社長再度找上高等警察課課長谷

<hr />

155 見《臺灣民報》第一百六十九號〈印刷工工潮近況〉。
156 同上註。
157 同上註。
158 見《臺灣民報》第一百七十號〈印刷工罷業解決 工人忍耐復職〉。

山，並將協商條件的決定權完全委任，請他爲罷工事件做最後的調停。

可是，號稱中立的警察果眞中立嗎？1927年8月10日，業主方面托郭英來向從業員組合長疏通，以後邀黃江永、鍾耀海、陳玉明三人往訪谷山課長，谷山課長也要求將解決的全權托付，黃組合長等不得已，也暫應諾了。[159]谷山課長細膩地操作了一種兩面手法：首先，他要求與會的工人代表必須有完全的決定權，即，工人代表已簽訂的條約縱使是工會全體也不能推翻，否則決定權就不夠「完全」；第二，他先在15日夜間召集業主，詳細論列業主可接受的解決條件，次日再把各該條件送到印刷從業員組合，業主不出面，由谷山氏跟工人代表協商——換言之，讓資方設定談判的底限，勞方因爲勢弱，實際上難有推翻底限的空間。在這個布局裡，資方的不在場導致所謂「資方可接受的條件」難以變更，與會的工人代表面對難以動搖的資方條件，除非讓談判破裂、要谷山回去重新跟資方討論，否則妥協是必然的，但現場決定之後又不能反悔，只能回頭要求所有會員遵守。

8月16日，谷山氏送到臺北印刷從業員組合的條件如下：

一、從業員全部復職。
二、退職者手當照從業員修正的原文（但自己退職者須勤續三年以上，倘有相當的證據者不在此限）。
三、日給每圓增加五分。
四、每年五大祭日爲公休日，元始祭、紀元節、始政紀念日、天長節、臺灣神社祭。
五、復業後勤續期間對從前入社之日起算。[160]

同日，谷山課長與臺北印刷從業員組合的代表召開會議，討論資方開

---

159 同上註。
160 同上註。

出的妥協條件，當日出席的人不過五六十名而已，結局沒有什麼結果。但是從業員的代表因見形勢於從業員不利，所以不得已也就表示允諾。[161]結果，資方開出的五項條件一律承認，並決議再添兩條：

> 一、十九日午前與工場監督為中間者双方會面。
> 二、決定自二十日起全部復業。[162]

8月17日晚上八點，工人代表將已簽字協議的條約帶回組合內部，開善後會議。討論的過程中，會員們對於最後簽下的條約非常不滿，有人表示反對，有人攻擊代表，光看公休日那一條，原本每年33日的公休現在剩下5天，一年就短少了28天的薪水，雖然最後討到了部分資遣費的保障，得到的卻未必比失去的更多。故此委員們無奈也就聲明放棄了責任，以後因為沒有人承辦善後，也決定要去承認條件。[163]

8月20日工人復職以後，印刷罷工事件告一段落，工廠陸續恢復運轉。然而，臺北印刷從業員組合卻因為內部不滿，再度分裂成兩間工會。原本的「臺北印刷從業員組合」繼續從屬於右翼工會系統，反對派則脫離組合另立「臺北印刷工會」，選舉日本人樋口氏為委員長，並且加入左翼的陣營。[164]

第五節　鐵工罷業的尾聲

一、調停者、警察與工會改組

當島內各地抗爭的野火在1927年整個春天持續著、擴散著，高雄機械

---

161 同上註。
162 同上註。
163 同上註。
164 見連溫卿，《臺灣政治運動史》（臺北：稻鄉，2003），頁167。

工會與株式會社臺灣鐵工所的爭議卻依舊陷於僵局。隨著鐵工所下半年度的旺季逐漸接近，高雄在地的臺灣人仕紳陳光燦、林迦在5月上旬突然現身，主動在勞資之間奔走，據說是「自發性」地協助工人調停紛爭。[165]然而，陳光燦其實是當時南部地區的大富豪、新興製糖的股東，而新興製糖是臺灣鐵工所的股東，因此，實際上他也是鐵工所資方一員；林迦則是搞特許鹽業出身，時任高雄興業信用組合的理事，掌管著地方的金融通路，官商關係良好——工人們當然不信任他們。陳光燦、林迦試圖說服工會：「今次的爭議是出於王風罷免的問題，若王風得復職，可謂爲工友會得勝。」[166]換句話說，如果把集體爭議限縮成個人爭議，資方就有可能妥協，但這等於是用王風一個人的復職換取其餘罷工工人的不利益，「中立」的調停者已爲勞資雙方開好解決條件，且該條件明顯有利於特定一方。勞方不接受這種調停，高雄機械工會祕書郭盈昌回覆：

> 今次的罷工確實是爲著王風起事的，今日的問題，斷非是一個私人的王風的私事，是爲工友會的會長的王風的公事，所以不得以一個私人看。既不是私事，團體承認的要求是不可分離的，而罷業中的工資支給也不能讓步的，金額的多少卻有商量的餘地，退職的手當問題也是不能讓步的問題，其餘的條件，如會社當事者有誠意相待，還是有些商量的餘地，總是若無誠意而全靠官權官威，現在的工人，沒有一人怕壓迫的。我們卻未有確答，此調停的進行如何，非我們所可料的云云。[167]

地方有力者的「中立調停」失敗後，下個上場的就是國家機器。既然高雄鐵工所是當年全部工潮的策源地，警察當局爲壓下島內層出不窮的工人運動，必須對高雄機械工會出手——1927年勞動節過後，高雄警察署決

---

165 見《臺灣民報》第一百五十六號〈有力者欲調停罷工〉。
166 同上註。
167 同上註。

定出面仲裁。警方向工會祕書郭盈昌提出五個條件，做爲解決爭議以及承認高雄機械工會的前提：

> 一、使連溫卿、洪石柱、薛步梯、黃石順等，於將來不可關連工友會及勞働爭議，又不可允前記諸氏出入或宿泊，對工友會會員須傳達此趣旨并勵行此條所約的事。
>
> 二、關于臺灣鐵工所的同盟罷工案被解雇的職工，未由會社領受工資及積立金的人們，明日中必須領受以解決該問題。
>
> 三、對罷工的職工和新欲就職的職工不可妨害其自由。
>
> 四、令工友會員的工人不可向未入會的職工，或其他的職工，發有阻害其進退的言動。
>
> 五、指導工友會員向工友會的目的去跑，決不可使其爲不正不法的行爲。[168]

　　基本上，警方所開出的條件對外是爲遮斷高雄機械工會與臺灣社會運動網絡的聯繫，瓦解工會運動跟農民運動、文化協會的連帶，使之孤立無援；對內則是以「自由」與「正義」爲名，破壞工人的團結，具體方法是逼迫工會內部的基進分子自我禁言、禁止行動，一旦工人間的集體約束力消失，就能爲會員中的機會主義者創造縫隙，讓他們把情勢扭轉向資方。根據《臺灣民報》記載，郭盈昌當然不認同警方的條件，但警察當局卻極力奔走而干涉工人，或勸誘、或威迫、所有權力都拿出來彈壓或懷柔工人。[169]

　　在鐵工所資方的響應下，警方的手段以緩慢的速度在起效果。截至1927年5月6日，113名罷工工人當中，前往會社結清工資、存款的依舊只有3人。不過，臺灣鐵工所隨即下達最後通牒，訂定5月7日至10日爲最終

---

168 同上註。
169 同上註。

發放期限，逾期不來領受者，資方將把這筆錢以標的物交付公共保管機關，一概掃除勞雇關係。[170]員工方面的態度於是稍告軟化，到了十七日全部清算完畢。[171]結清工資、儲蓄金的動作一旦完成，意味著工人的身分已從罷工者變成失業者。鐵工所下半年度的業務旺季即將到來，資方即將招募新工來取代這群不肯復職的工人。

　　不出幾日，地方警察局採取更大的動作，開始逮捕工會幹部與罷工者，把高雄機械工會的蘇龍允、郭清，及一位印刷店業者黃木榮，以脅迫罪、毀損名譽、違反出版規則及營業規則共三條罪名移送法辦，只因為他們在街上配布反對工賊的傳單。這背後的故事是，先前鐵工所罷工之初有鄭姓男子不願加入工會，又有一工人楊天生，先是入了工會即逕自脫退，於是工會書記蘇龍允、幹部郭清兩人印製傳單千份，將鄭、楊兩工人斥為叛徒[172]，黃木榮則是幫蘇龍允印傳單的印刷店業者。5月25日，蘇、郭、黃三人被押送到法院候審。順帶一提，除了蘇龍允身為書記以外，郭清同樣是機械工會重要的工人幹部，罷工開始時代表工人向資方談判的就是他，可以知道日本檢調在起訴人的時候，對象是挑過的。經審，郭清被判處懲役六個月、罰金30圓，蘇龍允則懲役四個月，罰金同樣30圓。[173]

　　面對資方與警方的雙重打擊，高雄鐵工所罷工團已陷入危機，為了避免會員內部漸見增長的軟化與分歧，以及各別找資方復職的行為，機械工會做了戰略上與組織上的調整。首先，對資方採取法律行動，透過訴訟要求發放罷工期間的工資，以及其他相關法定權利，但行動的結果今天並不清楚；其次，在內部設立救濟部，並由救濟部的8名工人委員[174]組成「罷工行商團」販賣日用雜貨，商團的收入用來救濟失業的會員；第三，組建勞方獨立營運的工友鐵工所，讓運作罷工所需的經濟來源不虞匱乏。[175]

---

170 見《臺灣日日新報》漢文版1927年5月8日〈對解雇職工最後通牒〉。

171 見翁佳音譯註，《臺灣社會運動史：勞工運動、右派運動》（臺北：稻鄉，1992），頁130。

172 見《臺灣日日新報》漢文版1927年5月8日〈工友會員為脅迫罪解送法院〉。

173 見《臺灣民報》第一百六十九號〈出版違反案公判〉。

174 見《臺灣日日新報》漢文版1927年5月30日〈高雄委員出發〉，文中有這8名委員之姓名。

175 見翁佳音譯註，《臺灣社會運動史：勞工運動、右派運動》（臺北：稻鄉，1992），頁130。

　　最後，最重要的組織性調整是高雄機械工會經歷了一場人事變動，工人們推舉原臺南機械工會的工人幹部黃賜擔任顧問[176]，屬於蔣渭水的派系，自此以往，王風從所有媒體和官方關於鐵工所的紀錄中消失。由於史料不足，人事更動的詳情與原因已不得而知，但外部資料中存在著兩種說法。首先，警方的說法是由於文化協會、農民組合的幹部因案被拘，無法出來領導[177]，換言之，左翼的主要組織者都被抓走了，領導權因此無法維持。另外一個說法來自右翼，他們在《臺灣民報》上批評左派說：「（高雄鐵工所罷工）感覺著還缺乏好的指導者。好的指導者，是要有勇有謀，觀前顧後，不可單喊爽快話，使工友同胞陷於不利的地位才是。」[178]無論如何，由於工人在鐵工所運動中付出的巨大犧牲，以及遲遲得不到具體成果，或許是左翼的戰略失誤，或許是敵意環境的限制，或許是警方手段奏效，工會內部的保守傾向確實逐漸顯露。

二、罷工者行商團

　　1927年5月28日，鐵工所罷工團販賣部的8名工人委員在臺南火車站販賣愛心日用品，獲得市民廣泛的同情，甚至有人為買一包齒粉，投了5圓銀票，短短三天，商團就有三百二十餘圓的收入。[179]行商團的營收表現這麼好，既能宣傳罷工、更能確保經濟，罷工團就決定來辦個全島巡迴。他們向當局申請了行商的鑑札[180]，從臺南出發，經過嘉義、臺中[181]，繼續向北二十餘日，抵達臺灣的最北端基隆。

　　6月21日，行商團正在基隆宮廟門前陳列商品，忽然有好多私服的巡察，個個雄赳赳地站在販賣場周圍，把許多要來同情購買的顧客，嚇的跑

---

176 見《臺灣民報》第一百六十號〈機械工會陣容一新〉。
177 見翁佳音譯註，《臺灣社會運動史：勞工運動、右派運動》（臺北：稻鄉，1992），頁130。
178 見《臺灣民報》第一百五十六號〈指導者要緊〉。
179 見《臺灣民報》第一百六十一號〈罷業團來南販賣商品〉。
180 見《臺灣民報》第一百六十五號〈警察濫用職權威壓行商人〉。
181 見《臺灣日日新報》漢文版1927年5月30日〈高雄委員出發〉。

的了，膽子大一點的，雖然不跑，也不敢進前購買了。[182]警察把行商團傳喚到警署，訓斥道：「你們形式上雖然是販賣物品，而裡面是在煽動罷工，因為有害公安，所以不准你們在這裡做生意，明天即刻就要回高雄去。」及質問他煽動罷工的證據，他便說是警察認定的。嘿！警察的認定，這樣厲害呀！[183]

隔日行商團買好火車票，動身前往下一站宜蘭。不料一上火車就出現便衣警察，要求工人南下回高雄。行商團成員推託道，旅費已拿去買往宜蘭的車票，且票也剪了，沒辦法買票回高雄，縱使想回去，也必須等到商品賣完才有經費──總之宜蘭照去、商品照賣。警察拿他們沒辦法，竟一路跟著坐火車到宜蘭。當罷工者行商團抵達宜蘭車站，州高等特務馬上出現，強押著眾人到警察課去，甫一進門，警察課長破口大罵：「儞們是患了神經病嗎？基隆警察署命儞們要回高雄去，怎麼跑到我這地方來呢？」[184]警方把商團扣留在警察局，等待開往高雄的列車，無論一群人說要賣東西、要生存權、要看朋友，警察就是不放行。工人們不斷宣稱自己沒錢購買高雄的車票，警方既不補助，也不讓賣錢，七嘴八舌吵到最後，警察課只好下令全體員警向商團購買日用品。工人們一聽，坐地起價，市價2角的東西給警察賣到3角，還聲明這交易「是自由買賣，不敢強要人家買的，所以定價以下是一定不賣」。[185]結果是警察強制以市價買下商品，把商團送回高雄了。

在罷工團販賣部巡迴全島的時候，根據警方的紀錄，約有半數員工已各自歸里業農或轉行他業。到了六月八日，已有八名復職者，其餘的罷工員工四散各地，結果，爭議歸於自然消滅。[186]當初罷工的目標看起來全部沒有達成，好像王風個人被解雇導致一百多名工人跟著被解雇，一切努力

182 見《臺灣民報》第一百六十五號〈警察濫用職權威壓行商人〉。
183 同上註。
184 同上註。
185 同上註。
186 見翁佳音譯註，《臺灣社會運動史：勞工運動、右派運動》（臺北：稻鄉，1992），頁130。

只是徒勞。不過，《臺灣民報》也記錄了這場罷工的正面效果：「各工場
的勞働者、因四月中發生爭議當時就職於臺灣鐵工所者工資均各高起三割
至四割，而罷工團一邊至八月以來，各工場工事充盛且甚缺員故，各各就
業於各工場，其工資無不加增，勝過在鐵工所。因此可以知道勞働者的團
結，可以擁護自己的利益，並改善有利的勞働條件吧。」[187]

三、勞工自主企業

當高雄鐵工所的運動面對毀滅性的向下轉折，而許多幹部尚在商務旅
行途中，黃賜依舊留在高雄，想辦法推進「工友鐵工所」計畫，力挽內部
團結。根據警察的紀錄，當時全島社運團體捐贈的資金尚有一千圓餘款，
1927年6月4日，工會召集80名鐵工所前員工，決議以這筆錢為基礎，以
現代股份有限公司為形式，建立工人自己的事業體「株式會社明德工程
局」。[188]當天確立兩條初步綱領：

　　一、每株（股）額面二十圓；全部共收一千股。
　　二、六百名工友會會員各持一股，其餘向地方有志者公開招募。[189]

為了解釋明德工程局的設立原因，及其背後的精神，主事者更對外發
表一篇宣言：

會社設立趣意書

　　凡欲圖機械事業之發達進步，非有完全之機關不可。我高雄雖為工
　　業之地又為貿易之港，其發達為他處所難望項背，然機械工業之機

---

187 見《臺灣民報》第一百八十四號〈高雄勞働界的現狀〉。
188 見翁佳音譯註，《臺灣社會運動史：勞工運動、右派運動》（臺北：稻鄉，1992），頁131。
189 同上註。

關僅一臺灣鐵工所而已，此外並無可觀之工場，實為識者所引以為
憾之事。

如今，高雄港之進步發展日益顯著，機械類之需要量日漸增加，僅
臺灣鐵工所一處猶供不應求。於此，設立適當之鐵工所，洵為適宜
之時也。然將來欲經營此種事業者，所應深加考慮之事，在於回避
勞工爭議也。現在，在方法上，內地方面應透過採用利潤勞資分配
制，或改善勞工待遇，以增進相互之利益；但在本島上，雖然自臺
灣鐵工所與員工之間爆發爭議後，全島到處爭議頻發，然而，當局
卻罔顧時潮，圖弄時代錯誤之手段，偏重於擁護資本家之地位，罔
顧勞動者之痛苦，進而阻礙事業之發展。其影響所及，實令人心寒
不堪者。匡正之道，全在於尋求勞資協調、互相援助，以謀共存共
榮者。

吾人有鑑於此，即放棄以往之偏重資本主義，基於勞資協調真正精
神，謀求相互永久之幸福，使勞工為株主（股票主），以勞資一
致、增進生產效率及利益均等來完成事業。

株式會社明德工程局即基於以上的理由而設立之。[190]

　　這份趣意書顯示出，右翼人士主導高雄機械工會以後，創設工友鐵工
所的計畫出現了微妙的差異。當初左翼規劃的時候，工友鐵工所只是階級
運動的補充，它的存在是工具性、附屬性的，主要是為了取得資金維持總
體運動的運轉。然而，右翼這份宣言卻把該計畫的附屬性地位上升到社會
運動本體論的高度，因而工友鐵工所變成相對於階級鬥爭理論的另外一種
運動路線、一種可供選擇的替代方案──既然工運右翼在宣言裡主張以非

---

190 同上註，頁131-132。

資本主義的方式尋求「勞資協調、相互援助、以謀共存共榮」，可以視為是一個在殖民地資本主義大環境下進行的、小規模的烏托邦社會主義實驗。

右翼人士的內在信念是否定階級鬥爭的必然性，在臺灣史的脈絡裡，這意思是否定了新臺灣文化協會分子的所作所為。既然勞資衝突可以用勞資合作來取代、來避免，就為工運右翼打開了民族主義在理論層次的生長空間，同時也創造了一幅政治願景：在那裡，臺灣工人階級可以跟進步性的民族資產階級合作，共同對抗日本殖民者。這份意識形態後來逐漸演化成「臺灣工友總聯盟」初期所標榜的組合主義，並經由其組織工作的成功，在1928年的臺灣工運界形成文化霸權。

至於在實踐的層次，工友鐵工所的準備工作並不順利，波折不斷。黃賜首先在高雄三塊厝設置了臨時工場，更主導協議將工友會會員的出役，及罷工員工所經營的雜貨行商所得之七百三十餘圓利益金轉作開設工場的資金，同時也著手建築二棟平房式的工場，但在八月十五日因遭暴風，臨時建築倒塌，損失不貲，因而計畫一時頓挫。[191]所幸有蔣渭水出面向民眾黨系的有力者募款，恰逢當時淺野水泥工廠資遣員工，黃賜便勸說淺野的工會會員拿資遣費來投資[192]，種種收入加起來得到2,240圓。[193]

1927年11月末，新工廠終於建設完成，它被重新命名為「高雄工友鐵工所」並在1928年正式開業。整個營運系統被設計來限縮資本的權力、擴充勞動的權力——該願景被清楚寫進章程：「失業而欲在本工場工作者均可投資，但未投資而工作者，或投資而未工作者，不得置喙工場經營之事。」[194]因為公司的營運由工人自治自理，八小時工作日實施了，廠內更開設商店，為工人提供低於市價的日用品。相較於當時普遍惡劣的勞動條件，高雄工友鐵工場已是模範事業。據說其營業項目包括：機械製作、農

---

191 同上註，頁132。

192 見《臺灣日日新報》漢文版1927年12月12日〈高雄工友會組織鐵工場豫定不日興工〉。

193 見翁佳音譯註，《臺灣社會運動史：勞工運動、右派運動》（臺北：稻鄉，1992），頁132-133。

194 同上註，頁133。

家用具、家庭器具、建築金物、醫科機械、設計承包、電鍍、各種金屬物之販賣修繕等[195]，看似繁榮。唯一令人感到不解的地方是，高雄工友鐵工所計有員工40名，當初高雄臺灣鐵工所罷工後失業的員工，卻只佔了其中4名。[196]

　　高雄工友鐵工所從一開始就具有反帝反資的傾向，或許它是臺灣史上第一次進行的現代社會主義的實驗，試圖讓工人與企業所有者合而爲一，在不依賴「老闆」的情況下獨立進行工廠的運作。可惜的是，受限於史料匱乏，其營運狀況今天並不清楚。一九二〇年代這類勞工自主企業寶貴的實踐經驗，只能留待後之來者進一步探究。

---

195 見《臺灣民報》第一百八十九號〈高雄工友鐵工場開始工作了〉。
196 同上註。

第三章

成熟期（1927-1929）

第一節　右翼工會崛起

一、民族主義、勞資協調與工團主義

　　從1927年春天開始，臺灣鐵工所罷工事件捲起一連串工潮，新生工會組織如雨後春筍般竄出，更在人們心中長出了不同的意識形態，分別用不同的方式解釋同一組做為基礎的社會關係。有鑑於1927年間一系列罷工行動多半以資方、警方聯手鎮壓失敗收場，而站在第一線發動抗爭、賭上身家性命承受行動風險的工人，不少都以失業告終，運動圈內遂出現反省運動戰略的呼聲。批判對象是左翼分子掌握的新臺灣文化協會，以及所主導的主流社運路線「階級鬥爭」。這是工運領導權爭奪戰的一部分，右翼對左翼的批判主要從兩個角度切入。

　　第一種批判，著重論證「民族鬥爭」路線優於「階級鬥爭」路線，而民族優先的原因主要是訴諸臺灣特殊性。1927年5月27日，蔣渭水受邀到新竹木工工友會演講[1]，結束後受邀到文化協會新竹支部樓上辯論「新舊文協主義」孰優孰劣。《臺灣民報》記錄了蔣氏辯論時的片段：「植民

1　見《臺灣民報》第一百六十一號〈木工工友懇親茶話會〉。

地若不曉得採取以農、工、商、學、各界爲基礎而從事於民族運動的法子，僅要靠帶有第三國際色彩的階級鬥爭，可以決定其無望達到光明的路。」[2]《臺灣民報》在6月26日又刊登一篇〈在臺灣的階級鬥爭是脫不出民族運動〉，深化了理論：因爲臺灣工業太落後，工人階級人數太少，所以臺灣工人應該跟臺灣人內部的其他階級聯合，才有可能實現「自由平等」。

> 於臺灣的階級鬥爭之當事者，既然爲數無幾，而其所發生的事體，也就不能夠看做是臺灣全體的重大問題了。那末要用階級鬥爭的法子，來領導臺灣人，想要使其達到自由平等的地位，恐怕是不對呀！

> 就臺灣的階級鬥爭而言：同一工場內的勞動者，內地人與臺灣人，不能夠共同一致的事，是事實在證明的。勞動者所以能夠與資本家對抗者，唯有靠著一件團結的力。而勞動者的團結，是不能夠因國境或民族而區別的——馬克斯在共產黨的宣言，大書特書著「萬國的勞動者須團結」。然則臺灣的階級鬥爭，於勞動者自身，既經失卻團結的可能性，簡直說是基礎不堅實的鬥爭吧。[3]

縱使臺灣人資本家跟臺灣工人會有利益相牴觸的時候，但因爲日本殖民者更欺負人，所以合作是有可能的，不必然互鬥。或者反過來說，不合作的話，臺灣工人階級以其自身的「不堅實性質」，不可能獨力勝過日本殖民者，連臺灣人資本家都贏不了。簡單說，工人聽文化協會的話去鬥臺灣資本家，鬥到最後你在社會上就沒朋友，不如跟臺灣的地主資本家協調，槍口一致朝向殖民者。這個「勞資協調、共同抗日」的願景正體現在

---

2 見《臺灣民報》第一百六十一號〈新舊文協主義的討論〉。
3 見《臺灣民報》第一百六十三號〈在臺灣的階級鬥爭是脫不出民族運動〉。

「臺灣民眾黨」內社會主義者與進步民族資產階級的合作上。邏輯上，「勞資協調的可能性」蘊含「民族主義的可能性」，同時也蘊含「各階級聯合抗日的可能性」。不過前提必須是無產者繼續無產、資產者繼續有產，否則這兩個範疇一旦消失，就連「協調」這個動作都不需要了。

第二種批判，著重在論述工人的實質利益應該取代所謂的「階級鬥爭」，當作運動的最優先目標，而「勞資協調／民族主義」更有可能達成工人的日常利益。在工運的領域裡，右翼主要是用這個論述來批判做為1927年社運主流的階級鬥爭路線，並由此證成「工人不要跟著文化協會走」。早在1927年5月，《臺灣民報》上的「小言」專欄就有這樣的批評：

> 考察這次高雄鐵工及全島的同情罷工，才知道臺灣人工友同胞，是很有義氣的、很勇敢的，真是個個抱著見義不為無勇也的志氣。這點在臺灣勞働運動上，是很可喜現象，同時感覺著還缺乏好的指導者。好的指導者，是要有勇有謀、觀前顧後、不可單喊爽快話，使工友同胞陷於不利的地位才是。[4]

罷工運動對工人是「不利」或「有利」，是一個重要的判準。這個思路推到徹底，抗爭行動帶來的「實質利益」就成為考核運動成功與否的最終判準——這樣一種邏輯，比如說，如果罷工最初的標的是要求加薪與改善勞動條件，行動結束之後，就得來考察加薪是否有實現、勞動條件是否真有改善，如果都有，這就是一次成功的抗爭，反之不然。隨著勞工運動的開展，右翼分子抱著這種邏輯，跟左翼比較抗爭行動的成敗，以證明己方路線的優越性。例如，在臺北印刷從業者組合的罷工結束以後，右翼機關報發出這樣的浩歎：

4　見《臺灣民報》第一百五十六號〈指導者要緊〉。

臺北印刷工的勞資爭議，至去十九日已經完滿解決。其協調的條
件，雖然不說是全歸工人的得勝，但也可以差強人意。比之高雄鐵
工場，以及嘉義營林所的失敗，可以說是勞働者的成功了。[5]

事實上，臺北印刷從業員組合這場由右翼主導的勞資爭議，結果是談
判代表過度妥協，被其他工會會員大加撻伐。在訴求方面，一開始要求的
資遣費保障雖然有拿到，卻是資方七折八扣以後的東西，與此同時，還付
出了勞方每年短少約三十日工資與數個公休日的代價；在組織方面，好不
容易團結起來的三個印刷工組合，因為委員長黃江永想趁早結束爭議，對
資方的要求妥協，造成工會分裂。[6]

既然如此，《臺灣民報》這裡所謂「勞働者的成功」，指的到底是什
麼呢？它只能有一個意思，就是比起高雄鐵工所與嘉義營林所兩場大罷
工，臺北印刷從業員至少最後沒有失業。但照這邏輯，如果沒失業就叫做
「成功」，那所有工會只要從一開始就不行動、不罷工，什麼都不幹就已
經大獲全勝了。與此相對，被右翼視為勞動者的「失敗」的高雄鐵工所罷
工，雖然最初設定的目標「王風復職」並沒有達成，甚至還造成絕大多數
抗爭工人失業，結果卻讓高雄地區的平均工資提高了四成，失業而轉業的
工人，都得到更好的待遇。更重要的是，鐵工所罷工掀起了全島範圍的組
織化浪潮，讓工人階級成為島內新興政治勢力。用另一隻眼睛來看，鐵工
所其實是一場大勝仗，這和右翼論述者眼睛所見，正好相反。

工運右翼所標榜的這份「實質利益」，其實是種非常奇怪的宣稱，因
為它本身並沒有特殊性，所有人都認為抗爭的成效非常重要。換句話說，
左翼必定也贊成工人抗爭應該要追求最大的利益，並把不利益縮到最小。
這裡就遇上了某種千古難解的哲學問題，即：如何衡量「有利」或「不
利」？每個人眼中的利害都是一致的嗎？左翼大概會認為，右翼口中所謂

5　見《臺灣民報》第一百七十一號〈勞働者的勝利〉。
6　見本書第二章第四節之六：臺北印刷從業員組合。

的勞資協調的進步民族裡頭，工人一樣被資方踩在腳下，所以也不覺得那是利益之所在。因此，爭論罷工結果的利與不利，到最後只是淪為不同價值立場的重複表述，與其說真理越辯越明，不如說是看誰講得多，宣傳效果就更好。

可以發現，工運右翼所提出的兩條對「階級鬥爭」的批判進路，背後都有一個隱而不顯的命題：勞資協調的精神。這才是真正的議題。邏輯上，「利與不利」只是個幌子，沒有特殊性，只是被用來支撐勞資協調的合理性的論證道具──簡單說，勞資協調可以讓工人獲得更多利益，但這句話的真假值視情況而定。同樣地，民族主義本身也未必要求勞方跟資方「協調」，畢竟某種由受薪階級進行集體領導，而資產階級被工人領導的民族主義，在純粹想像中是有可能的。但為了跟民族資產階級聯手，達成「臺灣人大團結」的理念，工運右翼必須同時主張勞資協調與民族主義。事實上，左翼臺灣農民組合的領導人簡吉也提過一種「階級鬥爭包民族膜」的理論，跟蔣渭水的「以工農階級為中心的全民運動」基本一致[7]，但左翼並沒有因此推廣「勞資協調的精神」，他們認為這口號欺騙性高，也不覺得民眾黨裡的地主會支持佃農搞社會運動。

「民族主義」、「勞資協調」與「實質利益」，這三個互相補充、互相證成的論點，它們被提出的時間先後有別，卻隨著勞工運動的開展逐漸融貫為一個巨大的整體。首先，民族主義原則「同胞須團結」是蔣渭水在臺灣文化協會的左右鬥爭中提出來的；其次，勞資協調的精神以黃賜等工人肯認的「明德工程局宣言」為里程碑，揭示了一條空想社會主義的反帝運動路線，以區別於當年左翼；第三，「實質利益」則是右翼組織者為了與左翼爭奪運動領導權，在輿論中創造出來的衡量尺度。這裡，實質利益證明了勞資協調的合理性，勞資協調則證明了民族主義的合理性，這一環環相扣的意識形態總體，後來成為臺灣工友總聯盟成立宣言中標舉的「組合主義」（今譯工團主義），並隨著客觀歷史中因左翼工會的弱化、右翼

7　見《臺灣民報》第一百六十一號，蔣渭水〈對臺灣農民組合聲明書的聲明〉。

組織勢力的擴大，逐漸成爲殖民地臺灣工運的指導原則，並與臺灣民眾黨「扶助工農」的綱領相融貫。

不過，這裡也必須特別指出，當時並不是所有基層工人都相信右翼這一套「勞資協調、民族鬥爭」的論述。原屬右翼的「臺北印刷工會」與「臺北塗工工友會」，正是因爲在抗爭的過程中對右翼組織者的「協調性」，或曰「妥協性」抱有不滿，而加入左翼工會系統。事實上，左翼那幾票轟轟烈烈的大型抗爭工人們也看在眼裡。在新竹事件、臺南墓地事件發生，他們被捕坐牢之前，特別是在1928年2月臺灣工友總聯盟成立之前，左翼思想是臺灣工人運動的主流。意識形態在多大程度上成爲眞理，取決於組織力量的對比。

二、新竹木工工友會

工運右翼這份藉由「勞資協調的精神」來實現工人「實質利益」的意識形態，最好的案例是1927年吳廷輝協助下所成立的新竹木工工友會，與其隨後的勞資爭議事件。該工友會於全島總罷工的風潮中開始活動，陸續舉辦了演講會、懇親會等活動[8]，並於1927年6月7日辦理正式的發會式。會上，蔣渭水、臺北木工工友會林謝烏番、《臺灣民報》記者陳菊仙（即新竹有名的社會運動家陳旺成／黃旺成）皆到現場，後者並擔任顧問一職。[9]

新竹木工工友會趣意書

在現代的經濟組織之下，專賴「雇傭所得」——沒有自決的收入的勞働者，要算是社會上的最弱者了。試想！我們平常用著全身的勞

---

8 見《臺灣民報》第一百六十一號〈木工工友懇親茶話會〉。
9 見《臺灣民報》第一百六十二號〈新竹木工工友發會式〉。

動能力，貢獻於共同生活的「生活資料」之生產──生產機關──
而其所享受的，不是僅免於饑寒而已嗎？

在文化燦然的現代的共同生活之中，我們尚須徬徨於貧窮線下，做
那「食無求飽，居無求安」的生活。尤其是一旦發生疾病，馬上尤
要陷於悽慘的苦境。有時候，連天賦的生存權，也要保不住呀！我
們這種的悲哀，若是為著自己的懶惰招來的，還是沒有什麼話說，
其實大部分是受著少數把持生產機關的人們的壓迫和榨取使然的
呀！

這樣不自然──不合理的社會現象，簡直是在待我們勞働者的
力──正義來改革的。但是一身之外無長物的勞働者，既然沒有金
力，又沒有權力要拿什麼來改革這不自然──不合理的社會狀態
呢？

「團結」！！就是勞働者唯一可持以開拓生面的原動力吧。勞働者
的團結力，換句話說：是正義──真力。用這正義──真力做武
器，所要求的不過是生存權──勞働權的確立而已。斷斷不是要希
望取得特別優越的權利。所以有良心的生產機關的把持者，若懂的
容納我們合理的要求，社會的共同生活，自然可以向上，而「階級
鬥爭」的病的社會狀態，也可以消滅。

我們新竹木工工友會組織的趣旨：是在涵養工友們的團結性，並計
畫確立生存權──勞働權這麼一回事而已。

工友們呀！我們的團結，是時勢在要求的，刻不容緩喲。[10]

10　見《臺灣民報》第一百五十七號〈新竹木工工友會的組織〉。

　　該工會6月間甫成立，9月便在工人的要求下發動了一場要求提高工資的勞資爭議，並且不用「鬥爭」的方式，只用「協調的精神」，就取得了極好的「成功」。

　　《臺灣民報》以醒目的標題〈木工與店主的爭議根據協調的精神圓滿解決〉報導這次事件。1927年9月25日，新竹木工工友會一部分屬於建具指物店[11]的50名工人，於午後臨時停工，開會決議，向店主提出工資提高三成的要求，且限期10月1日以前必須調薪，不然就罷工。當日，工友會囑託顧問陳菊仙做中間人向雇主交涉。陳菊仙做了兩件事，首先，他叫工人不要罷工，如常上班；其次，他獨自一人跑去找店主們談，而工會會員根本不知道他談了什麼。四天以後，他回來向工人報告，店主們同意提高工資，但只有一成。10月2日，陳菊仙陪同工人前往店主處，承認加薪一成的約定。部分工人不滿意這份協議，前來「鬧場」，但被合力排除了。[12]這是「協調的精神」具體的操作方式，並非工人自己去面對資方，而是由代議士居中斡旋，使勞資雙方「各退一步」以達成妥協。。

　　儘管店主當中多數同意勞方的訴求，卻亦有部分主張堅決不調薪。之所以前者的意見被付諸實行，而非後者，乃因為罷工箭在弦上，資方不得不儘速達成協議。這裡唯一算得上圓滿、協調的地方，大概是罷工行動沒有成真，此即所謂「消滅了病的階級鬥爭」，其「實質利益」則是遠低於工人預期的一成調薪，但至少沒有失業。不過這種「勞資協調的精神」確有其物質基礎——事實上，這起事件如果真的發動罷工，勞方很可能真的全部失業。因為參與罷工者最多只有50人，對資方來說，全數解雇，再招新人，並不費事。當年產業規模的落後與狹小，同樣限制了抗爭的規模與力道。

　　總結起來，當年陳旺成操作的這種「協調精神」，在客觀上將工人陷於欲求不滿的狀態，且工會的內部民主與工人做為運動者的主體性，也被

11　日文「建具」指的是門窗、門扇之類的東西；「指物」則指室內家具。

12　見《臺灣民報》第一百七十七號〈木工與店主的爭議根據協調的精神圓滿解決〉。

代議士給取代了，然而，總算沒有失業，也確實要到了一些東西。從這個角度來看，與其說工運右翼推銷的「勞資協調」是一種不同於階級鬥爭的「運動路線」，不如說，他們在推銷一種風險較低的運動手段，並且爲了降低風險付出了方方面面的代價與妥協，像是讓代議士壓抑直接民主。只不過，爲了與臺灣民眾黨中的資產階級做出妥協，爲了「臺灣人大團結」的理想，這種社會運動的「方法論」卻以「本體論」的高度呈現在眾人面前。而當勞資協調的精神從本體論的高度退下來，回歸其手段的地位，即當右翼工運分子發現，勞資協調只是視情況而定的辦法之一，而不如資產階級同路人所說的是「路線」本身，民眾黨就要分裂了。

三、右翼組織工作的進展

1927年7月，臺灣人第一個政黨「臺灣民眾黨」成立，並確立「民族主義」、「扶助工農」等綱領，這使得工運中的右翼勢力得到進一步強化——其政治化的高度，加倍放大右翼組織者對基層工人的吸引力。試想，以社運明星蔣渭水爲中心結成的勢力，既有政黨可以在全島層級推動政策，又有工會團體在基層執行，既有無產階級巨大的動員力，更有資產階級的社會資源，如此完整的一套政治機器，能不跟他們混嗎？

於是，右翼的組織版圖在1927下半年大幅度擴張，越來越多基層工會進入右翼的網絡，跟民眾黨協同行動。到了1928年2月，右翼工會系統已從最初的兩家工會，增加到約30家，在蔣渭水的積極鼓吹下，這些工會聯合成臺灣第一個全島性工聯——「臺灣工友總聯盟」。不能不說，這是臺灣工人階級一次偉大的行動。茲根據《臺灣社會運動史》與《臺灣民報》的資料，將這個階段右翼系統的工人組織整理爲下頁【表2】。

這裡特別指出一點，這些新成立的工人組織雖號稱右翼，但絕大部分都是極富戰鬥性的。多數不是在抗爭中成立，就是成立了就準備抗爭。雖然當年的左翼總是批評右翼組織者具有「妥協性」，老是在抗爭中扯工人後腿，但至少人家也有在打仗。與其說右翼分子不搞階級鬥爭，從新竹木

【表2】右翼工會系統所屬組織（截至1928/2/19工總聯成立）

名稱	成立時間	代表幹部或組織者	會員數（1929年警方統計）	備註
臺北印刷從業員組合	1920年1月	黃江永	650	本島人最早工會團體，於5月勞資爭議事件中加入右翼系統。
基隆運送從業員會	1927年	不詳	不詳	
基隆店員會	1927年	不詳	不詳	
臺北洋服工友會	1927年	不詳	不詳	
臺北製餅工友會	1927年	不詳	不詳	
臺南機械工友會	1927年1月1日	盧丙丁 黃賜	81	疑原為左翼工會。
臺灣南部印刷從業員會	1927年3月6日	薛塘	76	原本為獨立工會，後加入右翼。
臺北塗工工友會	1927年3月20日	李規貞	128	後加入左翼，改稱臺灣塗工會。
臺北木工工友會	1927年4月8日	王錦塗 林謝鳥番	470	
高雄機械工友會	1927年4月12日	黃賜 王風	613	原名高雄機械工會，屬於左翼，後加入右翼改稱工友會。
臺北石工工友會	1927年5月10日	馮金木	56	
臺灣水土工友會	1927年5月8日	林秀	341	
臺南木材工友會	1927年5月15日	黃賜	260	
臺北店員會	1927年6月4日	陳木榮	263	
新竹木工工友會	1927年6月6日	吳廷輝	283	
臺北褙箱工友會	1927年6月14日	林大排	61	
桃園木工工友會	1927年6月29日	楊連樹	91	
臺南店員會	1927年7月23日	吳世明	125	
臺北鉛工工友會	1927年9月	方青雲	不詳	
臺南總工會	1927年9月21日	盧丙丁	895	由臺南木材、機械、印刷、土水四工友會整併而成。
臺北砂利船友會	1927年10月10日	不詳	185	
基隆木工工友會	1927年10月10日	楊慶珍	不詳	

臺北秤茶套紙工友會	1927年10月29日	白清池	50	
蘭陽總工會	1927年10月31日	李友三	不詳	
東港農工協會	1927年11月9日	薛步梯	不詳	
豐原店員店	1927年12月18日	廖進平	60	
基隆木石工友會	1927年12月29日	楊慶珍	不詳	爲原基隆木工工友會之擴大。
基隆洋服工友會	1928年2月1日	不詳	不詳	
臺北金銀細工工友會	1928年2月11日	李品三	112	
基隆行商自治會	1928年2月14日	不詳	不詳	
基隆水土工友會	1928年2月16日	不詳	不詳	
臺南勞工會	1928年2月16日	盧丙丁	28	組織對象爲自由勞動者，即人力車夫、路店、攤商等。
基隆理髮工友會	1928年2月17日	不詳	不詳	
基隆砂炭船友會	1928年2月17日	不詳	不詳	
臺灣工友總聯盟	1928年2月19日	李友三	6114	

資料來源：合併自《臺灣民報》歷年報導與翁佳音譯註《臺灣社會運動史：勞工運動、右派運動》（臺北：稻鄉，1992）頁206-208之警方統計資料，兩筆資料相衝突處以《臺灣民報》所記載者爲準。

工工友會與陳旺成的表現來看，不如說是打著勞資協調的旗號在搞鬥爭，且誓言奪得「實質利益」以擴大組織勢力。因此，即使是右派，集體化與戰鬥化都是並行並進的。總而言之，當年工會成立的目的就是爲了實踐抗爭提高工人生活水平，因而工運組織必須在不斷的鬥爭中確立自身威信，方能在嚴酷的社會環境中尋得立腳之地，贏得工人的信任與支持，臺灣民眾黨這種「右派」和今天臺灣所謂的「右派」非常不同。

　　譬如臺北店員會之成立，本身就是一場抗爭，先有店主解雇工會會員，後有御用紳士辜顯榮出面，恐嚇工人，令組織工作幾近流產[13]；基隆運送從業員會則自成立以來，便受鐵道部官方忌恨，荷物系的主管大村

13　見《臺灣民報》第一百六十二號〈臺北店員會發會式〉。

某，時常對工人惡言相向，甚至阻撓運送工作，工會則在1927年9月6日發動半日罷工，要求官方撤換大村，成功將其逼退。[14]不過，象徵右翼組織勢力在1927下半年度最大進展的，其實是大稻埕茶業工人的組織，以及臺北砂利船友會罷工事件，在當年最為有名，詳見下節。

也有計畫在抗爭中組織工人，最後卻因為抗爭失敗導致組織工作同樣失敗的反面例子。因為工會最後組不起來，所以沒有列入上面這份清單。譬如苗栗油礦坑的罷工事件——該礦坑所屬本島人鐵工五六十名，1927年6月，向會社提出提高工資五成的陳情書，當時該坑日本工人日給2圓，本島人只有八九十錢。最初，廠長木下氏推託，說主任不在，無法回應；後來一路拖到10月中旬，才向工人報告說只有其中24名陳情者可以加薪，共24錢，換言之，一人只加薪1錢。當日工人們便罷工下山，不數日，會社單方面禁止罷工工人回去上班，工友會的組織亦告瓦解。[15]

四、大稻埕茶業工人運動

大稻埕工人的組織化運動起源於茶箱包裝工人，在蔣渭水工作下，逐步擴大至其餘茶產業相關工人。當時，供應全臺北茶商包裝用木箱的業者共有13家，下屬工人的待遇都非常不好。茶箱的生產組織則分為木板組裝、裱紙兩個部門，即先把木箱組立，再把紙貼上包裝。

木板部門的工資採計件制，每日換算為工資，當日工作當日領錢。根據當年《臺灣民報》的調查，其生產環節分為「合板」、「鑿柄」、「組立」三個部分——其中合板六片一組僅值4厘，每人每日可做出約150組；鑿柄四片一組值6厘，每人每日可做出約100組；組立木箱一個1錢2厘，每人每日可完成50個；且茶箱又有分大中小，尺寸若是中、小，其價值更要向下打到七折、五折。這樣換算下來，每個工人一天最多只能賺到大約60

---

14 見《臺灣民報》第一百七十四號〈基隆運輸從業員全體罷工半日〉。
15 見《臺灣民報》第一百八十四號〈苗栗出礦坑罷工團被壓迫〉。

錢，如果都做小尺寸茶箱，僅能領到24錢。

　　管理制度也不公平。在茶箱業者與木板組立工人中間，還設有一個居中剝削的「職長」代理業主監督員工，其收入來源是從工人們已經低到可憐的計件工資中，再計件抽取一手。而後，當茶箱送到茶商手上，包裝封箱的工作同樣由工人來做，收錢卻是職長在收。

　　裱紙部門又是另外一套人力調度方式，這裡是由茶箱業者以每箱的裱紙1錢5厘的價碼承攬給「職長」負責，再由職長分配工作給裱紙工人。不過，裱紙工人的工資不是計件，而是月薪，每個月7到15圓不等，比木板工人還廉價。除此之外，木板、裱紙兩個部門的工時，同樣是從早上四點半做到晚上十點，每日超過17小時，簡直非人的待遇。[16]

　　1927年6月，茶箱工的不滿由木板部門的工人首先爆發出來，他們加入了臺北木工工友會，推舉當時工友會的委員長王錦塗爲代表，向茶箱業者斡旋。裱紙工人方面動作較慢，由於裱紙工作不同於木工，便在右翼分子的協助下，於6月14日新成立一個「臺北褙箱工友會」，由工人幹部李大排對外代表。

　　木工工友會首先要求撤廢「職長」一職，禁止居中剝削，倘若資方不撤職長，則應該由資方來負擔職長的收入，不能從工人的工資裡吸血。其次，合板、鑿柄、組立的計件工錢應當不分尺寸分別上調到9厘、1錢1厘、2錢，而由茶商出資的釘蓋工錢，也該歸給勞方，如果職長硬要抽一手，當由茶箱業者另外支出4厘給工人同職長去分。褙紙工友會則直接要求工資提升爲原本的兩倍，且勞動時間從17小時縮短至12小時，從上午六點做到下午六點。

　　1927年6月15日，9名工人代表與14名茶箱業主代表面談於臺北蓬萊閣，舉行「箱工對箱主要求增加勞銀交涉會」[17]，其結果，工資全面上漲。[18]然而，到底調漲了多少，工時縮短了多少，新聞紙沒有留下資料。

16　見《臺灣民報》第一百六十四號〈茶箱工要求待遇改善〉。

17　同上註。

18　見《臺灣民報》第一百七十七號〈秤茶套紙工組織工友會〉，文中提到茶箱工行動的結果靠店主

臺北木工工友會與褙紙工友會打出戰果，樹立右翼工運在臺北地區的威信，茶箱工工資調升的消息開始在大稻埕傳遞，工會運動也在茶相關產業的工人之間擴散開來，於是有了臺北秤茶套紙工友會的成立。1927年10月2日，秤茶工與套紙工五六十名在民眾黨所屬的臺北民眾講座舉行了盛大的發會式，選舉了何傳、呂鰻、王添才、白清池等人做工會幹部，並聘請蔣渭水與王錦塗擔任顧問，當場決議要在下半年度要求茶行店主提高工資，其升價標準等同於木工工友會與褙紙工友會。不數日，秤茶套紙工友會便在蔣渭水的協助下提高了工資，並展開遊說全臺北茶商公會的行動。[19]

不過，由於後來的消息不再有新聞紙相關報導，對於當年大稻埕茶相關產業的工會運動狀況，後續無法再有了解。

五、臺北砂利船友會

臺北砂利船友會成立於1927年10月10日，砂利即今之砂礫。淡水河裡的砂石名義上是公共財產，然而，當年的採集權卻是壟斷性的，由殖民政府臺北市役所轉交給臺北工業株式會社獨佔經營，會社再依個別砂石工人的採集量發給工資。市役所並且從中抽取部分傭金。

淡水河砂石採集工人起初並沒有工會，以至於個別勞資爭議層出不窮，臺北市役所於是出面調停，指定臺北工業會社向採集工人買收砂石的價格。即便如此，會社依舊時常以各種名目壓降價碼，用低於市役所指定價格的金錢向砂石工人計算工資，例如巧用砂石品質的分級制度，將細沙以粗砂的價格購買。工人不堪如此壓榨，於是在蔣渭水的協助下成立工友會與會社對抗。1927年10月8日，砂石採集工發動罷工，並派出4名委員陪同蔣氏，於10月12日前往會社、市役所兩個方面陳情。[20]工友會方面對臺北工業會社支配人加藤氏提出兩項訴求：

的同情成功提高了工資，但沒有關於工時的部分。

19 同上註。

20 見《臺灣民報》第一百七十八號〈臺北砂利船友會成立〉。

一、要求照市役所指定之賃金表支出工資。

二、要求砂利等級的評定要正當不得降等評定。[21]

加藤氏答覆，這兩項要求會社現在是遵守的，未來也會遵守，至於從前有無違反指定賃金表的情事，不可確知，會社方面會詳加調查。[22]這是典型的官方說法。而根據警方的紀錄，工會之所以挑在這個時間點發動罷工，是因為日本皇室朝香宮鳩彥親王即將來臺巡幸，臺北州當局準備修補臺北到淡水之間的道路，預計需要240坪砂石。[23]當局對砂石的需求，與其緊迫性，讓勞方有了對資方談判的籌碼。

於是船友會一方面展開罷工，另一方面，召集135名工人進行連署，向臺北市役所遞交陳情書，要求當局嚴格監督臺北工業株式會社，勿使會社一如既往地剝削工人。[24]工會更印製「砂礫採取人的呼籲」等印刷品廣為散發，致力於喚起輿論注意。[25]在會社方面，雖然因罷工而陷於暫時無法採取的狀態，但由於貯藏量還相當多，故能如數繳納所需之砂石。他們進而雇用十六隻臨時大型砂石採取船進行採取，因此在事業上並未受到阻礙，所以完全不理會罷工。[26]

勞資雙方僵持不下，萬華有力者蔡彬淮於是出面斡旋，在市役所、會社與工人三方面來回奔走，終於使會社方面接受工人的要求，承諾往後將依市役所指定之價格向工人買收砂礫。勞方得勝利。在蔣渭水的精心安排下，臺北砂利船友會在隔年1月2日晚間於艋舺三仙樓召開祝捷大會，大宴工友，出席人數多達百餘名。[27]

21　見《臺灣民報》第一百七十九號〈砂利船友會對工業會社提出要求條件〉。

22　同上註。

23　見翁佳音譯註，《臺灣社會運動史：勞工運動、右派運動》（臺北：稻鄉，1992），頁92。

24　見《臺灣民報》第一百七十九號〈砂利船友會對工業會社提出要求條件〉。

25　見翁佳音譯註，《臺灣社會運動史：勞工運動、右派運動》（臺北：稻鄉，1992），頁92-93。

26　同上註，頁93。

27　見《臺灣民報》第一百八十三號〈砂利船友罷工解決會社應工人之要求〉。

第二輪勞資爭議發生在1929年11月。船友會接獲會員申訴，臺北工業株式會社的承包工頭王某時常辱罵船工，命令船工運送砂石到規定以外的河岸，且不支薪。11月8日，委員長王金火前往質問王姓工頭，調查工友所言是否屬實，被王某當場辱罵。隔日，船友會聲明將起罷工，並通知枋寮地區相關砂礫搬運單位。[28]

臺北工業會社派遣一位社員出面仲裁。該員一面斥責工頭無理，並聲明規定外的搬運必須多付工錢；另一面則承諾船友會，可以找別人受取砂石，免與王姓工頭授受。對於會社的仲裁，船友會表示接受，遂與承包商做成協議，罷工取消。《臺灣民報》報導，船友們十分滿意臺北工業株式會社對包商的處置。[29]

六、臺北華僑總工會

右翼的組織工作有一項特點，他們積極介入在臺中國移工的勞資爭議，嘗試將組織的觸角探入華僑社群。這當然跟蔣渭水一派人的民族主義信念有關，他們更從中開展出「本島—大陸工人聯合戰線」的政治想像，且真正將想法付諸實踐——除了讓本島人、大陸人成為同一個工會的會員，更曾發動本島人、大陸人建築工的聯合罷工。[30]

順帶一提，「華僑」這個詞指涉「僑居的華人」，在當年的語境裡，因臺灣人屬於日籍，非華籍，故各家新聞紙普遍用「華僑」來指稱滯留臺灣的大陸人。民族與國籍之間存在著斷裂，這樣的觀念偏離了現代國族主義建構，然而在當年臺灣人的腦袋裡頭是實際存在的。即使是反殖民的戰將、漢民族主義者，譬如蔣渭水，也會用「華僑」指涉在臺中國人，再主張自己的民族屬於漢人。

根據《臺灣民報》報導，當年中國人要到臺灣來有兩個不同的管道，

---

28 見《臺灣民報》第二百八十七號〈請負工頭無理致惹船友罷業〉。
29 見《臺灣民報》第二百八十八號〈砂利船友罷業已完滿解決〉。
30 見本章第三節之七：臺北木工工友會。

持中華民國「護照」來臺者多半是紳士階層，代表著中日兩國國民對等之交流；持日本領事核發的「身分證明書」來臺者則是勞動階級。臺灣總督府制訂了《支那勞働者取締條例》做為法源，將中國移工的人力仲介業務交由「南國公司」獨佔辦理。這造成中國移工平白遭受中間榨取，相當於今日臺灣之外勞仲介。據報載，當時島內華僑總數約在五萬以上，其中持護照者僅佔不到五分之一，因而四萬以上都是移工。在日本官憲刻意製造的勞動分斷體制之區隔下，移工的行動自由受到「取締令」約束，而有著遣返回國的可能性，故其政治地位遠不如本島工人；其經濟地位則多半屬於可替代之店員與苦力，缺乏向資方議價的能力；其勞動契約又受勞資關係以外的第三方「南國公司」介入，居中盤剝。綜上所述，中國華僑在島內殖民體制底下所受之民族差別待遇、歧視，比起本島人可說是有過之而無不及。[31]

　　因為這份體制性分斷的緣故，華僑移工的「僑運」，原自有其不同於本島社會運動、工人運動的組織脈絡——首先，華僑工會系統建立以前，在臺大陸人為求同仁間的互相援助、救濟，已經在全島各地建立了「中華會館」的據點。中華會館做為組織，並沒有明確的階級定性，除了大多數人屬於華僑勞工，也包括商人、學生。其次，隨著1927年島內工人運動的開展，華僑移工做為風潮之一部，新建立的華僑工會才真正擁有階級屬性，成為在臺大陸移工的第二批組織據點。然而，這些新興移工組織與本島工會系統多半沒有關聯。當時臺灣工運中的右翼人士所扮演的重要角色，便是透過蔣渭水的人脈將華僑的「中華會館」與「華僑工會」兩個組織脈絡聯繫起來，同時透過新成立共同組織或者共同鬥爭的方式，讓本島工人與大陸移工達到實際上的聯合。

　　事實上，蔣渭水與蔣渭川兩兄弟一直以來都跟華僑過從甚密，甚至很早就有本島人—大陸人聯合組織的經驗。早年，日本殖民政府禁止華僑在島內結社，蔣氏兄弟每每以本島人的名義發起組織，而掩護華僑加入，臺

31　見《臺灣民報》第一百四十六號〈臺灣的華僑工友會〉。

北總商會、臺灣蔣氏宗親會等等皆然。[32]因此，在一九二〇年代中期中華會館的僑運系統逐步確立的時候，蔣渭水與會館中的華僑幹部高銘鴻、楊兆康等都已經熟識。然而，做為工運分子的蔣渭水，同華僑工會系統建立起明確的組織關係，應當是發生在1927年3月臺北華僑洋服工友會的勞資爭議事件當中。洋服所指，即今日之西裝。

當時中國移工們團結起來，反對店主將原本工資的月薪制改為計件制，引發爭議行為，後經中華會館居中斡旋，使得雇主退卻。過程中，工友會方面還開設了自己的洋服店鋪來收容失業的爭議工人。為了這次事件，《臺灣民報》第一次聚焦報導了華僑工會的具體活動情形。[33]儘管臺灣工運右翼與華僑工會的詳細互動狀況不甚明瞭，至少可以確知，蔣渭水本人經常出席華僑洋服工友會的會議致詞演說，向華僑工人們傳遞高雄鐵工所罷工事件的理念。[34]1927年4月14日，則有右翼勢力嘗試組織臺北華僑人力車工友會，然而在警察的取締下被命解散。隨後，蔣渭水更在華僑洋服工友會的組織基礎上主導了1927年9月1日「華臺洋服工友會」的成立——顧名思義，這個工會成立的目標是要打開華僑移工團體原先的封閉性，引入本島洋服工人，以追求華僑與臺灣洋服工人之團結。《臺灣民報》簡潔有力地說明了右翼分子「本島—大陸工人聯合戰線」的政治想像：

> 從來臺北只有華僑的洋服工友會，這回因為要大同團結集中勢力起見，臺灣人洋服工友約八十餘名全部與華僑工友聯合一氣，組織華臺洋服工友會。這華僑臺人具有三同，一是民族同，二是階級同，三同是被壓迫民族，所以聯合為一是極應該的。[35]

蔣渭水一派對於華僑工會系統雖漸有影響力，卻遠不如其在本島人的

32　見陳芳明，《蔣渭川和他的時代》（臺北：前衛，1996）。

33　見《臺灣民報》第一百四十九號〈工友洋服公司將開業〉。

34　見《臺灣民報》第一百五十五號〈華僑洋服工友會開二週年紀念會〉。

35　見《臺灣民報》第一百七十三號〈華臺洋服工友會〉。

右翼工會系統掌握實權。華僑工會的政治權力，基本上依舊集中在中華會館與他們自己的工會頭人，因此，右翼這個聯合中國移工的民族主義計畫就必須透過這些中華會館、華僑工會頭人來完成。華臺洋服工友會計畫完成後不到半年，蔣渭水便透過他和臺灣中華總會館委員長高銘鴻的關係，由高氏引介各個華僑工會[36]，終於成功地把它們串連起來，於1928年2月21日（臺灣工友總聯盟發會式後兩天）建立了「臺北華僑總工會」。

臺北華僑總工會底下共有九個會員工會，它們分別是華僑線麵工友會、華僑料理工友會、華僑理髮工友會、華僑桶業工友會、華僑洋服工友會、華僑大工工友會、華僑皮靴工友會、華僑錫箔工友會、華僑細工工友會。發會式的現場懸掛著青天白日旗，由皮靴工友會會長傅金霖宣布開會，全體與會者並且起立對國旗行三鞠躬禮，再由中華會館高銘鴻朗讀孫總理遺囑。[37]種種儀式，充滿了中華民國風情。臺灣民眾黨王鐘麟、張晴川、右翼工會組織者盧丙丁、黃周、本島工人幹部陳木榮、林謝烏番等等皆到場參與。[38]右翼勢力打算讓臺灣民眾黨、工總聯、華僑總工會三者在組織上互相提攜，意圖十分明顯。

這裡，特將臺北華僑總工會的成立宣言全文抄錄於下：

> 同志們！今天便是我們華僑總工會成立的日子了。在成立中，我們不得不對大家解釋一點，關于這會發起的原因成立的目的，和將來的發展，使大家明白為什麼這會有成立的必要。我們的關係，在二十世紀新潮流澎湃中，我們最受打擊的，不外大我和小我兩問題罷了。我們工會雖有十幾個，但是十幾個中，都沒有親密的連合，和根本的組織，這工會是一個工會，那工會又是一個工會，雖有十幾個工會，勢力不能集中，非常渙散，所以要把這些異質的分子，組成一個強有力的總機關做我們一切的後盾、各團體的靠山，這便是此次總工會成立

36　見翁佳音譯註，《臺灣社會運動史：勞工運動、右派運動》（臺北：稻鄉，1992），頁101。
37　見《臺灣民報》第一百九十七號〈臺北華僑總工會聯合九團體舉行成立式〉。
38　見翁佳音譯註，《臺灣社會運動史：勞工運動、右派運動》（臺北：稻鄉，1992），頁102。

的第一的動機。我們華工僑居異土，彼此間不認識的不知多少，所以要謀感情上的融洽，這總工會又是十分的需要了。

我們華工受種種的壓迫，已經便忍不住了，現在要謀掙脫，非有一個強有力的總工會，不能辦得到，所以我們應該團結起來打消「門前雪瓦上霜」的舊觀念，組織我們利益的求得所、生命的保險庫，總工會自動地去解決，關於切己的生活問題，和提高工人地位等諸問題，免得被人家笑我們是一盤散沙、沒有團結性。這總工會是我們個個結合而成的，我們個個對於這會的成敗，都有直接利害的關係，所以對於這會的存亡，各人應該都負責任的。我們最後高呼臺北華僑總工會成立萬歲！[39]

七、臺灣工友總聯盟第一次全島代表大會

臺灣工運的右翼勢力，從1927年初僅有的臺北木工工友會與臺北塗工工友會，到1928年初已發展出約30個工人組織，且有能力經由臺灣民眾黨調度社會各界的資源，並進入中華會館的網絡逐步聯合在臺中國移工，其聲勢之浩大，已非草創之初可相比擬。1928年2月19日，臺灣史上第一個全島性工聯「臺灣工友總聯盟」正式成立，來自各地的工人聚集在臺北蓬萊閣大餐廳，辦理發會式暨第一次全島代表大會。

當天早上，來自全島南北各地的工人代表，百一十三名，陸續抵達臺北城內，接受右翼工運外圍團體「勞動青年會」的招待。繼而分乘59輛自動車，遊行全臺北三個市街，拜訪臺灣民眾黨本部與各工友會事務所。在當年，汽車是稀奇貴重的東西，這麼多汽車同時上路，簡直是場重金舉辦的嘉年華。日本統治當局見勞團勢如破竹，為了壓制其鋒芒，便派出警察，禁止全部汽車共同遊街，每分鐘僅允許三輛汽車出發。可是，遊行隊

---

39 見《臺灣民報》第一百九十七號〈臺北華僑總工會聯合九團體舉行成立式〉。

伍反而因此被拉得更遠、更長，頭尾相接有如一條長蛇——警察的干涉反倒造成預期外的效果，使得圍觀的市民群眾更多、更熱鬧。當天街上的場景，《臺灣民報》報導：「到處市民群集大呼萬歲，盛燃放爆竹，以表歡迎之意。如此意氣沖天的樣子，支配階級與資本家的牙城，想可不攻而就動搖罷了。」[40]

工人、市民盛大的遊行隊伍於當天下午三點集合，在蓬萊閣會場外頭合影留念——在這幅重要的歷史圖像裡，蓬萊閣正門口，高掛著黑色對聯，上頭寫著「同胞須團結，團結真有力」，各工會會旗一字陳列，並有花圈擺放於正面，贈送者包括臺北華僑、勞動青年會，以及市民有志諸多團體。合影結束以後，各地代表逐漸湧入會場，開會審議聯盟規則。下午三點半，出席人數已達三百餘人，臺北店員會幹部陳木榮宣布會議正式開始，而由基隆木石工友會組織者楊慶珍司會、臺南總工會盧丙丁擔任議長，高雄機械工友會黃賜起身報告工友總聯盟的創立經過，蔣渭水則負責主持議案，討論會則章程與顧問人選。會議一直進行到晚間八點半，方由臺北木工工友會林謝烏番宣告閉會，開始用餐。晚宴當中，更有「黎明演劇團」上臺表演，熱鬧非凡。[41]

有關臺灣工友總聯盟組織狀況、決議方向的討論，以及其與臺灣民眾黨的關係，本書擬在後面的節次中討論，這裡僅將創立大會當天通過的宣言、任務抄錄於下。從中可以見到，當年工人運動中的右派是如何運用包括帝國主義、先鋒隊、幼稚病、歷史使命等等馬克思列寧主義的理論觀念，來思索、證成自身運動實踐的合理性：

臺灣工友總聯盟創立宣言

帝國主義者受到歐洲大戰的影響，經濟界發生了恐慌，為了解決這

---

40 見《臺灣民報》第一百九十七號〈臺灣工友總聯盟成立了〉。
41 同上註。

個困難的問題，他們勢必不得不加強壓迫本國的無產階級，掠奪殖民地的民眾。於是乎，殖民地民眾受帝國主義的壓迫，又受世界潮流的刺激，因而逐漸覺醒起來。其中，殖民地勞工階級所處的地位，一方面受帝國主義的掠奪，一方面又受到當前社會制度上的經濟、社會性壓迫，因此，這個勞工階級的生活最為困苦。於此，殖民地的勞工階級很容易覺醒，走上解放運動之路，成為民眾解放運動的主要勢力，並且取得領導地位。這可以說是殖民地的勞工階級自然成為民眾解放運動的急先鋒——前衛隊。此即所謂殖民地勞工階級的歷史使命。

我們臺灣的勞工階級，在農、工、商、學四民之中，占第二多數，至少也有百萬人，實在是臺灣民眾中的重要部分。觀乎我們臺灣人的環境及地位，不能不感覺到我們臺灣勞工階級的歷史使命極為重要而且重大。因此，我們應該自認為是民眾解放運動的前衛隊，勇往邁進。我們為了要盡此天職，完成使命，必須集中勞工階級的勢力，組織統一的鞏固組織，信仰一定的主義，防止幼稚病與老弱病，把持理想，凝視現實，極力奮鬥。

我們這個臺灣工友總聯盟，是應時勢要求所出現的團體，是努力奮鬥擁護勞工階級權利的總機關，以盡作為勞工階級的政治、經濟、社會解放運動前衛隊的臺灣勞工階級之歷史使命。

臺灣的勞工們，請快快覺醒起來！

工場的工人、手工業、店員、各勞動大眾們，請一起集合到臺灣工友總聯盟的旗幟下來共同奮鬥！

臺灣工友總聯盟[42]

昭和3（1928）年2月19日，第一個全島總工會「臺灣工友總聯盟」於臺北蓬萊閣舉辦第一次全島代表大會，牆上懸掛聯盟催生者暨顧問蔣渭水（第一排坐者右5）所提出的口號「同胞須團結，團結真有力」，其他出席者有謝春木（第一排坐者右9）、廖進平、蔣渭川（坐石頭者右1、3）、盧丙丁（第三排中戴墨鏡者）等人。（蔣渭水文化基金會提供）

　　與此同時，1927年2月19日成立大會上所通過的章程，規定了臺灣工友總聯盟的任務如下：

一、援助工人及店員之團體組織及其發展

二、謀求統一全島勞工運動

三、指導全島各團體之行動

四、整理各團體之組織系統

五、保持各團體間的密切聯絡

六、調停各團體間的爭議

七、提高工人及店員的知識，改善其生活

八、促進各團體間互助之切實

九、保障工人及店員的利益，解決失業問題，進行職業介紹的設施[43]

　　1927年7月，臺灣工友總聯盟本部在《臺灣民報》發表了〈臺灣工友總聯盟的指導原理〉，這篇文章當中，蔣渭水論證了當年工人運動右翼的行動原則「組合主義」，其在殖民地臺灣特殊環境裡的合理性。這是一份重要的文件，這裡將全文抄錄於下：

臺灣工友總聯盟的指導原理

什麼叫做組合主義？工人在資本制度的範圍內，工人階級的勞動條件改善維持的運動，就是組合主義。

勞動條件的改善、勞動工資的增高、勞動時間的短縮為三大主要目的。

42　同上註。

43　見翁佳音譯註，《臺灣社會運動史：勞工運動、右派運動》（臺北：稻鄉，1992），頁157-158。

勞動條件的維持，就是一旦獲得的改善勞動條件，要極力去維持，以防止資本階級的破約。這個運動，就是所謂經濟運動，其所發生的意識是經濟的階級意識。

臺灣產業的發達程度尚屬幼稚，故臺灣的勞動運動也是幼稚，在這階級意識不很明瞭，經濟運動初初萌芽的過程，勞動運動的主要職務，是在解放運動的基礎的宣傳和組織。

勞動運動的初期，組合主義的運動是必要經過的階段，對這點就是第三國際的人也是認定的。佐野學氏說：「組合主義的範圍是會有的，但不可固定的。」經濟的階級意識，得看資本主義社會關係的經驗和理解，自然而然地發達擴大起來，即時工人就不能滿足於勞動條件的改善維持運動，更進而為經濟的支配的解放運動了。而經濟的支配的集中的表現是政治。換句話說：「政治是經濟的支配的結晶，所以一切階級運動，終將歸結到政治。」此時工人由經濟運動，進到政治運動，由經濟的階級意識，進到政治的階級意識，照歐洲勞動運動史，第一國際是經濟運動（組合主義）的時代。第三國際才獲得無產專政達到無產階級的解放時代。如日本也是經過組合主義運動的時期——大正元年至九年，直接行動的時期——大正九年至十二年——和方向轉換—政治運動—的時期——大正十二年以降——這都是歷史的證明，是任何人都不能否認的。但其各階段的長短則不能一定。在今日比第一國際時代其過程的快，自不待言。尤其是殖民地勞動組合的政治運動的進出更快的。因為民族意識比階級意識更明瞭。

我們以為解放運動須依其階段順次進行才能達到最後的目的。[44]

　　儘管蔣渭水的論文有些知識上的小缺點，但重點是，他提出了某種勞工運動的階段論──主張根據工人「階級意識」的發展程度，來決定組織的鬥爭路線該是經濟運動或政治運動。並且認爲任何勞工運動一開始都是先改善勞動條件，這個階段爲「第一國際＝組合主義＝經濟運動」，而待「經濟的階級意識」發展到更高的階段，工人階級再不能滿足於勞動條件的改善，就是進入政治運動的時候。所以，現在工運該做的事情是先取得工人日常的實質經濟利益，而不是現在馬上搞工人政治化把臺灣民眾黨內的有錢人嚇跑，階級解放的目標等下個階段再說。

　　當然這是一種太過機械化的唯心論。照這圖式，如果工人的主觀狀態很幼稚，適合搞經濟鬥爭，那組織就搞經濟鬥爭；如果工人的主觀狀態很先進，適合搞政治鬥爭，那組織就搞政治鬥爭。然而，工人群眾是分歧的，每個人階級意識發展的程度都不一樣。當一些工人狀態停留在經濟運動的時候，另一些工人恐怕已經發展到政治運動的高度，如果照著蔣渭水的原則走，會有點矛盾，甚至組織爲了大多數工人的保守狀態著想，工會本身將永遠落後於工人中的先鋒分子一步。雖然這種特別考量會員狀態的運作方式聽起來頗爲民主，但在實際的鬥爭現場，往往導致組織成爲體制對群眾的制動機，而無法給予工人中的先鋒分子以力量，讓組織做爲武器開放給覺悟較高者用以對抗體制。當年的左翼痛罵他們「扯群眾後腿」、「取消工人的革命性」不是沒有原因的。

　　不過，上述這些問題並不妨礙蔣渭水的階段論做爲臺灣本土工運理論，曾經擁有巨大政治影響力的歷史價值──或許他想說的只是，右翼分子把目標設定在單純的經濟鬥爭，比起當年左翼之直接搞階級性的政治鬥爭更有合理性。不過，蔣渭水這理論終究是辯證性的，因爲在他的圖式裡，不論工團主義、共產主義都是因地因時制宜，視現實條件拿來運用的「戰略」，並沒有一定要抓住某種主義宣稱其爲眞理，這樣就保留了運動

44　見蔣渭水，〈臺灣工友總聯盟的指導原理〉，蔣渭水著、王曉波編，《蔣渭水全集增訂版》上冊（臺北：海峽學術，2005），頁275-276。

主體進一步基進化的思想空間——而工總聯往後確實也更加左傾了。

第二節　左翼工會弱化

一、臺灣總工會

　　1927年幾個最重要的爭議都是左翼分子與臺灣文化協會主導的，可以說，左翼其實是臺灣工人運動最初的中心。但這項優勢卻在1927下半年逐漸喪失，1928年春天全島性工聯「臺灣工友總聯盟」出現，也象徵著右翼取代左翼成為臺灣工運的主流。

　　左翼工會的主力——臺灣機械工會系統之逐漸分化，說明了這段左翼失去工運主導權的歷史過程。臺灣機械工會系統在鐵工所罷工之初，規模最大時原有臺北、基隆、臺南、高雄四大工會，各工會規模都達數百人之眾，甚至很可能連嘉義營林所發展出來的工人組織，原先都有納入機械工會系統的打算。[45]不過隨著情勢轉變，這四個工會有兩個落入右翼之手——首先，高雄機械工會約莫在1927年5月中旬，由黃賜接手，轉入右翼陣營，同時改名「高雄機械工友會」。其次，臺南機械工會雖然一直都跟其他機械工會並肩作戰、同進同出，但同樣在1927年5月中旬發生了「同情罷工派」與「不同情罷工派」的內部爭議，因為是否聲援左翼罷工的問題，甚至造成工會改組，親右翼的盧丙丁接下委員長的職務。[46]

　　從文獻裡可以觀察到，在1927年中段，隨著做為全島工運火車頭的高雄機械工友會的失守，左翼分子將組織工作的大戰略，逐步調整為「地方總工會」和「全島性產職業工會聯合會」這兩種形式，雙頭並進地發展。

45　《臺灣民報》上對嘉義營林所的工人組織用過幾個不同的代名詞來指稱，先後包括「嘉義機械工會」、「嘉義工會」、「阿里山工友親睦會」、「製材工會」、「嘉義罷工團」等等不一而足。其中「嘉義機械工會」的用法，說明了當年至少有一段時間嘉義的工人組織被視為是臺灣機械工會系統的一部分。

46　見《臺灣民報》第一百六十號〈機械工會陣容一新〉。

也就是說，以地域為中心重新起頭，建立不分產業別、職業別的地方總工會；同時，在原有的產業別、職業別工會的基礎上加以擴大，結合成全島性的產職業工會聯合會。最後，則是把「臺灣總工會」建立在地方總工會與全島性產業工會聯合會的基礎之上。可惜「臺灣總工會」計畫一直沒有成功。

地方總工會組織工作具體的成果，表現在1927年9月10日通霄總工會、9月20日臺南總勞工同志會、9月21日臺南總工會、1928年4月15日臺中總工會、5月26日新竹總工會的創立上。然而，除了彰化總工會時常與農民組合共同進出，文獻上看不出這些新建立的地方總工會有擴大運動的效果。

全島性產業工會聯合會的組織計畫，表面上亦有進展。在機械工會系統逐漸散落的情況下，主要是由薛玉龍、薛玉虎兩兄弟主導的工友協助會系統，推動成立全島性的「臺灣製材工聯合會」。薛派人馬在嘉義國營事業大罷工事件中的活躍，成功把營林所的工人組織起來，全島製材工聯合會的第一個支部──嘉義支部宣告成立。至隔年3月，則有基隆支部之誕生。而在1927年「臺北印刷從業員組合」的罷工事件中，脫離右派加入左邊的「臺北印刷工會」，同樣與稍早創立的基隆印刷工會整併成「臺灣印刷工聯合會」。除此之外，薛氏兄弟的工友協助會本身，也在1927年的活動中擴大編組，於5月25日成立了大溪支部，隔年4月則有雙溪支部、羅東支部的建立。然而，連系工會勢力的停滯與薛系勢力的增長，並沒有為左翼帶來更大的團結，反而埋下內鬥的種子。

回顧1927年那段歷史，左翼的組織工作有著明確的競爭對手──那即將成立的「臺灣工友總聯盟」。在1927年的冬天，《臺灣民報》上出現臺灣工友總聯盟即將成立的消息[47]，左翼的產業工會聯合會與地方總工會亦已逐一浮現，雙方的競爭態勢至為明顯。然而，「臺灣總工會」的計畫還來不及真正展開，1927年11月就發生了「新竹事件」，從此決定了往後右

---

47 見《臺灣民報》第一百八十八號〈臺灣工友總聯盟將出現〉。

翼工聯的成功，以及左翼總工會的失敗。

　　當年因為一次颱風損害了農產，數百名佃農聯合向地主「日本拓植株式會社」要求減租。不料會社方面態度強硬，竟然向臺北地方法院申請查封立稻。警方第一次強制執行遭到農民頑強抵抗，於是，第二次強制執行時更加強硬，遂引發大規模農民抗爭——先有農婦向警察潑糞，後有六百餘名農民包圍中壢郡役所。為了這次抗爭，文化協會、農民組合於11月27日在新竹舉辦了「土地政策反對大會」，組織者盡遭警方逮捕，此一暴力舉動，再度引發數百名農民投石圍攻郡役所。[48]

　　左翼文化協會的主要幹部鄭明祿、林冬桂、林碧梧、張信義等，都因為這次事件遭到逮捕，分別監禁八至十個月。[49]除了警方用盡各種手段對左翼分子進行政治彈壓，左翼勢力在活躍分子受囚、人力缺乏的情況下，全島性聯合會的發展計畫也顯得力不從心，更別說全島總工會。最後，就讓蔣渭水奪得成立全島性工聯的先機。

二、臺灣機械工會聯合會

　　在臺灣工友總聯盟成軍以前，左翼還有搶先右翼在1928年1月1日召開了「臺灣機械工會聯合會」的第一回全島代表大會[50]，地點是文化協會在臺北港町的文化講座。當天，臺北機械工會楊添杏擔任議長，通過了下面這份綱領與十二條議案。整場會議結束在「打倒帝國主義萬歲」、「無產階級團結站起來」、「朝鮮、日本、臺灣勞工團結萬歲」、「世界大同團結萬歲」、「臺灣機械工會萬歲」的口號聲中。[51]

臺灣機械工會聯合會綱領

48　見黃師樵，〈臺灣農民運動史〉，《臺灣共產黨秘史》（臺北：海峽學術，1999），頁94-105。

49　見王詩琅譯註，《臺灣社會運動史：文化運動》（臺北：稻鄉，1995），頁407。

50　見《臺灣民報》第一百八十九號〈臺灣機械工開全島大會〉。

51　見翁佳音譯註，《臺灣社會運動史：勞工運動、右派運動》（臺北：稻鄉，1992），頁107-108。

吾人為了改善勞動條件，以謀生活之向上及安定，使勞工階級脫離
資本主義制度的支配，因而根據階級觀念，集中群眾的意識及行
動，以發揮最大的鬥爭力量，鞏固組織，進行鬥爭，並對抗資本剝
削及擁護這個制度的階級，期使勞工階級解放為原則。此外，並以
被剝削者共通的利害關係使勞動者團結起來，成為一大階級的組
織。

通過議案

一、實施工場衛生法
二、限制童工年齡
三、促進成立總工會
四、制定最低工資法
五、限制勞動時間
六、確立罷工權
七、購讀無產者新聞
八、反對現行經濟政策
九、救濟失業者
十、設置連絡機關
十一、支持勞動農民黨及文化協會
十二、撤廢惡法[52]

由此可知，機械工聯合會不論是綱領或議案，都是為了左翼的全島總
工會在做準備，讓工人在組織的意義上團結成統一的階級，並確保臺灣文
化協會在工人運動中的影響力。

---

52 同上註。

　　可惜的是，臺灣機械工會聯合會的組織基礎從一開始就沒有打好。連溫卿最初設計機械工會系統，以臺北為總部，其餘各地的工會都是支部——這是個大一統的體系。然而，隨著左翼勢力越來越衰弱，這最初訂立的規矩，底下各個工會並沒有遵守。譬如高雄、臺南兩會，從來不用支部自稱，基隆支部則在1927下半年度，逕自恢復了基隆機械工會的名稱，從臺北總部獨立出來[53]——在原訂的統一體系走不下去的情況下，各機械工會方才以既獨立又聯合的形式，把整個系統改造成「臺灣機械工會聯合會」。

　　可以說，左翼的機械工組織工作從大一統的全島性產業工會開始，敗退到獨立工會與聯合會形式，最後超過一半的人都跟右翼跑了，此後，臺灣機械工會聯合會雖告成立，卻形同虛設，並沒有實質影響力。幾個事實可以證明這一點。第一，在1928年5月高雄機械工友會發動淺野洋灰大罷工時，聯合會系統完全沒有舞臺。第二，機械工聯合會章程規定一年一度的定期大會，隔年也沒有再召開。因此，與其說這聯合會是組織工作的進展，不如說是左翼在全島總工會的組織嘗試上的第一次挫敗。

　　新竹事件發生後，警方瘋狂逮捕農民組合幹部與文化協會成員，造成左翼本可以投入工會運動的力量，再一次被削弱。整個春天，相較於臺灣工友總聯盟轟動臺北城的創立大會，左派卻在國家暴力的威逼之下資源吃緊、內外交迫，並且在工運組織上節節敗退。於是，左右兩翼回歸共同戰線的政治想像又重新被提上議程。

　　首先，左翼方面透過臺灣農民組合於1928年2月初向民眾黨「提議對於（政府的）暴壓暴行的共同作戰的問題，民眾黨幹部答復以對部分的共同合作不若對全般的共同合作，因此而該提議遂作懸案」。[54]在2月19日臺灣工友總聯盟發會式當天，左翼分子亦有到場，臺北機械工會與工友協助會現場提案申請加入工友總聯盟，以維護臺灣工人自鐵工所罷工以來自

53　見《臺灣民報》第一百七十五號〈基隆主催勞働講演會〉。
54　見《臺灣民報》第一百九十五號〈共同戰線問題各宜平心考慮〉。

然生成的「無產階級共同戰線」，即不論左翼分子或右翼分子，應工人需要都可以共同作戰。不過在蔣渭水的主導下，工總聯悍然決議拒絕左翼工會加盟。[55]至此，左翼與右翼的裂隙愈見深化、對立更爲尖銳。1928年2月24日，李規貞、陳總、白清池、洪朝宗等左派分子透過基隆機械工會召開大演講會，攻擊臺灣民眾黨與工友總聯盟，向社會大眾批判工總聯發會式當天，機械工會被右派拒絕加盟之事。《臺灣民報》報導這場揭露右翼野心的演講會效果並不好，民眾其實不喜歡社運圈子裡的兄弟鬩牆。[56]

從左翼的角度來看，蔣渭水等右派人士阻擋左翼工會加入工總聯，是明著破壞無產階級共同戰線，暴露出他們分裂工人、形左實右的「黃色工會」[57]眞面目。從右翼的角度來看，左翼工會之申請加入不啻是1927年臺灣文化協會分裂前夕歷史的重演，爲了維護右派分子脫退文協以後，好不容易重建的民族鬥爭戰線，當然不能讓左翼分子進入組織，難保工人不被他們拐去。

隨後，臺灣工友總聯盟在1928年4月18日的中央執行委員會上通過一項決議——「自今以後，加入總聯盟之各團體的會員，不許參加反對或批評本總聯盟之演說會。」[58]該指令明顯是針對同連溫卿關係良好的「臺灣塗工會」幹部李規貞而發，該會是唯一一個既有入工總聯，又參與2月24日在基隆批判工總聯演講會的組織。1928年5月29日，工總聯臨時中央執行委員會通過新的決議，禁止所屬基層工會加盟左翼系統，這個做法，完全跨過了會員大會，因此有違反民主原則的嫌疑——「凡屬本聯盟之團體者決不能參加別勞動團體或發起組織及代表會議者」。[59]《臺灣民報》記載，做成這項決議的主要原因，針對著1927年「臺北印刷工會」在罷工中脫離「印刷從業員組合」，隨後加入左翼的事件。工總聯更進一步向「臺

---

55 見《臺灣民報》第一百九十七號〈臺灣工友總聯盟成立了〉。
56 見《臺灣民報》第一百九十八號〈工友會講演兩則〉。
57 當時用這個詞指涉資方工會，闖雞工會。
58 見《臺灣民報》第二百六號〈臺灣工友總聯盟開中央執委會議決九件事項〉。
59 見《臺灣民報》第二百十二號〈工友總聯臨時會決議六項事宜〉。

灣塗工會」下達最後通牒，令其三天內宣布脫離左翼的「總工會」計畫，
否則便以除名處分。其結果，臺灣塗工會態度軟化，1928年6月1日，該工
會公開宣示不再協同左翼分子進行活動，表達留在工總聯內部的意向。[60]

　　臺灣工友總聯盟成為工運主流以後，右派人士直接動用工會機器打擊
左派。

三、左翼組織工作的進展

　　被臺灣工友總聯盟排擠到邊緣以後，左派只剩下一條路可走，就是強
化左翼總工會計畫的推動，期能與臺灣工友總聯盟並立。然而，總工會的
成立需要一定的組織基礎，在農組、文協、工會慘遭國家彈壓全面弱化的
情況下，建立新的基層組織地盤與爭取既存工人組織的支持，同時成為重
要的工作。可惜這兩方面的進展，左翼都遠不如右翼——1928年幾個比較
突出的成果只有臺北自由勞動者聯盟、海山鑛夫組合、嘉義店員會、臺北
製茶工會與彰化印刷從業員會之成立。

　　臺北自由勞動者聯盟是連溫卿與胡柳生在1928年2月底搞起來的，以
臺北市內沒有固定勞資關係的「自由勞動者」為組織對象，包括路擔、攤
商、人力車夫等。這些勞動者彼此關係不深，因此也沒有很強的抗爭實
力。

　　海山鑛夫組合起源於1928年5月底，當時海山郡板橋街街長經營的炭
坑，所屬礦工、車工全部被降薪一成，資方連工作用的電燈都想盤剝，準
備每一把燈徵收7錢。四百餘名礦工、車夫在1928年6月1日發動罷工[61]，
文獻上沒有記錄行動的結果，只知道連溫卿、王敏川、林清海、陳總等人
都涉及這個事件。6月12日，海山礦工們第二度同盟罷工，在罷工中辦理
海山鑛夫組合的成立大會暨演講會，聽眾多達上千人。[62]不過，文協幹部

60　見《臺灣民報》第二百十二號〈塗工會脫退總工會因受工友聯盟警告〉。

61　見《臺灣大眾時報》第八號〈板橋炭坑夫的罷工！〉。

62　見《臺灣大眾時報》第九號〈潛著支配階級的彈壓下海山鑛夫組合成立大會〉。

過沒幾天就捲入臺南墓地事件，坐牢去了，這波運動因而沒有下文。

　　1928年6月13日，則有嘉義店員會舉辦成立大會，工人幹部林清源、羅再添在會議前被警方逮捕。依《臺灣大眾時報》紀錄，該次店員大會決議加入「臺灣勞動運動統一聯盟」。

　　臺北製茶工會、彰化印刷從業員會則是兩次失敗的組織工作。

　　製茶工人的罷工發生在1928年6月，其主要訴求是，茶行應提高布袋金分配給工人的比例——當時茶工每製作一包茶葉，茶仲介商就會提供三角的布袋金，但因為茶行從中抽成，轉落到工人手上的布袋金其實只有仲介商提供的一半。在這次勞資爭議當中，左翼分子建立了臺北製茶工會[63]，可是罷工卻失敗了，詳細狀況並不清楚。但據《臺灣日日新報》的報導，過程中工人面對著資方的解僱、警方的逮捕，還有華僑工人被遣返中國。[64]最後，臺北製茶工會的組織被瓦解。

　　彰化印刷從業員會一成立就被捲入左右兩翼社會運動家的鬥爭。1928年6月3日，該會在彰化天公廟辦理發會式，農組、文協、民眾黨、各地工會都有代表致詞，同時也有十多名制服警察、便衣警察臨監。成立大會上討論了三個提案，首先是「聯絡全島印刷工會」，得到滿場可決，照案通過；其次是「加盟臺灣工友總聯盟」，此案保留後論；第三是「加盟臺灣總工會」，同樣保留再議。[65]同日晚間辦理紀念演講會，左右兩派各辯士輪番上臺，王敏川講「民眾黨的政治運動不是政治鬥爭，卻是政治妥協」；蔣渭水講「工人的使命」、「中國革命」，大讚中國國民黨扶助工農；莊孟侯於是又講了相反的「蔣介石做了日本的走狗」[66]——社會運動家針鋒相對、言論互毆，搞到最後，往後數年，彰化印刷從業員會兩邊都沒有參加。

　　綜上所述，左翼工會在爭取支持、新立陣地兩方面都難以推進，除非

63　見《臺灣大眾時報》第八號〈臺北製茶工的爭議〉。
64　見《臺灣日日新報》漢文版1928年7月5日〈臺北茶工一部無理要求同盟罷業〉。
65　見《臺灣大眾時報》第八號〈彰化印刷從業員會成立大會！〉。
66　見《臺灣大眾時報》第八號〈其夜的紀念講演會！聽眾二千多名辯士皆被中止！〉。

全島總工會的組織工作有突破性的發展，否則在警方與右派的雙重夾擊下，很難有更好的成果。這裡根據警方在1929年9月的統計，將左翼工會最終發展的成果整理如【表3】。看起來，左翼的組織工作經過1928下半年，至少在檯面上已幾乎沒有任何進展。

【表3】左翼工會系統所屬組織（截至1929/9）

名稱	成立時間	代表幹部或組織者	會員數（1929年警方統計）
臺灣工友協助會	1927年3月20日	薛玉龍、薛玉虎	1,414
同松山支部	1928年3月7日	王紫玉	39
同雙溪支部	1928年4月10日	江丕文	95
同羅東支部	1928年4月13日	盧清潭	不詳
同大溪支部	1927年5月25日	黃式杰	108
臺灣製材工聯合會	1928年4月15日	薛玉龍	553
同製材部	同	陳興	553
同基隆支部	1928年1月6日	林阿凱	505
臺灣印刷工聯合會			
臺北印刷工會	1927年10月2日	陳財寶	70
基隆印刷工會	1927年9月15日	陳國清	42
臺灣自由勞動者聯盟	1928年2月29日	連溫卿	240
同臺北支部	不詳	連溫卿	200
同肥料部	1928年1月9日	楊阿下	40
臺灣機械工聯合會	1928年1月1日	陳總	822
臺北機械工會	1927年1月1日	林清海	472
基隆機械工會	1927年2月16日	汪天順	350
臺灣船炭工會	1927年4月19日	邱接雲	90
基隆建築工會	不詳	王水生	不詳
臺灣塗工會	1927年3月20日	李規貞	128
臺灣自轉車工會	不詳	林乞食	不詳
海山鑛夫組合	1928年6月12日	李德和	400
新竹總工會	1928年5月26日	李傳奧	167
通霄總工會	1927年9月10日	邱斤古	70
新竹金銀細工及印刷工會	不詳	葉先梅	75
新竹調理研究會	不詳	蔡臭頭	35
彰化總工會	1927年8月30日	陳大廷	126
臺中總工會	1928年4月15日	蔡潤鄉	112
臺南靴鞋工友會	1928年3月6日	侯北海	51

臺南總勞工同志會	1927年9月20日	蔡江	42
嘉義店員會	1928年6月13日	陳吉田	55
臺灣勞動協會	1928年5月16日	黃知母	161

資料來源：合併自《臺灣民報》、《臺灣大眾時報》歷年報導與翁佳音譯註《臺灣
社會運動史：勞工運動、右派運動》（臺北：稻鄉，1992）頁206-208之警方統計資
料，兩筆資料相衝突處以新聞紙所記載者為準。

四、工友協助會與臺灣總工會

　　隨著臺灣總工會組織工作的開展，機械工會聯合會與工友協助會在組
織架構上的潛在矛盾逐漸浮出水面。臺灣工友協助會由薛玉龍、薛玉虎兄
弟成立，做為一個講究工人們互相救濟、互相聯絡、外在於廠場的組織，
其架構不同於一般的工會，而是在協助會的主幹底下依不同的產業別，區
分出不同的部門協助相對應的產業工人，並且已網羅不少其他產業別工會
消化不掉的少數分子。[67]換句話說，工友協助會的架構本身就等同於一個
底下設有數個產業別部門的總工會，但為數不多的會員卻分散於個別廠
場，不是依著生產線進行組織。與此同時，工友協助會在松山、雙溪、羅
東、大溪都已設有支部，故不論是做為地方總工會或者全島總工會，工友
協助會系統在其內部都已經有了雛形架構。

　　工友協助會系統與全島性產業別工會系統在架構上存在的矛盾，成為
左翼內部派系衝突的施力槓桿。當時，左翼內部除了各個工會裡的組織
者、工人幹部之外，尚有一群上海大學出身的社會主義者，時常出入於文
化協會、工會組織之間貢獻意見。具體來說，就是指以蔡孝乾、莊春火、
洪朝宗為中心的力量。他們逐步鑽進了這個左翼工會兩大系統內部的縫
隙。根據連溫卿的說法：「然這些人士多不親身實踐為其特色，是故，人
多稱之為『上大派』，蓋因出身於上海大學之故也。左派各會已有負責之
人，並不歡迎只有意見而不實踐之人，因恐影響於會員之故。上大派雖出
入左派各會，然因上述之故，不甚被重視。假若上大派對解放運動上有

67　見連溫卿，《臺灣政治運動史》（臺北：稻鄉，2003），頁182。

二三意見，則左派各會負責人敦促其實行而已。」[68]

　　依連溫卿的看法，莊春火等人原先在工會中沒有位置，其主觀意識更不具備實際行動的積極性，自然也沒有在文化協會、工會系統內部搞派系鬥爭的意思。然而，1928年4月28日在上海成立的臺灣共產黨，改變了上大派的心理狀態，激發了黨員的工作意圖，也從而改變了臺灣左翼與工人運動的權力版圖。1928年5月15日，剛回到臺灣的臺共中央委員林日高，找到在上海成立大會上缺席，卻依舊被選舉爲中央委員的莊春火、蔡孝乾、洪朝宗三人，並向他們通報黨中央的成立，以及黨的指示，同時轉交了黨的文件。[69]其中，爭取臺灣文化協會的領導權，正是黨的主要工作目標之一。從此以往，上大派在文協、工會之中的活動開始積極起來。

　　由於工友協助會底下各個產業部門很多，欠缺人手，自然歡迎上大派人士之出入。連溫卿對此表示：「由彼輩觀之，此正爲彼輩開闢坦蕩大塗，正可藉此以爲浸透工作也，於是此左派團體以自己之興趣與上大派往來之人亦不少，但未曾聞彼輩對工友協助會有何特殊工作，彼輩固應納入正規方向方爲合理。」[70]這意思是說，上大派對於實際組織工作未有貢獻。然而，倘若與之親近的工友協助會系統取代了產業工會系統，成爲全島總工會的主幹，那麼，上大派就有機會把左翼工運的指導權納入麾下。

五、全島勞動運動統一聯盟

　　爲了推動左翼全島總工會的計畫，連溫卿花費不少時間起草組織章程，1928年6月3日更在臺北蓬萊閣辦理「全島勞動團體代表會議」，欲推動總工會的籌備事務。當天參與者多達40個勞團，並由45名各地工會代表公推連溫卿擔任議長，臺灣共產黨中央委員洪朝宗、莊洪水則以工友協助

68　同上註。

69　見郭杰、白安娜著，李隨安、陳進盛譯，《臺灣共產主義運動與共產國際（1924-1932）研究‧檔案》（臺北：中央研究院臺灣史研究所，2010），頁74。

70　見連溫卿，《臺灣政治運動史》（臺北：稻鄉，2003），頁182。

會代表的身分列席。[71]

　　整個議程由臺北自由勞動者聯盟胡柳生開頭，報告該次代表會議的籌備經過，以及「臺灣總工會」成立之議案。然而，中南部的工會代表多半主張：「已經有了臺灣工友總聯盟的統一團體，進而再組織總工會，則徒將分散工會的勢力，反而阻礙勞工的幸福。因此，應以敦促工友總聯盟反省，並與其合作爲宜。」[72]臺北自由勞動者聯盟胡柳生、機械工會聯合會代表陳總則回應道：「工友總聯盟設立當時，我們這些團體也申請加入，但遭拒絕。像這樣，正是顯示工友總聯盟並不是爲了解放無產階級以及將之導至幸福之路的統一組織，只不過是民眾黨的傀儡而已。」[73]

　　關鍵的一刻，上大派洪朝宗提出了另種與「臺灣總工會」相對立、相衝突的政治想像──以「全島勞動運動統一聯盟」取代「總工會」：「總工會的成立，在我們並非要與總聯盟對立，可是由過去的觀念上，右派的工人會發生這種誤解的。而且工人是同著階級，無分左右的。我們須由各地、於日常鬥爭中，如『五一』、『暴壓反對』、『罷工』種種機會要求右派的工人開共同鬥爭委員會，或協議會，再由各地的統一進而組織『全島勞動團體統一聯盟』。這樣才能把全島的勞動團體統一起來。」[74]洪朝宗的意思是暫緩總工會的組織計畫，先透過各種「日常」的共同鬥爭繞過工友總聯盟與右翼組織者，聯合各地工人，再透過工人階級不分左右的聯合，實質上統一全島勞動運動──因爲現在直接推總工會的話，工人們主觀上會感覺左翼又在分化臺灣工人階級。

　　然而，在工總聯拚命阻擋的情況下，左翼果真有可能繞過它，而直接跟底層工人取得聯繫嗎？這一點，不光是先前臺灣塗工會被工總聯中央自左翼總工會中逼退，從當年包括淺野大罷工在內一系列工運事件裡左翼力

71　見《臺灣大眾時報》第八號〈全島四十勞動團體代表，於三日會集蓬萊閣，努力統一全島勞動運動！〉。

72　見翁佳音譯註，《臺灣社會運動史：勞工運動、右派運動》（臺北：稻鄉，1992），頁118。

73　同上註。

74　見《臺灣大眾時報》第八號〈全島四十勞動團體代表，於三日會集蓬萊閣，努力統一全島勞動運動！〉。

量之闕如，同樣可以得到反證。右翼根本從組織面阻斷左翼的組織者，使其無法介入工總聯基層工會的勞資爭議。

　　文化協會周天啓則將洪朝宗「全島勞動團體統一聯盟」的政治想像進一步發展成具體的組織工作流程：「我以爲今日列席的代表都充準備員。這些準備員回到各地方，由日常的實際鬥爭中，宣傳右派或中立的工會參加組織地方協議會準備會。因爲在未成組織的時候，要他們參加比較的容易。若是各地方協議會的組織完了，那時才派正式代表組織全臺勞動團體協議會。那麼這樣的方法一方可以統制我們左翼諸團體，他方也可以避了對立形態的不利而獲得右派的勞工大眾！」[75]周天啓的這份政治想像可以說是連派與上大派兩案的折衷，這裡，總工會的成立並沒有被取消，只是被延後──「總工會」與「統一聯盟」兩個概念於是只剩下名目上、時程上的差異。

　　經過許久的討論，議長連溫卿於是將「組織總工會」與「由實際鬥爭中促成地方之統一，再由地方之統一而進行全島之統一運動」兩案付諸大會表決，最後以36票對9票通過「統一聯盟」案，並正式定名爲「全島勞動運動統一聯盟」，同時明確了各州準備員的選舉辦法，交由與會40個勞團回去辦理各地的籌備工作。[76]

　　從此以後，連溫卿等已將上大派視爲追逐權力的野心分子，並認爲工友協助會裡頭有上大派的「組織細胞」，拖延總工會成立的時程以等待工友協助會茁壯。不過，連派人士與工友協助會頭人薛玉龍、薛玉虎的關係，卻依舊維持合作，在手段上也將薛氏兄弟與上大派分開來處理，由此可知，上大派在工友協助會也不是眞正掌握權力。連溫卿當下還不知道，上大派的背後是臺灣共產黨，洪朝宗等三人更身居中央委員高位。他們或許不蹲基層，不做組織，但由於共產黨手上沒有工會，他們一旦掌握文化協會與左翼工會的聯絡管道，就能反過來取得共產黨內工運政策的主導

75　同上註。
76　同上註。

權——莊春火自同年11月起擔任臺灣共產黨勞動運動部部長。[77]

　　謝雪紅時期的臺灣共產黨，在工人運動領域裡的表現十分詭異，相較於黨工作在農民運動中的順利開展，共產黨在工運這塊的工作，一直要到蘇新返臺投入、甚至改革同盟取得黨的領導權以後，才比較踏上正軌——這裡，並不是要否定臺灣共產黨或謝雪紅的全部路線，因為組織工作的開展，主要還是和「人」有關，而臺灣共產黨內部的黨員不是鐵板一塊，上大派內部同樣不是。或許是遇人不淑，相較於臺灣共產黨的農運幹部趙港、簡吉等人之成熟幹練、富理想性，莊春火、洪朝宗、蔡孝乾等人在早前臺灣工運的脈絡中，並不具有同等的能力。縱使「統一聯盟」是臺灣共產黨綱領中既定的戰略，其具體操作也未必須要將「統一聯盟」與「總工會」對立起來。

　　連溫卿在他晚年的著作裡回顧臺灣總工會計畫的這段歷史時寫道：「（工友協助會）若將加入工會落後之工人數人，或十數人，集合加入編為各產業別之會員，則在形式上亦可以形成總工會，組織者亦期待此種機會之到來，因此，自然而然不得不暗中反對此次的總工會之組織。上大派以此為可乘之機，但其企圖都與工友協助會組織者不相同。從結果觀之，當時之上大派已經會議討論，企圖藉此機會獲得勞動運動之指導權。彼等思若贊同總工會之立即組成論，恐怕不能獲得勞動運動之指導權，……」[78]

　　回過頭來檢視「全島勞動運動統一聯盟」這個戰略的成果，事實上，除了1928年6月13日新成立的嘉義店員會以外，文獻上沒有任何一家基層工會決議加入全島勞動運動統一聯盟。[79]後見之明，上大派所提出的這份政治藍圖經實踐證明是失敗的。

---

77 見郭杰、白安娜著，李隨安、陳進盛譯，《臺灣共產主義運動與共產國際（1924-1932）研究‧檔案》（臺北：中央研究院臺灣史研究所，2010），頁88。

78 見連溫卿，《臺灣政治運動史》（臺北：稻鄉，2003），頁187。

79 同上註，頁186。

六、臺灣工會臨時評議會

連溫卿、李規貞、陳總等反幹部派，其焦慮在於，當左翼勢力被國家暴力與右翼組織兩面夾殺，左翼總工會之結成已萬分緊迫，而這條生路竟被自己人用一個不可能實行的統一聯盟提案給擋下。若不放手一搏，兩年來費盡心血搞起來的組織基礎恐怕毀於一旦。在右翼取得主導權之後，左翼工會將在工運裡被邊緣化。

這放手一搏的焦慮促使反幹部派緊接著發動下一輪行動，從總工會計畫轉而投入「臺灣工會臨時評議會」計畫。1928年7月20日，臺北永樂町的工友協助會事務所召開「臺灣工會臨時評議會」第一次籌備會議，出席者以臺北地區的工會為中心，包括自由勞動者聯盟胡柳生、工友協助會薛玉虎、機械工會林清海與陳總、製材工聯盟陳興與李土根。根據警方的紀錄，會上連溫卿提議：「成立統一聯盟，以及立即統一左右兩派的工會之事，照目前本島的情況來看，是有相當困難，目前應以我們這些團體完成統一之實而設置臨時評議會。」[80]可以知道，連溫卿並沒有放棄把左翼工會團結起來成立總工會，而與工友總聯盟相抗衡的想法。同時，他認為「統一聯盟」計畫中統一左右兩翼工人的想法，太過打高空，不單窒礙難行，更是自行放棄了更為實際的左翼工會內部團結。現在應以內部團結為優先。

隔日，在有了內部共識以後，同樣在工友協助會事務所召開第二次籌備會議，並擴大邀請對象的範圍，出席者包括薛玉虎、鄭德福、林清海、連明燈、郭聰明、陳興、李土根、劉長壽、劉溪樹等多名工會幹部。當薛玉虎報告「臺灣工會臨時評議會」成立經緯時，連明燈立馬表達反對意見：「薛玉虎雖然說明暫時停止成立統一聯盟，而組織臨時評議會，但對此亦不加以強制加盟，這種說明實屬不當。不久之前既然已經決議成立臺灣勞動統一聯盟，此時已不是討論成立的對或錯之問題的時期，應該是努

---

80 見翁佳音譯註，《臺灣社會運動史：勞工運動、右派運動》（臺北：稻鄉，1992），頁119。

力促進組織的時期。然而卻擅自停止或取消，此舉不免有專擅之謗。像這樣的事，或許是基於連溫卿的提案，連溫卿在文協的態度不徹底、不鮮明，充滿矛盾，因此文化協會陷於瀕臨自滅的情況中。然而，仍要耍弄這種彌補之策，只不過給予民眾黨的工友總聯盟可乘之機而已。本來，勞工運動之所以有左右兩派之對立，並非由於理論上之故，而要特別將之對立起來，豈不是在耍弄勞工運動？」[81]從連明燈的說法可以得知，當時所謂「不要把勞工運動左右對立起來」因此要「解消左翼總工會」，這樣自毀城池的意見，已經是多數人的共識。

當天經過表決，贊成者、反對者各佔一半，臺灣工會臨時評議會的成立案於是保留後議。1928年8月1日再一次召開臺灣工會臨時評議會的籌備會議，連溫卿、胡柳生、薛玉虎、陳總、林清海、李規貞、陳興等人決議實行評議會之組織工作，而由連溫卿、薛玉虎、李規貞三人負責章程之起草，並且對外宣傳、散發下面這封聲明書[82]：

臺灣工會臨時評議會聲明書

現在日本資本主義與臺灣土著資本摟抱。愈為發展情勢之下，又在勞動運動發展落後之臺灣，尤其因中國國民革命運動的反動化而得勢抬頭的資產階級民主主義情勢之下，意識的要工會實現一大階級之組織，雖霎時亦不可忽視之，否則，臺灣無產階級之自身不獨不能獲得無產階級之指導權，反而證明放棄無產階級運動之指導權，此不問其意識之有無，其結果為屈服於小資本階級。

所以我輩際此重大時期，對此若能得明白，不論任何工會組織之結合皆為緊急之事，然在急速發展的勞動運動過程中，由於也擁抱了

---

81 同上註，頁119-120。
82 同上註，頁120-121。

相互比例的許多夾雜分子，故在內面上以及實踐上，欲達統一，尚要一段時期，此為遺憾事也。[83]

　　然而，臺灣工會臨時評議會的組織工作卻因臺南墓地事件爆發而轉瞬消逝——1928年上半年，國家為了紀念昭和天皇即位，想要把臺南市大南門外的19甲公墓（今日的南山公墓）改建成體育公園，市民普遍反對，文化協會臺南特別支部洪石柱、莊孟侯等介入運動。1928年6月12日，臺南州廳召開臺南州協議會討論是否執行，會上臺灣人協議員劉揚名附和日本人協議員，導致廢墓計畫通過決議。文化協會於是在6月13日發動「糾彈劉揚名大講演會」，辯士包括侯北海、楊順、王萬得。當警察到場命令解散，侯北海率領群眾包圍痛罵劉揚名。當天晚上，民眾又潛入劉揚名住宅，在窗戶上塗糞。隨後，所有支持廢墓的協議員都收到匿名警告信。警方於是開始逮捕社會運動家，文化協會主要幹部皆受牽連，包括連溫卿、王敏川、洪石柱在內，相繼遭到檢舉、偵訊，面臨數個月的牢獄之災，上大派蔡孝乾、洪朝宗相繼出逃大陸。

　　臺灣共產黨內部也出現新的形勢——同年11月，蔡孝乾、洪朝宗兩人臨陣脫逃的行為被黨中央定義為「機會主義」，開除了黨籍。[84]莊春火則因為他的聯繫員工作，榮登黨的勞動運動部長，兼宣傳煽動部長。[85]於是，左翼工會運動從臺南墓地事件爆發開始，陷入停頓狀態。

七、臺灣大眾黨

　　左翼在1928年這段基層工作遲緩停滯的時光裡，其政治想像卻越滾越大、越飛越高，從總工會的想像一躍而至「大眾黨」的想像。做為相反的

83　見連溫卿，《臺灣政治運動史》（臺北：稻鄉，2003），頁187-188。

84　蔡孝乾在一九五〇年代省工委工作時，背叛同志、換取自身榮華富貴的行為，也是赫赫有名的。

85　見郭杰、白安娜著，李隨安、陳進盛譯，《臺灣共產主義運動與共產國際（1924-1932）研究・檔案》（臺北：中央研究院臺灣史研究所，2010），頁87-88。

對照組，同一時期的右翼工運組織者卻更爲草根，在各地勃發的勞資爭議裡帶領工人對抗資本，進一步樹立了臺灣工友總聯盟與民眾黨的威信。

　　1928年10月，連溫卿、洪石柱出獄。10月31日，臺灣文化協會在臺中醉月樓舉辦了1927年改組以後第二次全島代表大會。當日會旗的圖案是星章中有鎌刀、鐵鎚交叉的蘇維埃記號，議案審理未完就被警方命令解散。當日受理議案中有一條「移徙本部於臺北市」[86]——這可以視爲是臺北支部的連溫卿直接跟上大派聚集的臺中本部對幹，以左翼總工會計畫爲中心的政治鬥爭從工會系統擴大到文化協會。

　　因爲代表大會被警方強制解散，許多議案都沒有做出決議，文化協會遂於1929年1月10日在臺中本部事務所召開中央委員會。臺灣農民組合幹部簡吉等5名列席，以楊逵爲議長，進行去年1928年10月代表大會未能完成的決議。該次中央委員會的幾項決議與工人運動相關——首先，它確立了臺灣文化協會推動左派總工會的正式決議，要求文化協會全部會員支持總工會計畫；其次，農組與工會的聯盟得到確立，而文化協會是居中協調機關；第三，文化協會須促進各個團體共同鬥爭委員會之實現，並召開臨時代表大會，討論大眾黨組織設立的問題。[87]或許是臺灣民眾黨造成「影響的焦慮」，當時文化協會、農民組合內部已瀰漫著大眾黨勢在必行的氛圍，相較於右翼勢力同時擁有政黨與工聯，左翼大概也希望跟他們一樣。

　　關鍵的問題在於，都已經有階級政黨「共產黨」了，爲什麼還需要另一個「大眾黨」呢？事實上，同一個大眾黨包含著不同的政治計算。在反幹部派一側，大眾黨一旦組成，便能站在原有左翼工會的組織基礎上跟臺灣民眾黨競逐領導權。在共產黨一側，黨組織不可能浮上檯面讓國家機器辨識、鎮壓，因此，組建合法政黨做爲共產黨吸納工農大眾的「軀殼」是一個可能的選項。儘管該「兩黨論」後來因第三國際的批判而遭到放棄。

　　臺灣左翼的組黨驅力再度成爲臺北支部與臺中本部角逐政治權力的戰

86　見王詩琅譯註，《臺灣社會運動史：文化運動》（臺北：稻鄉，1995），頁408-409。

87　同上註，頁412-413。

場。爲了打擊反幹部派，共產黨人透過黨機器調度了日臺兩地的資源。1928年10月間，臺共書記長林木順以「臺灣共產黨中央委員會」的名義向島內發布〈農民問題對策〉，這封文件要求臺灣農民組合接受共產黨的領導，並將連溫卿定調成反革命分子。11月，日本共產黨領導人市川正一發布〈臺灣的黨組織活動方針及其組織狀態〉，給連溫卿扣上「社會民主主義者」的帽子。1929年1月至4月，日本共產黨機關報《無產者新聞》、雜誌《馬克斯主義》亦陸續發表新聞及理論，進一步攻擊反幹部派。[88]

有關大眾黨的問題至爲複雜，這裡只能點到爲止，無法進行更細緻的析論。有興趣的讀者請查閱邱士杰〈一九二零年代臺灣社會運動中的「大眾黨」問題〉，這是一篇細膩、深刻，而富有創見的論文。[89]

臺灣大眾黨的計畫是失敗的，主要原因除了內鬥，則是警方更爲暴烈的鎮壓行動。繼臺南墓地事件之後，1929年2月12日警方又在全島範圍內大肆搜捕左翼分子，嘗試從中找出共產黨的蛛絲馬跡，農民組合主要幹部包括簡吉皆被逮捕入獄，刑期從幾個月到五年不等，左翼農運組織瀕臨崩壞。這次大檢舉被稱爲二一二事件。[90]1929年5月，因墓地事件被關押的臺灣文化協會委員長王敏川終於出獄，在得知連溫卿意圖將文協本部從臺中移到臺北後，對立遂不可收拾。連溫卿、李規貞二人在1929年12月被文化協會開除會籍，陳總、薛玉虎二人脫出反幹部派。臺中本部甚至飭令解散臺北支部，更要求工會會員退出文協[91]，這也造成往後左翼工會難以跟共產黨人合作。

由於這場鬥爭本身是以文化協會爲鬥爭的工具與場域，並非以工會爲主，限於篇幅，本書就不深入細節。

88　見邱士杰，〈一九二零年代臺灣社會運動中的「大眾黨」問題〉，2014，https://lianwenqing.wordpress.com/2010/12/28/massparty-4/

89　邱士杰有關連溫卿的研究著作，公開在其網站《連溫卿研究》（https://lianwenqing.wordpress.com）。考證翔實，行文細膩，都是極有價值的文章。

90　見郭杰、白安娜著，李隨安、陳進盛譯，《臺灣共產主義運動與共產國際（1924-1932）研究·檔案》（臺北：中央研究院臺灣史研究所，2010），頁90。

91　見連溫卿，《臺灣政治運動史》（臺北：稻鄉，2003），頁188-211。

　　時間拉長一點來看，文化協會臺北支部與臺中本部的對立延續自1928年左翼工運戰線的潰敗。左翼工會先是因國家鎮壓錯過發展時機，遭右翼工會壓縮發展空間，最後，又因爲運動空間緊縮造成內部鬥爭益發慘烈，工會之間形成不可逆的分裂——這樣，自1927年高雄臺灣鐵工所罷工以來，左翼工作者累積起來的組織基礎已然毀壞。

　　連溫卿離開臺灣文化協會以後，並沒有聯合李規貞等人組建新的勢力，亦沒有投靠民眾黨或共產黨，從此逐漸遠離臺灣社會運動。晚年的他獨身一人埋首民俗研究，不復當年全島社會主義領導人的神采。只留下一本《臺灣政治運動史》，記錄那個屬於他的時代，以及他如何看待這座小小島嶼上風雲詭譎的歷史幻夢。

第三節　風雨中的勞動節

一、五一勞動節（1928）

　　儘管左翼日漸衰頹，但多數基層工會團結在臺灣工友總聯盟的旗幟之下，在不斷抗爭中獲得多次勝利，島內勞工運動的聲勢於是更爲壯大。

　　1928年的五一勞動節當天，臺灣工友總聯盟不但有計畫地發動大規模鬥爭，更在全島範圍內同時進行六場罷工抗爭，可見其深厚的組織實力。這六場同時進行的罷工行動，分別是：基隆洋服工友會罷工、臺北石工工友會罷工、基隆船炭工友會罷工、臺北木工工友會罷工、臺南製鹽會社大罷工，以及淺野洋灰株式會社大罷工。後者做爲殖民地工運與國家機器間對峙力最強的罷工事件，在各種意義下都可比擬爲日本時代的遠化罷工。

　　在1928年2月工總聯的成立大會上，蔣文來已提案勞動節在各地舉辦演講會、示威遊行，明白地跟警方「完全禁止室外活動」的方針對幹，並獲與會代表的正式決議。[92]當年勞工在五一是不放假的，工總聯遂計畫發

92　見《臺灣民報》第一百九十七號〈臺灣工友總聯盟成立了〉。

動全島工會休業一天，表面上是放假，實際上是把勞動節搞成總罷工，以超越1927年臺灣文化協會的成就。在全島性工聯結成、六場罷工同時爆發的新情勢下，新的總罷工勢必牽連更廣、更深。不過由於各地警察的嚴格取締，多數地方的室外集會皆被解散。即使是右翼分子，如果有「過激行動」當局同樣不會容忍，但整體而言，警方的彈壓力道集中在左翼工會與農運團體——在天塌下來有左翼扛著的情況下，臺灣工友總聯盟得到很大的活動空間。所謂「公民社會之需要基進左派」往往是以這種形式。

　　臺灣工友總聯盟在勞動節前數日向全島各工廠分發了傳單，呼籲當天共同休業。蔣渭水更寫了一首〈勞動節歌〉，印製八千份在各地分發。這首歌在五一前被警方發現，課以行政處分[93]：

勞動節歌

美哉世界自由明星
拚我熱血為他犧牲
要把非理制度一切消除盡清
記取五月一日良辰

旌旗飛舞走上光明路
各盡所能各取所需
不分貧賤富貴責任依一互助
願大家努力一起猛進[94]

　　各盡所能，各取所需，不知是當時多少臺灣人願望的新世界。勞動節前一天上午，警察突擊文化協會臺北支部檢束胡柳生、陳總、連溫卿三

93　見翁佳音譯註，《臺灣社會運動史：勞工運動、右派運動》（臺北：稻鄉，1992），頁51-52。
94　見蔣渭水著、王曉波編，《蔣渭水全集增訂版》下冊（臺北：海峽學術，2005），頁738。

人，沒收所有遊行用的手舉牌，並宣言隔日完全禁止屋外集會，到下午才把胡、連、陳三人釋放出來。[95]

1928年勞動節當天，全島各地都出現社運團體帶領一般民眾跟警察對峙、角力的狀況，地點則包括基隆、宜蘭、臺北、桃園、中壢、大湖、通霄、豐原、臺中、彰化、二林、竹山、斗六、嘉義、朴子、東石、臺南、高雄、屏東、鳳山。[96]當天發生的事件太多，難以逐一介紹，這裡僅列舉較具代表性的幾個行動。

臺北方面，臺灣工友總聯盟於蓬萊閣主辦五一節祝賀會。既然官方禁止室外集會遊行，社運分子就故意把集合地點安排在太平町民眾講座，計畫帶著群眾「散步」走向蓬萊閣。[97]當局發現以後，乃從北署調派大批警力突入民眾講座，解散現場百餘名群眾。該蓬萊閣演講計有千餘名聽眾參加，警方在過程中檢束了一名手拿紅旗的工人。[98]

左翼工會的演講會辦在港町文化講座，由工友協助會、機械工聯合會、製材工聯合會等12個團體聯名發起。警方有意破壞左派分子的活動──13名辯士全被命令中止，平均一個人講不到四分鐘；場內布置的標語、海報盡皆撕去；兩名工人在散會時被檢束，只因為大喊「無產階級萬歲！」。為反制當局彈壓，港町文化講座晚上又臨時開催「五一大講演會」，聽眾達千六七百名。一百二十多名警力隨後包圍會場，左派知道演講絕對被中止，就一口氣安排24名辯士輪流登臺，其中21名被命令中止，用人海戰術換到三個多小時的活動時間。[99]

桃園地區的演講活動辦在宋屋庄廟，由臺灣農民組合負責。淋漓大雨的早上十點鐘，兩名農民冒雨搭建講臺，演講活動吸引上千民眾圍觀，到下午近兩點才被解散，二人遭檢束。而在警方命令解散時，演講活動立刻

95 見《臺灣大眾時報》第二號〈五・一的各地爭報〉。
96 見《臺灣民報》第二百七號〈五一節臺灣各地舉行紀念狀況〉、第二百八號〈五一節臺灣各地紀念狀況續報〉，以及《臺灣大眾時報》第二號〈五・一的各地爭報〉。
97 見《臺灣民報》第二百六號〈臺北五一紀念式工友總聯盟主催〉。
98 見《臺灣民報》第二百七號〈五一節臺灣各地舉行紀念狀況〉。
99 見《臺灣大眾時報》第二號〈五・一的各地爭報〉。

轉變成示威遊行，臺灣農民組合的紅旗在隊伍最前端飛揚，帶領群眾包圍中壢郡役所，除了抗議解散命令，也要求釋放被檢束的民眾。包圍行動持續了兩小時，成功奪回被捕的同志。千餘名農民歡呼散去，彷彿是前一年新竹事件的再現，只差在這次成功把人討了回來。[100]

　　彰化地區由文化協會彰化支部、彰化總工會、農民組合聯合辦理「紀念大演講會」。相較之下，文化協會臺中本部當天沒有太大波瀾，因為臺灣中部遠至二林、溪洲、溪湖、員林、鹿港、大肚的成員都聚集到彰化來了。文化協會成員騎著腳踏車「堂堂列隊、紅旗揚天」進入彰化城。農民組合彰化支部聚集著五千民眾，臺上辯士當場宣布，把演講會轉變成群眾大會，開始審理「反對總督獨裁政治、反對暴壓」、「打倒田中反動內閣」、「八時間勞動制」等等議案，並得到滿場可決，照案通過。警方隨後命令解散，並派出武裝警察進駐會場。五千民眾陸續退出場外，重新整隊，朝彰化城南方向移動，號稱「遠足」。敲鑼打鼓、勢如破竹地經過了郡役所、街役場、觀音亭、南門市場、南門大街，擺明是當局明令禁止的示威遊行。警察一擁而上，有搶旗的、有奪鼓的、有檢束示威者的、有包圍警察奪還被檢束者的，最後有二十多人因鳴鑼、發傳單等行為遭檢束。[101]

　　這些只是當天全島行動的一部分而已，具類似象徵意義的事件還有許多。譬如東石也有包圍郡役所的情況；嘉義茶話會演講被警察命令解散，與會者全體坐下吃餅，表示自己只是吃餅，沒有演講、示威，警察想了很久同意「吃餅並不違法」[102]；豐原則有人在市內到處發扇子，扇上印有「萬國的無產者團結起來！」、「建設工農政府！」、「確立八小時工作制！」、「確立工作權！」等字樣。[103]

　　根據警方的統計，1928年五一勞動節全島五州光是民眾黨、文化協

---

100 同上註。

101 同上註。

102 同上註。

103 見翁佳音譯註，《臺灣社會運動史：勞工運動、右派運動》（臺北：稻鄉，1992），頁53。

會、農民組合主辦的示威運動就有39起，凡203名辯士在全島各地演講抨擊日政，當中有136人遭到命令中止。[104]如此規模的五一勞動節抗爭，縱非絕後，已是空前，更別提同一時間島內還有六間工廠正在罷工。

　　以下分別介紹1928、1929兩個年度數起重大勞資爭議，除了與1928年五一勞動節鬥爭共時並列的基隆洋服工友會、臺北石工工友會、基隆船炭工友會、臺北木工工友會、臺南製鹽會社、高雄淺野水泥的行動，更有勞動節之後發生的臺北金銀細工工友會、臺南理髮工友會、臺北砂利船友會、臺北印刷從業員組合發動的勞資爭議。這些事件皆由臺灣工友總聯盟負責，可知當時左翼在工運中已被邊緣化。

二、基隆洋服工友會

　　基隆市內洋服工人約有70名，當中有一青年黃得水受到各地工潮的刺戟，萌念創建工會。1928年1月15日，黃得水主動率領50名洋服工人往訪「基隆平民俱樂部」，委託民眾黨基隆支部協助成立工友會。因為匆匆到訪，平民俱樂部內沒有空間，黨幹部把他們帶到基隆運送從業員會的會館，召開一個創立磋商會。入夜後，基隆地區的民眾黨人陸續到會，吳簡木堂、周石金、楊慶珍、楊屘等人以講演的方式，向洋服工人說明「委員制的會之意義」、「創會就是築砲臺」、「無產者須自覺」、「抵抗正是活路」，眾人並預訂在農曆正月成立「基隆洋服工友會」。[105]據報載，籌組工會的過程受到雇主欺侮、當局打壓，遂拖延至1928年2月1日於民眾黨基隆支部辦理發會式，由唐則蘭任主席、黃得水任副主席，工友會事務所暫置於民眾黨基隆支部。[106]

　　基隆港當年是臺灣對外航運中心，民生物價昂貴，洋服工人的工資卻比臺北同業低一成。工友會甫成立，黃得水等工人已按捺不住，欲訴求雇

---

104 同上註，頁52。
105 見《臺灣民報》第一百九十號〈洋服工友會創立磋商會〉。
106 見《臺灣民報》第一百九十五號〈基隆洋服工友會被壓迫之間無事成立〉。

主提高工資。但工人的直接行動被民眾黨幹部「勸慰」掉了，改由黨幹部出面跟雇主斡旋。到1928年4月中旬，洋服業沒有調薪跡象，店主們卻使手段阻礙工友會發展，工人於是在民眾黨支部召開臨時大會，以工友會名義向市內各店主遞送書信，訴求提高工資三成，並改善其餘待遇。隨後，店主們群聚到民眾黨基隆支部，希望黨幹部出面仲裁。勞資雙方直接在黨部進行集體協商，互有妥協，由民眾黨吳簡木堂起草工資調薪兩成的契約書。店主方允諾將契約書帶回用印，隔日與勞方交換，正式確認這份團體協約。[107]

隔日，店主方沒有帶回契約書，只出現一位黃松自稱資方代表[108]，聲明「決不妥協」。基隆洋服工友會遂召集臨時會員大會，即日罷工。當晚，店主黃松隻身一人前往黃得水住宅，破口大罵，兩人互毆，後均被檢束至警局留置，隔日放還。

事情傳出來，工會會員忿恨不平，立刻召集會議討論對策。沒想到，討論出來的對策是集資創設「洋服工友工場」，營業地點就在工會事務所──基隆平民俱樂部裡頭。在民眾黨的默許下，洋服工友會購置裁縫機，到基隆街上去招工，不出數日即正式營運。店主方見此情況，竟出惡招，在4月26日派遣一名職工到工友工場鬧場。當工會會員把那人轟出會館，突然出現一隊便衣警察，檢束了唐則蘭、黃得水以及工友會委員李受，後者甚至是被繩子綁走。4月28日，警方即決處分唐則蘭拘留10天、黃得水拘留15天、李受25天。[109]

黃得水被拘後，罷工者約有一半無條件復職[110]，被檢束的3名工人大概不太能回去上班。所幸，基隆洋服工友公司營收不錯，就這樣一路經營下去了。根據《臺灣民報》的報導，其主要原因，一來資金充足，二來民眾普遍同情工友，三來工會會員都是熟練工，比外面縫得細緻，價格又便

---

107 見《臺灣民報》第二百七號〈基隆洋服工友罷工經過〉。
108 見《臺灣日日新報》漢文版1928年4月22日〈基隆洋服工人要求工資昇三成一齊同盟罷工〉。
109 見《臺灣民報》第二百七號〈基隆洋服工友罷工經過〉。
110 見《臺灣日日新報》漢文版1928年5月16日〈洋服工友罷工多數無條件復職職工大敗店主戰勝〉。

宜兩成，結果生意繁榮到應接不暇。《臺灣民報》記者對這次罷工事件評論道：「該工友們這次的鬥爭能够在那敗北之中得此僥倖的勝利，眞是令人都意料不到的。」[111]《臺灣民報》的後續資料顯示，直到1931年夏天，基隆洋服工友會與洋服工友公司都依舊存在著，後來也從民眾黨的平民俱樂部遷出，換了個營業地點。

三、臺北石工工友會

在蔣渭水協助下，臺北石工工友會於1927年5月10日辦理成立大會，發起人為蔣文來。[112]1928年4月5日，該會在民眾黨臺北本部召開會員大會，除決議於五一勞動節休業一日，更通過一案，欲向資方「東光石鹼會社」提出訴求，共同協定工資。[113]資方不同意，工友會百四十餘名會員就在1928年4月中旬發動同盟罷工。

東光石鹼會社社長蔣佛賜發現苗頭不對，委託社員蔣棟材前往工友會交涉。蔣文來與蔣棟材來回斡旋，終於完成工價協議，確定調薪兩成。[114]同月16日，蔣文來在大會上向全體會員報告勞資協商的過程與結果。當罷工行動即將結束，社長蔣佛賜卻反覆不定，在4月27日片面聲明調薪協議無效，工會會員遂不願復職。

隨後，蔣福賜又唆使兒子蔣福枝，帶著十多名流氓在臺北街上示威。剛好在新起町市場遇到工會會員蔡新丁，趁蔡不注意，十幾個人出手圍毆。[115]巡邏員警在喧鬧中趕來，蔣福枝開口就說蔡新丁是小偷。[116]結果警察放走了流氓，反而把蔡新丁檢束回派出所，再度毆打一頓[117]，隨後移送

---

111 見《臺灣民報》第二百十號〈洋服工友公司好況〉。
112 見《臺灣民報》第一百五十九號〈石工工友會發會〉。
113 見《臺灣日日新報》漢文版1928年4月8日〈石工々友大會決定議事四項〉。
114 見《臺灣民報》第二百五號〈石工罷業解決結局昇價二折〉。
115 見《臺灣民報》第二百七號〈雇主唆使無賴漢白晝在街中打工人〉。
116 見《臺灣日日新報》漢文版1928年5月1日〈石工罷業解決又毆打惹問題〉。
117 見《臺灣民報》第二百七號〈雇主唆使無賴漢白晝在街中打工人〉。

到南署，即決留置25日。[118]

　　圍毆事件發生後，蔣文來、莊添福出面調解，可能社長唆使犯罪的證據被抓到，東光石鹼資方終於承認當初的工資協定，並向蔡新丁提出賠罪金50圓。[119]

四、基隆船炭工友會

　　基隆船炭工友會成立於1928年2月17日[120]，同月23日即召開臨時會員大會，決議向資方要求提高工資、改善待遇，工人們將訴求條列出來，郵寄給資方基隆炭鑛會社與其人力承包商楊火輝，限期三日內回覆，否則就罷工。[121]

　　這是一場複雜的勞資爭議，牽連到日資、國家、臺籍人力包商以及底層工人。可是新聞紙上有關事件的篇幅極短，前因後果並不清楚，只能泛泛介紹。

　　罷工開始以後，人力承包商楊火輝「用計」使警方逮捕了工友會的委員林開基暨9名會員，理由是有可能發生「暴力情事」。[122]10名會員被警察困在留置場十餘天，後來又被認定無罪釋放。楊火輝的不明手段恫嚇了工友會，一部分工人因此復職了，然而多數會員依舊堅持罷工。

　　因為罷工的緣故，楊火輝因為工人不足而失去1928年度基隆地區的砂利承攬權。工友會料想承包商一換人，就有提高工資的空間，不料楊火輝又一次使了不知什麼計策，讓基隆築港當局硬性規定，當年度船炭工資必須等同去年。隨後，楊火輝經由另一人何某的人頭，以稍高的價格，再度向築港局標下當年度的砂利承攬權。林開基等5位工友會委員，不得不與

---

118 見《臺灣民報》第二百十一號〈司法係處置不公〉。
119 見《臺灣民報》第二百八號〈臺北雇主提出賠罪金因唆使打工人〉。
120 見《臺灣民報》第一百九十六號〈基隆四團體舉發會式〉。
121 見《臺灣民報》第一百九十八號〈砂炭船友會要求待遇改善〉。
122 見《臺灣日日新報》漢文版1928年4月11日〈船炭工罷業被檢舉者釋放〉。

何某訂下勞動契約，否則將會失業。

　　雙方幾度談判、折衝、妥協，最後，楊火輝與工友會協議，工人調薪一成五，且繼續透過何某的人頭承攬基隆地區的砂利開採。[123]

五、臺南安平製鹽株式會社大罷工

　　在民眾黨支部幹部韓石泉、王受祿等人協助下，臺南安平勞工會於1928年2月底在安平城隍廟內辦理發會式暨會員大會，由陳天順擔任委員長。該工會約有150名會員，大部分是安平製鹽會社的員工。[124]當年臺灣出產的海鹽大量出口到日本，往往影響日本鹽市，如果國家不進行控管，動輒導致日本內地民生物價動盪。製鹽事業因此被劃入特許行業，由總督府專賣局每年制訂產量，再跟民間的特許會社簽訂契約，委託生產。安平製鹽株式會社便是其中一家特許廠商。

　　該會社聘有臺灣人從業員14組，共84人。安平勞工會成立不久，資方就在1928年4月15日無預警解僱其中三組18人。當勞方代表質問解雇理由，工廠主任回答：「從業員的製鹽超過會社與專賣局契約的數量，不需用這麼多從業員，這實是從業員過于勤勉的結果。」[125]工會代表回應：「若是如此那可以節量製造，就不會發生這種毛病。」[126]資方依舊拒絕了工人的復職要求。

　　4月16日，製鹽會社14組從業員各推一名代表，夥同會長陳天順，往訪同一工廠主任，希望減少每名工人的工作量，避免解雇發生。但這次得到不同的回答，主任認爲，被解雇的18名員工違反勞動契約中的一項：「凡是工人無誠意及怠慢時可以解雇」。[127]資方認爲員工違約在先，堅決

---

123 見《臺灣民報》第二百十號〈砂炭船友罷工得勝〉。
124 見《臺灣民報》第一百九十九號〈安平勞工會成立街民頗覺醒〉。
125 見《臺灣民報》第二百五號〈會社的無理解雇安平製鹽工人罷工了〉。
126 同上註。
127 同上註。

不讓復職；勞方則認爲資方言論前後不一，時而工人太勤勞，時而工人太怠慢，顯無誠意溝通。《臺灣民報》記者推測，資方所謂18名工人之怠慢，指的是他們都參加了安平勞工會的會務與活動。[128]

安平勞工會立刻在當日發動罷工，製鹽會社裡臺灣人會員84名全數停工，並組織「罷工團」維持行動秩序。該團設有七部門——總指揮部、爭議部、調查部、糾察部、救濟部、聯絡部、會計部，各司其職，臺南市內民眾黨關係團體也前來支援。[129]製鹽會社果斷放棄這批罷工者，立刻派人到東石港去重新招工——4月21日已有布袋嘴10名新進員工抵達安平，資方又向某製糖會社借調苦力二十餘名[130]，22日，工廠已重新運轉。[131]4月28日，《臺灣日日新報》刊出一篇「新聞」嘲弄罷工團與社運分子，指責該事件徒令衰落疲敝之安平，遽增許多之失業者，至於唱同情語調者，不過口頭上一時聲援，於精神物質，究莫予以充分援助。[132]

安平勞工會隨後動員「勸說」新進工人，揭露會社行徑，引起許多外地工人同情，中途折返，放棄到安平工作。資方隨即反制，爲避免另一批布袋嘴工人接觸到「不良訊息」，所有新進員工一抵達安平就被送進宿舍，不許自由出入，日用米柴由專人運送。4月23日，被軟禁的工人相率逃回布袋嘴[133]；4月25日，會社又從學甲招募新工9名，27日逃走；26日，鹽水募到新工二十餘名，27日亦全數逃走。[134]

罷工團84名工人深知這是持久戰，爲維持生活所需，四十餘名團員到海邊捕魚苗賺取生活費用；經驗較豐富的工人則負責本部的行政作業，奔走各方募集資源；以外三十餘名工人由罷工團統一向社會各界交涉暫時工

---

128 同上註。

129 同上註。

130 見《臺灣日日新報》漢文版1928年4月24日〈臺灣製鹽之爭議會社新雇工人作業罷業團極力防害〉。

131 見《臺灣日日新報》1928年4月23日〈臺灣製鹽側昨日から操業開始罷業團必死に新規雇入に防害〉。

132 見《臺灣日日新報》漢文版1928年4月28日〈罷工風潮結果如斯〉。

133 見《臺灣民報》第二百六號〈製鹽罷工的持久戰被禁十名工人逃回〉。

134 見《臺灣民報》第二百七號〈製鹽罷業愈入深刻化新到工人皆跑回去株主憤慨辦事人失策〉。

作──當時連臺南火車站的作業團裡，都能見到罷工者身影。[135]安平勞工會更對外發表一封通告書：「無米燒番薯，無鹽淡食；胃腸頭飢餓，誓決力爭！」[136]請求各地工會寄款援助罷工者生計。

4月28日又有布袋嘴替代工人二十餘名，這一次，會社以自動車一路護送到安平工廠，不讓罷工團得到任何接觸機會。星期日，布袋嘴工人欲往臺南市區遊玩，會社深怕工人逃走，又僱自動車接送，但不准自由下車。不過風聲是擋不住的，新工人得知罷工情況以後再度離開。[137]製鹽會社的替代性勞動力來來去去，一個月過去，只留下三十餘名。[138]5月7日，臺灣工友總聯盟召開中央委員會，決議以工聯名義對安平製鹽會社之監禁工人提出訴訟。[139]

然而，當勞方的法律行動還在溝通，警察已先一步採取行動──1928年5月3日，當局逮捕安平勞工會委員長陳天順，名義是「恐嚇罪」，指控他禁止新工人上班，拘留在臺南警察署。民眾黨地方幹部王受祿、韓石泉聞訊，帶人前往臺南州高等警察課指責石井警務部長袒護製鹽會社，並要求警方立刻釋放陳天順。

黃師樵〈臺灣工友總聯盟的工會活動〉一文記錄了那一天王受祿、韓石泉二人與石井警務部長的對話：

> 王氏問：這次臺南警察署派出員警駐在製鹽會社，妨害工人的出
> 　　　　入，好像是監禁的狀態，這明顯地是警察袒護會社，做其
> 　　　　幫兇的勾當，又妨害罷工團的活動，豈不被社會人士有所
> 　　　　誤會？
> 石井答：受一般誤會，亦沒有法子，必要時派警戒備，有什麼不妥

---

135 見《臺灣民報》第二百六號〈製鹽罷工的持久戰被禁十名工人逃回〉。
136 見《臺灣民報》第二百七號〈製鹽罷業愈入深刻化新到工人皆跑回去株主憤慨辦事人失策〉。
137 同上註。
138 見《臺灣民報》第二百八號〈安平製鹽罷工繼續會社損失甚大爭議勞工會長被拘〉。
139 見《臺灣民報》第二百八號〈臺灣工友總聯盟開臨時中委會討論罷工對策〉。

之處呢？

王氏問：警察在職務上會使人誤會亦屬不得已，但需鮮明地表白態
　　　　度，確有必要時，才派員駐守。

石井答：當然是有必要的迫切關係。

王氏問：那一點認為必要呢？

石井答：新募集職工恐與罷業團員打架。

王氏問：迄今雙方有沒有打架的事實呢？

石井答：是預防未然。

王氏問：在有勞動爭議時，派警察駐守會社，這樣的做法，有必要
　　　　嗎？

石井答：您們是不是干涉我們的做法不對，他們雙方的爭議，與您
　　　　們有什麼關係呢？

王氏問：我們民眾黨是政治結社的組織，對臺灣政治的好壞，當然
　　　　有干預矯正的義務。對警察行政不公、袒護會社，壓迫職
　　　　工這個問題，請詳細表明警察的態度與理由，以誠意的會
　　　　談來答辯好不好？

韓氏說：今則臺南署長與會社重役大津山，共同臨時召集安平保正
　　　　開會，他的訓示是要求同情會社的立場，袒護行動的不正
　　　　當，於是，一般人誤為警察並不是為老百姓維持治安，保
　　　　護生命財產的，而是會社資本家雇用來壓迫勞動者的工
　　　　具。

石井答：民眾的誤會也是不得已。署長與會社重役同時出現為什麼
　　　　不好呢？[140]

　　警務部長石井氏毫不避諱站到資方一側，連表面上警察機關的「中

---

140 見黃師樵，〈臺灣工友總聯盟的工會活動〉，《臺灣共產黨秘史》(臺北：海峽學術，1999)，頁
　　187-189。

立」都捨棄。1928年5月11日，安平製鹽會社向臺南警察署正式請調臨時巡查，進入製鹽工廠駐紮。[141]根據《臺灣民報》，會社自居受害者向警方求援，名義上是恐懼工人成群結黨破壞廠房設備，實際上是防止替代工人逃跑，臺南警察署立刻在工廠裡成立臨時派出所。[142]這回因藉警官的援助，新雇工人要走者就被扭回，出入的自由都被剝奪，不慣在製鹽工場內做工的工友，不得不忍耐十分的勞苦做工。[143]

製鹽會社對替代工人用盡手段，表面上，資方主動為新工人購買碗筷、蚊帳、草蓆等日用品，更砸錢買一臺先進的蓄音機讓工人娛樂，可是一旦工人離職，就會從薪水裡扣除這些「福利品」的分攤額度，往往直接讓工資歸零。[144]新進工人的逃跑概率確實降低了，其數量穩定上升，在5月中旬左右已多達六十餘名。[145]

日本勞農黨律師古屋貞雄建議罷工團，依最初被解雇18名員工的勞動契約，對製鹽會社提出「契約違反」的訴訟，並進一步要求損害賠償。1928年5月14日，古屋貞雄、通譯陳培初[146]陪同18名前員工回到工廠，表達仍有意願做工，5月17日正式向法院提出告訴[147]，古屋貞雄並擔任委員長陳天順的辯護律師。這一面是檢察官在告陳天順，另一面是工人在告資方，罷工的戰場從工廠延伸進法院——由於《臺灣民報》對於勞方的訴訟沒有追蹤報導，若非和解則多半是輸；檢察官卻告贏古屋律師，1928年6月18日，裁判長宣告陳天順懲役五個月。[148]

陳天順判決下來的前一天，6月17日，勞工會84名會員仍未復職，來自北門的替代工人卻自主發動第二輪罷工。《臺灣民報》的記者調查北門工人罷工的原因——原來會社招工的時候承諾每個月必有兩天帶薪公休

---

141 見《臺灣日日新報》1928年5月14日〈製鹽會社に請願巡查爭議の警戒〉。

142 見《臺灣民報》第二百八號〈安平製鹽罷工繼續會社損失甚大爭議勞工會長被拘〉。

143 見《臺灣民報》第二百九號〈製鹽罷工者向會社請求賠償〉。

144 見《臺灣民報》第二百十號〈製鹽罷工近況將見雙方勝敗會社或將讓步〉。

145 見《臺灣民報》第二百九號〈製鹽罷工者向會社請求賠償〉。

146 見《臺灣大眾時報》第五號〈安平製鹽會社大罷工！〉。

147 見《臺灣民報》第二百九號〈製鹽罷工者向會社請求賠償〉。

148 見《臺灣民報》第二百二十四號〈勞工長脅迫案判決懲役五箇月〉。

日，且公休日上工有兩倍工資，還會提供日用品與醫療服務。所有這些約定原來都有履行，但隨著安平勞工會的罷工走向困局，資方就陸續毀約。6月中旬，北門辦廟會，四十幾名北門工人在公休日回鄉鬥鬧熱，可是當工人回到安平申請公休日的工資，資方拒絕給錢。北門工人發覺自己是被工具性地用來對付安平在地的罷工者，且是以詐欺方式利用，於是發動罷工，訴求會社為全體員工加薪，每日5錢。[149]罷工的結果新聞紙沒有紀錄，據《臺灣日日新報》，安平製鹽會社直到1928年9月底仍在使用北門工人，可知最後沒有離職。

　　8月間，安平勞工會的部分會員欲向資方妥協，民眾黨加以勸阻無效。8月31日，會員陳魁代表四十餘名軟化的罷工者往訪會社主任衣川氏，表達無條件復職意願。衣川氏表示，工廠當時一律用北門工人，舊有職工最多只能回聘十數人。[150]

　　1928年9月30日至10月7日間，長期提供安平製鹽會社原料的「安順鹽田」故障，北門工人暫時返家。其中一部分揚言將不再回安平就職，製鹽會社趁機把全部70名北門工人都解僱，回頭再聘請勞工會所屬的安平工人，當初罷工的十組六十餘名工人全部復職。[151]

　　1928年11月底，陳天順出獄[152]，經臺灣工友總聯盟本部安排任職臺北區書記。1929年1月間，《臺灣民報》登載〈臺灣解放運動團體去年一年中戰跡〉，臺灣民眾黨在這篇文章裡回顧工運成果，安平製鹽會社的罷工被評價為「半勝半敗」。[153]

---

149 見《臺灣民報》第二百十四號〈安平製鹽會社誘發第二次總罷工市民多責其過於矯傲〉。
150 見《臺灣日日新報》漢文版1928年9月4日〈安平製鹽勞工會悔悟前非求復職因首腦者恐喝被拘〉。
151 見《臺灣日日新報》1928年10月11日〈輸入職工の歸鄉で安平製鹽會社の罷工團復職を許され安平は活氣づく〉。
152 見《臺灣日日新報》1928年11月25日〈如是我聞〉。
153 見《臺灣民報》第二百四十一號〈臺灣解放運動團體去年一年中戰跡〉。

六、高雄淺野洋灰株式會社大罷工

「高雄機械工友會」成立於1927年4月3日，旋即引發震撼全島的臺灣鐵工所大罷工，帶動工人階級的組織化浪潮，可以說是殖民地臺灣工運的火車頭。該工會所屬工人亦爲全島現代化建設的源頭——臺灣鐵工所的機械業務支撐著日本糖業壟斷資本；總督府鐵道部聯繫著全臺灣所有產業人事與物料的運輸；淺野洋灰高雄廠則供應島內絕大部分水泥需求，不論架鐵路、開工廠、建橋梁，水泥是所有基礎建設的原料。

1927年10月10日，淺野洋灰高雄工廠發生一起職災。吳禮、黃不痴兩名工人在壽山採集石灰，卻意外引起石山崩塌。鄰近工人聽見巨大聲響，黃不痴下半身遭土石埋沒，頭頂有一顆巨石搖搖欲墜，當他死命脫出，巨石正好砸在原先受困的位置。吳禮已被土石滅頂，工人掘地搜索半小時，只找到腦漿四溢的屍體。在場所有工人各自捐出當日薪水七成弔慰吳禮家屬，然而，淺野洋灰會社只出30圓當作吳禮家屬的慰問費。該金額大約是廠內本島工人一個月薪水，且不到日本人半個月工資。資方拒絕支付喪葬費用，反而勸員工自行捐款給吳禮家屬治喪。淺野會社對職災事件的處理激起眾怒，目睹一切的黃不痴遂成爲積極工運分子。

《臺灣民報》記載，類似的死亡意外在淺野洋灰高雄工廠每年都會發生。[154]當時水泥原料的石灰石必須以人工開採，稱爲「下拔採掘法」，在高度九十公尺的山上鑽洞埋設炸藥，先炸開土石層，再使用鑿岩機、粗細兩種不同的碎石機擊碎巨石之後，分裝到纜車（流籠）中運輸下山。[155]工人的肉身曝露在風險裡，死了不值幾文慰問金，因爲島內不適用殖民母國的工廠法、勞動法，以及作業環境規範。

在顧問黃賜的主導下，工會於1927年11月13日向淺野洋灰會社提出正式訴求，希望高雄工廠能確立工作規則，條件比照日本內地的工廠法、職

---

154 見《臺灣民報》第一百七十九號〈一條生命換三十圓〉。
155 見吳榮發，〈淺野水泥高雄廠的發展（1917~1945年）〉，《高雄文獻》第18卷第3期，2005年9月。

工就業規則、職工扶助法。[156]儘管資方全不回應，工會依舊在內部創造出一股勇於思考、互相討論的風氣。本島工人熱心研究各種方法讓「生活向上」，希望跟日本職工有同等待遇。

1928年3月13日[157]，工友會把洋灰工人的討論結果做成定案，推舉黃賜為代表，向淺野會社提出四項要求：

> 一、出勤簿制定之件。
> 二、設置職工宿舍之件。
> 三、最低工資制定之件。
> 四、時間外勤務增分之件。[158]

四項訴求針對的是資方向來將員工的雇傭條例、勤務規定、待遇等當成內部規定而不發表的作法。[159]資方隱瞞個別員工的工資水平、勞動條件，可以讓求職者的待遇向下競逐，今天臺灣資方還是這樣搞。出勤簿之制定是為了明確工作時間，和加班有關；最低工資之制定是為了在個別工人待遇被資方隱藏的情況下，讓向下競爭的薪水有個停損點；時間外勤務增分，即提高加班費，跟制定出勤簿、明確工作時間互相配套。

工友會第二次請願，淺野資方依舊沉默不回應，勞方於是決定反擊——由淺野工人做內應，高雄機械工友會向警方舉發會社舞弊情事。1928年4月7日，淺野工人會同高雄警察署警部補小川氏、淺野洋灰高雄支店長原田次郎，前往考察會社承包的運河浚渫工事。警方從運河土坪裡挖出大量粗糠，180坪的土砂裡，粗糠竟佔有90坪——淺野會社偷偷把砂石據為己有，再以粗糠墊底，維持土坪外觀。[160]工友會的頻頻動作令資方

---

156 見《臺灣民報》第二百一號〈高雄機械工友會對洋灰工場提出要求〉。
157 見《臺灣日日新報》1928年5月30日〈職工諸君の反省を望む淺野セメントより發した 聲明書の全文〉。
158 見《臺灣民報》第二百一號〈高雄機械工友會對洋灰工場提出要求〉。
159 見翁佳音譯註，《臺灣社會運動史：勞工運動、右派運動》（臺北：稻鄉，1992），頁93。
160 見《臺灣民報》第二百五號〈高雄談野洋灰工場社員不正結托發覺〉。

忌憚，擬一逮到機會即令員工退出工友會。[161]在逐漸升高的對立情勢裡，1928年4月又發生工人吳石定的解雇事件，這是淺野大罷工的導火線。

1927年12月20日，吳石定因傷害罪被警察逮捕，到1928年3月6日方被釋放，等同連續曠職三個月。犯罪並不光彩，因此吳石定當初呈交給廠方的「缺勤屆」，即缺勤申請書，只寫「因為不得已之事情」。並請託友人謝某向工廠的大脇係長說明，得到係長承諾回歸後照常上班。1928年3月6日，吳石定一出獄就往訪大脇係長，係長答曰，法院判決出來若是罰金，如舊雇用；若更嚴重，就不一定了。文獻上沒有記錄吳石定到底被判了什麼罪，只知道他終究被會社開除了。

高雄機械工友會受理吳石定的案件，以黃賜為代表跟洋灰工廠的庶務係長小杉氏交涉，終於爭取到復工承諾，不過是類似試用期的概念，吳石定須等到5月才能變回正職。3月25日，吳石定如約上班，再度遭大脇係長拒絕，小杉係長出面協調，請吳石定再緩一天，隔日報到。3月26日報到，廠方要求吳石定提出缺勤事件始末書，並且蓋印，吳石定或許不願罪行曝光，堅決不應，當場解雇。[162]往後數日間，工友會召集大會，議決由黃賜代表向淺野洋灰高雄支店長原田次郎陳情。會見之際，原田店長要求黃賜提出三百名工人的委任狀，理由是資方對工友會決議一概不予承認，即使大會亦然。黃賜退讓，重新準備書狀後再訪會社，店長又以「書類不備、不足信任」為由拒絕。

1928年4月6日下午四點半，淺野洋灰三百餘名員工聚集在會社事務所前，向資方證明黃賜的代表性，並要求店長原田次郎回覆工友會先前所提出，關於加班、工時與宿舍的幾項訴求。原田氏當下宣布，本日工廠休業，出勤停止，命令員工立刻退場。[163]當時，該會社因受水泥業不景氣的影響，被迫需作限制生產的措施，同時也估計到機械工友會成立後，對員工的關係將益形複雜，因此頗思去之而後快。所以，會社便利用此機會發

---

161 見翁佳音譯註，《臺灣社會運動史：勞工運動、右派運動》（臺北：稻鄉，1992），頁94。
162 見《臺灣民報》第二百四號〈淺野紅毛塗工場壓迫職工的暴狀不日中將起罷工〉。
163 同上註。

布命令，謂參加復職運動者之行為係屬不當，並將四十一人解雇。[164]解雇
風波從吳石定一人擴大到復職運動者41人。資方粗暴的動作，工人盡皆不
平，於是在1928年4月9日選舉代表，準備發動罷工。[165]黃賜亦將高雄情況
通報臺北民眾黨本部，請求支援，工總聯顧問蔣渭水、謝春木、臺南總工
會委員長盧丙丁，旋即趕赴高雄。[166]

　　1928年4月14日，洋灰機械工三百餘名決起罷工，除了訴求吳石定外
41名工人復職，更要資方同意先前工友會所提出，包含出勤簿、宿舍、最
低工資、加班費四項訴求。淺野高雄工廠分成兩個部門，除了工廠內作業
的機械工三百餘名，尚有如吳禮、黃不痴那種在壽山上的石灰石採集工
人，同樣為數三百餘名。山下工廠已進入罷工狀態，為維持生產，資方決
定調動壽山上的採礦工，將其中半數轉去工廠取代機械工的工作。採石工
人發布聲明，聲援罷工，拒絕下山。資方遂回覆：「如工場沒有開工，
山灰不需用那麼多，大家可以停業，停業中不給一文錢。」[167]三百多名採
石工聞之，就在4月16日共同加入罷工團。至此，罷工人數已達到七百餘
名。

　　淺野資方的動作極度粗暴，更加深工人團結，除了少數幾人拒絕響應
罷工，大多數工人或各自求職，或委託罷工團介紹，以充足經濟，維持久
戰實力。同日，「淺野洋灰罷業員工總指揮部」正式成立，設置了宣傳、
救濟、罷業、監視（按：指糾察）等部門，並刊行爭議新聞，製作及頒發
指令、海報，每夜召開演講會等等，致力於宣傳及號召團結。[168]或者基於
輿論壓力，或者害怕鐵工所罷工的風波重演，高雄警方對外宣告，當局必
將「嚴守中立」。[169]然而，警察從表面上的中立，到出手逮捕工人，中間
只隔不到一個月時間。

---

164 見翁佳音譯註，《臺灣社會運動史：勞工運動、右派運動》（臺北：稻鄉，1992），頁94。
165 見《臺灣民報》第二百四號〈淺野紅毛塗工場壓迫罷工的暴狀不日中將起罷工〉。
166 見翁佳音譯註，《臺灣社會運動史：勞工運動、右派運動》（臺北：稻鄉，1992），頁94。
167 見《臺灣民報》第二百六號〈淺野會社罷工雙方各執持久戰官嚴守中立〉。
168 見翁佳音譯註，《臺灣社會運動史：勞工運動、右派運動》（臺北：稻鄉，1992），頁94。
169 見《臺灣民報》第二百六號〈淺野會社罷工雙方各執持久戰警官嚴守中立〉。

昭和3（1928）年4月27日，淺野洋灰員工發動罷工抗議，高雄機械工友會也發起罷工聲援，設置20個臨時出張事務所協助並約束罷工職工，同時蔣渭水（二排右3）也率眾陸續辦理全島同情演講，支援資金、糧食並介紹工作。照片為高雄機械工友會罷工會員於臨時事務所前留影。（蔣渭水文化基金會提供）

　　1928年4月18日，臺灣工友總聯盟在臺北本部召開中央執行委員會，討論淺野洋灰罷工對策，做成決議。首先，由工總聯對外發表聲明書；其次，動員工總聯所屬各地單位，主辦演講會，為高雄工人創造輿論；第三，所屬各基層工會須在每月6日前捐款，援助淺野罷工團。[170]罷工團用這筆錢買了20袋米分配給罷工工人。[171]4月23日晚上七點，工總聯與友誼團體在各地同時舉辦「糾彈打狗資本團大講演會」，全島從北到南——宜蘭、基隆、汐止、臺北、桃園、新竹、豐原、臺中、臺南同時開講，不過，一律在宣布開會時被警方命令解散。[172]

　　同一時間，高雄地區的資方團體、同鄉會以及市民團體，也陸續動員起來。譬如說，當罷工工人紛紛外出尋找新工作，土木業者的資方團體「高雄土木組合」在4月21日對外發表聲明，所有參與淺野洋灰罷工的工人一律不加雇用，若是雇用後得知為罷工工人者，直接退職[173]；因為罷工團員中多數是澎湖人，澎湖廳民會也通過決議，勸告工人：「澎湖人是要到臺灣出稼賺錢，不要與臺灣人結合罷工。」[174]罷工團員也在澎湖廳民會裡展開行動反制，有的逡行脫會、有的要求改選民會幹部[175]；除此之外，由於水泥工廠鄰近住戶有降灰問題，部分高雄市民想抗議，卻一直沒有機會，現在也因為環保的理由站出來，訴求會社把水泥工廠遷到別處。[176]

　　1928年4月底傳出一道「分化蟲」的風聲，說罷工是淺野洋灰會社有意造成的。傳聞中，當年度水泥聯合會（國家用來統制臺灣水泥產業的組織）命令限縮生產，減少的產量也減少了營收，資方為維持利潤率，想開除一部分員工節省人事成本。只是向來找不到裁員理由，便策動這次罷工。聞在工場內某課長自前與工友們有宿怨，故亦想藉機逐出就中為主動

170 見《臺灣民報》第二百六號〈臺灣工友總聯盟開中央執委會議決九件事項〉。

171 見翁佳音譯註，《臺灣社會運動史：勞工運動、右派運動》（臺北：稻鄉，1992），頁95。

172 見《臺灣民報》第二百六號〈全島一齊開糾彈打狗資本團大講演宣告開會就被解散〉。

173 見《臺灣日日新報》漢文版1928年4月21日〈高雄土木組合對罷業職工決不復使用〉。

174 見《臺灣民報》第二百六號〈高雄澎湖廳民會幹部不為罷工會員做事〉。

175 同上註。

176 見《臺灣民報》第二百六號〈淺野罷工仍各對峙工友總聯盟應援市民抗議降灰問題〉。

的工友，適逢該支店長原田氏由內地新到任時，會社方面乃故意買收工人中的最為強硬的分子黃某等的十名，使之誘發工人興起罷工。[177]這10名傳說中的「分化蟲」雖列在最初41名被開除的名單當中，然而他們事先已向資方提出缺勤申請，得到會社的諒解。罷工以後，這10人不但先行復職，更誆騙其他工人說行動已結束。部分罷工工人一時不察，前往工廠，旋遭會社軟禁。少數被監禁的工人從工廠逃回罷工團，資方的陰謀方能曝光。

《臺灣民報》上繪聲繪影地描述這起事件，到底是真是假，今日難以辨明。官媒《臺灣日日新報》認為監禁之說是民眾黨的抹黑手段，淺野資方只是開放宿舍收容多數員工。然而，《臺灣日日新報》上同樣記錄了家屬前往工廠討人的情況。[178]確實也有許多工會會員自願復職， 4月24日，16名員工搭乘會社的自動車進入廠區[179]；5月初，七百餘名罷工工人已有四五十人復職。[180]長此以往，罷工將被破壞。

為了處理這群未經集體決議逕行復職的四五十人，罷工團組織了一支特殊部隊「食飯隊」——最初發動罷工時，工人彼此簽過契約，當中有一條：「倘若違約或逕自復職者必須負擔罷工者的生活費（含食衣住）。」「食飯隊」一支由十數名或數十名罷工者組成，集體到復職工人的家裡吃飯。罷工團人數眾多，達七百餘人，因此當食飯隊真的進到房裡討飯吃，對方都以為在開玩笑。待到食飯隊的要求愈益迫切，復職者家屬往往不得已，趕緊炊飯；倘若主人家拒絕，更有食飯隊員毫不客氣，自行進廚房，自行糴米煮飯，一桶飯二三十人瞬間吃得乾乾淨淨，第一隊離開再換第二隊上陣。許多復職者發覺，不去上班居然比上班省錢，就決定不再回工廠做工。[181]

---

177 見《臺灣民報》第二百八號〈淺野會社策窮計盡工場的煙筒不出煙了罷工團之組織的活動〉。

178 見《臺灣日日新報》漢文版1928年5月10日〈淺野洋灰會社罷工解決不能續休〉。《臺灣日日新報》此處報導宿舍內已有百八十餘名工人，鑒於警方的資料與《臺灣民報》一致，為四五十人，警方甚至提到通勤人數有下降趨勢，故不採取《臺灣日日新報》的數字，畢竟這份報紙常常做假新聞。

179 見《臺灣民報》第二百六號〈淺野會社罷工雙方各執持久戰警官嚴守中立〉。

180 見《臺灣民報》第二百七號〈淺野罷工仍各對峙工友總聯盟應援市民抗議降灰問題〉。

181 同上註。

　　因為食飯隊的活動，淺野會社消防組的某位日本社員曾經往訪黃賜，要求食飯隊停止行動，黃賜只回答，自有警察會出來維持秩序，不必介意[182]；亦有復職者家中婦人請警察來趕人，可是契約為證，除了吃飯以外，食飯隊員亦無不法行為，警官無可奈何。[183]

　　罷工團爭議本部更向外派出糾察隊，在高雄市田町、內惟二十個地方設立臨時工友會出張所，致力於監視罷業員工的態度[184]，糾察隊員更以平地三隊、海面一隊、山路二隊之方式編組，每隊10名置一隊長[185]，遊行巡視附近一帶的村莊，四處宣傳，阻止淺野洋灰會社招募替代性人力。[186]在食飯隊、糾察隊的努力之下，通勤上班的復職者出現逐漸減少的趨勢。[187]

　　1928年5月，日本皇室久邇宮邦彥王即將以特命檢閱使的身分到高雄州視察。州當局認為，淺野罷工事件如果繼續擴大，恐怕妨礙奉迎事務，便安排倉庫會社高雄支店長中村一造，以及該社社員楊振福，出面調停。[188]資方也把歪腦筋動到中村一造身上，因他既是勞資爭議調停者，也是在鄉軍人的分會長——當時高雄警方欲維持表面上的中立，不對工人採取立即行動，原田次郎遂打算透過中村氏動員高雄在鄉軍人，著軍裝鎮壓工人。幸而中村氏拒絕了，理由是在鄉軍人乃為迎送御駕、搶救天災而設置，不能為會社一己私利運用。[189]其後，中村一造與楊振福依據高雄州當局的意見，在1928年5月1日發了封意見書給淺野會社的勞資雙方：

　　一、圓滿解決爭議，一切狀態復舊於未罷工前。
　　二、職工撤回這次爭議的要求。

182 見《臺灣民報》第二百六號〈淺野會社罷工雙方各執持久戰警官嚴守中立〉。
183 見《臺灣民報》第二百八號〈淺野會社策窮計盡工場的煙筒不出煙了罷工團之組織的活動〉。
184 見翁佳音譯註，《臺灣社會運動史：勞工運動、右派運動》（臺北：稻鄉，1992），頁95。
185 見《臺灣民報》第二百八號〈淺野會社策窮計盡工場的煙筒不出煙了罷工團之組織的活動〉。
186 見翁佳音譯註，《臺灣社會運動史：勞工運動、右派運動》（臺北：稻鄉，1992），頁95。
187 同上註。
188 見《臺灣民報》第二百八號〈爭議愈形重大化淺野洋灰工場停業了罷工事務由總聯盟引繼〉與《臺灣日日新報》漢文版1928年5月7日〈高雄罷業問題將圓滿又破裂〉。
189 見《臺灣民報》第二百八號〈淺野會社策窮計盡工場的煙筒不出煙了罷工團之組織的活動〉。

　　三、如圓滿解決工人須加倍遵守社規勉勵。[190]

　　換句話說，勞資雙方各退一步，資方讓被解雇的工人恢復原職，工友會則取消那四項額外訴求，包括出勤簿、加班費、宿舍和最低工資。罷工團接受了這個和解條件，可資方卻覺得能要到更多，原田次郎遂又委任社員鐸木氏向工人們提出額外三項要求：

　　一、職工須陳謝自己之不當。
　　二、不許復職但可依新規採用。
　　三、新規採用只限一部分工人。[191]

　　這裡，前兩項只是爭個面子，後一項卻賦予資方對工會會員動刀的權力，罷工團當然無法接受。談判破裂，1928年5月4日，中村一造對外宣布交涉失敗[192]，雙方對立益發嚴重。

　　1928年5月7日，臺灣工友總聯盟臺北本部召開臨時中央執行委員會，由謝春木報告南部淺野洋灰、安平製鹽罷工之情況，會上決議，淺野洋灰罷工之指導權由高雄機械工友會向上轉移至工總聯本部，轄下全島五區各派二名代表往赴高雄支援罷工，並對外發表「決裂的聲明書」。工總聯更在全島各地組織宣傳隊，製造輿論，並組織更大範圍的求職團以解決罷工工人生計問題，並對於會社之不法監禁復職員工提出法律訴訟。[193]隨後，原「淺野洋灰罷業員工總指揮部」改組「臺灣工友總聯盟淺野爭議本部」，由黃賜、盧丙丁擔任總指揮，底下設置會計部薛應得、對策部張晴川、救濟部湯慶英、糾察部梁加升、調查部陳明來，又在高雄田町、內惟

設置糾察隊駐在所，這些人都是當年社運圈鼎鼎大名的人物。[194]

　　相對於工友總聯盟臺北本部的大動作介入，同樣在5月7日，淺野洋灰株式會社以「鎖廠」做爲回應[195]，廠區關閉，全面停工，同時亦發布了解雇178名罷工團成員的命令，洋灰工廠內高聳入雲的煙囱自此不再出煙。這時候，七八百名罷工工人當中，已有六百餘名經罷工團對外交涉找到新工作[196]；其餘員工預料到爭議將來的發展，復職的復職、歸農的歸農，勞資爭議的實體正逐漸縮小。[197]

決裂的聲明書

這回的調停因暴戾無忌的淺野洋灰會社當局之不誠意及其陰謀的緣因，遂告破裂。如別紙的調停案，固不是我們所能滿足的，然爲調停者之中村、楊兩氏說，「因久邇宮殿下，已欲駕臨高雄的時候，所以要到這時候以前，爲便高雄市的平和……」再三再四懇請，固此我們便與愼重的態度，待其調停的經過和結果了。但豈料會社一方面自五月一日起，兩次至深更二時頃，在中村氏宅凝議，竝表示容認中村氏之調停案至相當的程度，一方面狂奔於職工的新規雇入，竝要另立其傍系會社的支配人鐸木氏爲調停者而代中村氏，爲欲企圖破裂這回的交涉了。而鐸木氏的加入調停因被拒絕，會社也就愈曝露其馬腳，於是將左記的無法之要求，於去三日午後始提出了。

一、職工們須陳謝其自己不謹愼。

---

194 見翁佳音譯註，《臺灣社會運動史：勞工運動、右派運動》（臺北：稻鄉，1992），頁96。
195 見《臺灣民報》第二百十號〈高雄洋灰罷工尚難解決會社煙筒依然不能出煙一般工事界受影響甚大〉。
196 見《臺灣民報》第二百九號〈高雄洋灰罷工警署已失中立拘留工人尾行幹部〉。
197 見翁佳音譯註，《臺灣社會運動史：勞工運動、右派運動》（臺北：稻鄉，1992），頁96。

二、不許復職，另爲新規採用。

三、但要新規採用，在一部分的職工，是斷不能容許。

如此狂迷的要求，在調停者的中村氏，也想爲意外，竝憤怒其亂來，見他即時拒絕調停，就可窺其一端了。據說依警察當局的懇求，要留中村氏待至翌四日朝八時的最後的回答，而我們也被要求等到彼時，然而會社不但沒有系毫反省，反逆利用爲遷延策，使我們油斷不顧，尚且更出暴虐的態度，使調停者等過一夜，尚無一言隻句回答竝道歉，以此就可曉得會社自當初就有欲使破裂的魂膽，因此至今隱忍自重的我們，遂不得不和會社徹底的鬥爭了。這回的爭議是會社之組織的誘導，或計畫的陰謀之事實，在這回交涉的結果，官民及高雄的資本家皆已公認，其陰謀的曝露可很明瞭了。如此我們須加鞏固的結束，在一絲不亂的統制之下，爲高雄市民之衛生保健，爲正義，爲八百人的職工，竝其家族三千人的生存權，爲著懲此殘忍、無法、暴虐的淺野洋灰會社，圖與內地的勞働團體提攜，繼續徹底的鬥爭，市民諸君，在公平監視之下，我們願爲正義而繼續爭鬥，特此聲明。

五月五日　爭議團本部[198]

中村一造調停失敗時，久邇宮邦彥王已抵達臺灣，高雄州當局愈禁不起地方治安的壓力，從故作沉穩豹變爲神經質，雷厲風行地逮捕罷工團成員，意圖在短時間內消滅工人組織。

一系列逮捕事件的開始是5月6日。罷工團成員莊帝騎腳踏車與人相撞，演變成互相毆打，警方隨後在8日逮捕莊帝等6名工人。5月13日下午，大批警力突擊搜查了罷工團本部及四周，總指揮黃賜、爭議部部長梁

---

198 見《臺灣民報》第二百八號〈洋灰罷工團發出決裂的聲明書〉。

加升被檢束，名義是「暴行威脅犯」。警方除了帳簿與謄寫板，沒有找到什麼東西，卻還是在罷工團本部增設了偵查隊，自此以往，每日皆有四五名刑事輪流尾行罷工團幹部。[199]隔日，民眾黨幹部楊金虎、李炳森、湯慶榮連袂往訪高雄警察署，抗議警方違法拘捕，並要求釋放被捕者。[200]然而，莊帝等6名工人已被警方移送到臺南地方法院，「中立」的警方並且對外發表聲明，謂淺野洋灰罷工團已「暴徒化」，不能置之不理。[201]

5月17日上午，淺野罷工團召集會員大會，互相激勵，勿為會社買收，囑咐成員監視團內違約分子──會議間，罷工糾察隊被警方命令解散。[202]5月19日，臺灣工友總聯盟再度召開臨時中央委員會，通過三項決議：

　　一、安頓工人勿輕舉妄動以合法的進行。
　　二、對府、州、郡三處抗議該的警官之無理干涉。
　　三、以八十餘名之失業工人組織求職團向各地方出發活動。[203]

中央委員會派遣工聯顧問蔣渭水，南下高雄同警方交涉，但一說再說，都是警察客觀中立，沒有偏袒會社一方。

儘管工總聯與民眾黨持續跟官方交涉，當局策略性的法律行動並沒有停止，往後又以違反暴力行為取締法為名，陸續檢舉了四五十名罷工團成員。其中，黃賜、梁加升、黃不痴等37人，更遭警方故意拖延法律程序，拒不移送地方法院，拘留在警局內長達七個月之久。國家機器的濫捕濫訴，讓淺野洋灰罷工行動瞬間落幕，數十名進步工人、組織者鋃鐺入獄。眼看罷工者將被「嚴辦」，民眾黨黨內同志決定以金錢賄賂法官，營救淺

199 見《臺灣民報》第二百九號〈高雄洋灰罷工警署已失中立拘留工人尾行幹部〉。
200 見《臺灣日日新報》漢文版1928年5月19日〈高雄罷工問題黨幹部行動〉。
201 見《臺灣民報》第二百九號〈冷語〉。
202 見《臺灣民報》第二百十號〈高雄洋灰罷工尚難解決會社煙筒依然不能出煙一般工事界受影響甚大〉。
203 見《臺灣民報》第二百十號〈臺北工友總聯盟開臨時中央委員會〉。

野罷工團成員。[204]1928年12月27日，臺南地方法院的裁判官做出判決，37名罷工運動者無罪釋放。工人與國家在法院裡拉扯，一拖就超過半年。

　　1929年1月6日，臺灣工友總聯盟臺北本部舉辦「出獄者慰安茶話會」，除了招待罷工團的主要成員黃賜、梁加升，亦接待臺南安平製鹽會社罷工事件裡無端入獄的安平勞工會長陳天順。[205]1929年8月，檢察官不服抗告[206]，南部工友北上受審，臺灣工友總聯盟亦負責住宿、接待事宜。[207]臺北高等法院的二審，在律師蔡式穀、古屋貞雄的協助下，絕大部分工人宣判無罪，剩下莊帝等5名執行猶豫。[208]1929年8月25日，工總聯中央執行委員會通過決議設置「高雄爭議善後委員會」，由黃賜、梁加升、陳木榮、楊慶珍、李友三等15名擔任執行委員，負責收尾。[209]

　　總體而言，高雄淺野洋灰大罷工先有七百餘名工人團結一致，後有工友總聯盟、民眾黨引入島內各地資源，卻轉瞬終結於日本警察的強力鎮壓。高雄機械工友會這次罷工事件，應與文化協會墓地事件、農民組合二一二大檢舉並列而觀，具體而微地象徵著工運、農運、市民運動在1928年的向下轉折——在工運的範圍內，後續再沒有同等規模的集體抗爭，國家自此亦下定決心，不再擺盪於表面的「中立」或「勞資自治」，面對工運就是鎮壓，往後勞工運動的空間愈見萎縮。

七、臺北木工工友會

　　在蔣渭水協助下，臺北木工工友會於1927年4月8日晚間正式成立，於

---

204 見黃文樹，〈大崗山派心覺法師行述〉，《護僧》第27期，2002年6月。淺野罷工團爭議部部長梁加升，因平生離奇際遇，而在二戰後出家，是為臺南大崗山心覺法師。身為淺野罷工中被警方逮捕起訴的頭號嫌犯之一，民眾黨黨員之買通法官，乃梁加升之子梁南坤受訪時的說法，可信度很高。

205 見《臺灣民報》第二百四十四號〈工友總聯盟主開高雄罷工慰安會〉。

206 見《臺灣民報》第二百七十四號〈淺野罷工事件檢察官與被告人均提出不服的抗訴〉。

207 見《臺灣民報》第二百八十三號〈工總聯常委會議淺野案接待法〉。

208 見《臺灣民報》第二百九十一號〈洋灰罷工案二審判決二十八名判無罪五名執行猶豫〉。

209 見《臺灣民報》第二百七十六號〈臺北工友總聯開六次常委會〉。

蓬萊閣辦理發會式，選舉工人王錦塗爲委員長。[210]工友會4月剛成立，6月間，王錦塗就與蔣渭水共同帶領大稻埕茶箱工人爭取調薪，贏得勝利，木工工友會會員擴大到六百餘人，成爲臺灣北部最大工會之一。隨後，更將臺北木工之間聯誼交際性質的「魯班公會」收歸旗下管理，取代其業務。工友會聲望日隆，一般臺北市民也給它很高評價。[211]

　　該工會的組訓工作十分紮實，時常與民眾黨人共同舉辦政談演講會，進行勞工教育、市民教育，例如勞動節大演講、聲援鐵工所罷工的同情演講。此外，更以每月20日爲月例會，讓會員聚首，交換智識，疏通意見。[212]福利活動方面，除了魯班公會系統的聯誼交際，更時常以會員懇親會的形式，招待木工去蓬萊閣吃大餐。[213]

　　1927年6月，大稻埕茶箱工罷工得勝，信心在握的工友會於1927年11月12日發動另一場爭取同工同酬的運動——艋舺一帶的建具指物[214]工廠，各廠工資高低不齊，工友會爲統一旗下百三十五名建具指物工人的工資水平，推派林謝烏番等爲交涉委員，跟各工廠主協商，並交付工資價格統一表。然而，連續七次交涉，業主們皆不承認，反而加深資方團結，仿照勞方組織了一個同業公會。1927年11月20日，木工工友會提出讓步後的價格表，談判卻依舊破裂。幾天後，臺北木工工友會發動建具指物工人同盟罷工。[215]同時對外發表宣言書：

　　　　我們木工工友，自歐戰後因受經濟環境所迫，爾來壓迫屢烈，使我
　　　　們勢將爲落伍分子，故不得已連絡同志，自一個月前即選派代表同
　　　　業主數次求其同情，希望將其在來散亂的價格稍加刪改臻於一致，
　　　　使我們對於生活上稍保安定，亦可促進業主之工業發達，互相扶助

---

210 見《臺灣民報》第一百五十四號〈木工工友會開成立總會〉。

211 見《臺灣民報》第一百六十二號〈臺北木工會會館成立〉。

212 見《臺灣民報》第一百八十四號〈木工初回月例會〉。

213 見《臺灣民報》第一百九十七號〈臺北木工工友懇親會〉。

214 日文「建具」指的是門窗、門扇之類；「指物」則是室內家具。

215 見《臺灣民報》第一百八十四號〈臺北木工工友會建具指物部罷工〉。

共圖生活之向上。豈料業主對於我們提出之價格統一表，不但不為同情修正，反視同敵人一樣，竟斷然拒絕，同時業主亦於數日前組織同業組合欲對抗我們。竊思這回之交涉，實與既往他種工團之要求昇價而生罷工者絕對不同，且受其不誠意之拒絕，實令人可慨可惱。我們不得已於本月二十日，再提出最後讓步之價格表，依然受其拒絕，是以忍無可忍，決議自由罷業，經自本日起一齊休息，深望社會諸君幸勿以我們為輕舉妄動，或以為過分之要求而見責，則我們幸甚，社會幸甚。[216]

　　臺北市內二百餘名木工響應罷工，勞方取得壓倒性的勝利。1928年1月1日，工友會在臺北蓬萊閣舉辦了祝捷大會，由林謝烏番致開會辭、顧問蔣渭水以勞工運動為題進行演講。[217]1月2日，又在九間仔民眾講座召開大演講會，分享抗爭經驗，先由林謝烏番向臺北市民報告罷工得勝的過程，再由蔣渭水說明1927年臺灣工運的長足發展，以證明「同胞須團結，團結真有力」。[218]

　　文獻上記錄了工友會在罷工過程中的組織調整。木工們意識到工會會員區別成太多工種，分散在不同工廠作業，彼此之間的差異導致利益未必一致。1927年12月20日，臺北木工工友會召開臨時委員會，討論組織調整，決議將工友會分成大木、細木、箱工、建具指物共四個部門，各為自治。12月31日，又借用太平町民眾講座召開會員大會，進一步決議箱工部脫退木工工友會，另外成立「臺北茶箱工友會」；王錦塗亦於大會上請辭委員長，各部幹部重新改選，由陳隆發任大木部長、許天任細木部長、林謝烏番任建具指物部長，三部以上，不設總長。[219]

　　臺北木工罷工的捷報在北臺灣廣為流傳，影響所及，基隆地區的木石

---

216 同上註。
217 見《臺灣民報》第一百九十號〈臺北木工建具部開祝捷大會〉。
218 見《臺灣民報》第一百九十號〈臺北木工工友會開臨時大會〉。
219 見《臺灣民報》第一百九十四號〈臺北木工工友會開第二回總會〉。

工友會便根據臺北經驗，在1928年3月2日召開會員大會，決議向各業主提出訴求——比照臺北木工工友會調漲該會所屬建具工人的薪水，指物工人亦要求調薪八分。[220]業主最初拒絕，罷工後同意勞方訴求，基隆木石工友會的罷工亦大獲全勝。[221]臺北木工工友會1927年的罷工帶動北臺灣不同地區木石工人工資的全面上漲。

　　1928年2月29日，臺北木工工友會細木部部長許天聯合臺灣塗工會[222]，拜訪臺北地區的業主代表、協和木匠店老闆田逢，希望細木工人的工資可以恢復到1920年水準。細木部的訴求背後有個搭便車失敗的故事——他們曾在1927年11月7日藉著建具指物工人即將罷工的機會，在江山樓與7名資方代表談判，其訴求同樣是調薪到1920年水平。資方雖同意調薪，但只能有1920年水準的八成。[223]細木工人隱忍，先簽約再說，勞資雙方於是做成「工價公簿」。建具指物部罷工結束後，業主們紛紛反悔，不但工價提高不如公簿，更找盡名目苛扣。[224]1928年2月9日，細木部在民眾講座召集臨時大會，決議在1927年11月的協約版本裡增訂附加條件，重向店主提出，方有前述1928年2月29日，細木部、塗工會聯合代表跟田逢的會面。[225]

　　店主方經歷兩次內部會議，3月4日答覆細木部部長許天，不承認工友會訴求，如果不服，請任意罷工。木工工友會細木部感覺自己被瞧不起，3月6日，在民眾黨本部召集大會，做成決議，百三十六名細木工聯合部分油漆工發動罷工。[226]

　　罷工行動持續著，3月11日，店主方向工友會表達妥協意願，約定當晚七時在江山樓協商。入夜後，江山樓內埋伏了十餘名便衣警察，原來店

220 見《臺灣民報》第一百九十九號〈木石工友休業〉。

221 見《臺灣民報》第二百號〈基隆木石工友罷工得勝〉。

222 臺灣塗工會參與此次罷工事件的說法來自於警方，見翁佳音譯註，《臺灣社會運動史：勞工運動、右派運動》(臺北：稻鄉，1992)，頁96。

223 見《臺灣民報》第一百九十九號〈細木部與油漆工將提出工資昇價〉。

224 見《臺灣民報》第一百九十九號〈臺北木工工友會細木部均已罷工了〉。

225 見《臺灣民報》第一百九十九號〈細木部與油漆工將提出工資昇價〉。

226 見《臺灣民報》第一百九十九號〈臺北木工工友會細木部均已罷工了〉。

主方發現細木部的幹部都是華僑移工，佯裝妥協，欲在協商中惹起事端，讓警方逮捕工友會幹部，再以退去命令逐回中國。所幸工會幹部機警，沒有製造事端。為保護中國籍幹部，工友會遂重新推派代表，改由臺北店員會陳木榮代為奔走交涉。[227]3月15日，臺北市內各木工店主團結起來，成立了「臺北細木同業會」、艋舺業者則組織「臺北建具製作同業組合」企圖與工人組織相抗衡。[228]細木工預期爭議難以在短期內解決，陸續外出到基隆、新竹打工，或在家做簡單的木工。罷工陷入僵局。[229]

在長期抗戰的觀點底下，臺北木工工友會決定組織「臺北木工工友公司」，該機關不只是為了細木部的罷工，更是為大木部、建具指物部往後的罷工提供後援。[230]1928年4月8日，木工工友公司辦理披露宴，預告營運，工人幹部許天成為公司代表。[231]警方記錄，創設工友公司是蔣渭水的計畫，他把臺灣民眾黨的「民眾講座」借給工人當工廠，製造家具，更由民眾黨撥款三千圓作罷工基金。[232]

1928年3月間，約有十幾名罷工者受雇主買收脫退工友會，且以「魯班公會」名義到鄰近村落，欺騙工會會員罷工已結束，應回市內上工。[233]警方說法，這些工人禁不起長期罷工，渴望復職，因而請人中介要求妥協，並脫離了民眾黨的指導。於是三月三十日，在以提高一成二分左右的工資為條件下復業。[234]復職者只是部分，隨著蔣渭水與民眾黨的資源轉介，4月起，工友會的後援轉強，工友總聯盟中央執行委員會亦做成決議，命令各地基層工會金援罷工團。[235]待到「臺北木工工友公司」開業，雇主們確知工人具備久戰力，遂派遣孫沛等8名代表與細木部部長許

---

227 見《臺灣民報》第二百號〈木工罷工續聞恐難容易解決〉。

228 見翁佳音譯註，《臺灣社會運動史：勞工運動、右派運動》（臺北：稻鄉，1992），頁97。

229 見《臺灣民報》第二百號〈木工罷工續聞恐難容易解決〉。

230 見《臺灣民報》第二百二號〈木工籌組營業機關〉。

231 見《臺灣民報》第二百四號〈臺北木工工友公司成立〉。

232 見翁佳音譯註，《臺灣社會運動史：勞工運動、右派運動》（臺北：稻鄉，1992），頁96-97。

233 見《臺灣民報》第二百四號〈木工細木罷業一部被業主買收〉。

234 見翁佳音譯註，《臺灣社會運動史：勞工運動、右派運動》（臺北：稻鄉，1992），頁97。

235 見《臺灣民報》第二百六號〈臺灣工友總聯盟開中央執委會議決九件事項〉。

天等，在乾德樓進行最後談判，勞資雙方達成協議，內容不明，至4月30日，全體木工無條件復職。[236]

臺北木工工友會的第三回罷工發生在1929年3月，該會大木部與華僑大工工友會聯手罷工，象徵著工運右翼民族主義理念的實現。然而，罷工的失敗也象徵著民族主義的失敗──往後再沒有華僑工會與本島工會進行實質的聯合罷工。

1929年2月26日，臺北木工工友會大木部召集臨時大會，討論如何提高工資。在蔣渭水主導下，大會決議向資方提出調薪訴求，並將研擬具體條文的工作交付起草委員。3月2日，工友會將聲明書交付資方團體「臺灣土木協會」，及市內相關包商[237]：

聲明書

我木工工友會大木部於上月二十六日召開臨時會員總會，全場一致通過左列的決議。

決議事項

一、日薪最小限度應在二圓以上。

二、現在日薪二圓以上者，應增加其額之兩成。

三、工作時間不得超過十小時。

四、對於尚未完全取得木匠的資格者，應給予個別承包。不然，日薪應均支付二圓以上。

上述決議事項，我們要求在昭和四年三月七日之前回答可否。以上向閣下聲明。

---

236 見《臺灣民報》第二百七號〈臺北細木工的糾紛解決〉，其妥協息事之意圖則見第二百四十一號〈臺灣解放運動團體去年一年中戰跡〉。

237 見《臺灣民報》第二百五十一號〈工友大木部發出聲明書要求待遇改善〉。

臺北木工工友會大木部[238]

　　臺灣土木協會對勞方聲明不做任何回應，也料想工會勢必發動罷工，工程不得不延遲。因此，協會動員起來尋求各方客戶諒解，準備持久對抗。[239]1929年3月8日，期限已屆，工友會大木部聯合華僑大工工友會發動罷工。臺北市內的眾多建築工程停擺，包括陸軍經理部，以及警察署南署的工事。[240]警方統計，全部二百二十三名從業員中，有一百四十六名參加罷工，而罷工的工事現場還波及到內市的官衙、學校、住宅等二十九個地方。[241]

　　那時候，墓地事件、淺野大罷工、二一二檢舉，幾個重大鎮壓剛結束，國家對社運已改採零容忍態度。因此，木工工友會大木部的罷工行動，警方迅速介入 —— 臺灣土木協會還沒任何動作，3月10日，兩天之內，華僑大工工友會會長鄭紀祥等20名工人已遭檢束，3月13日起陸續釋放，而臺北木工大木部委員長陳隆發12日亦遭北署檢束。勢不可為，臺灣工友總聯盟調停部特派盧丙丁、陳天順兩人往訪臺灣土木協會，欲斟酌資方意見，調停爭議，卻被警方認定為「脅迫」，盧、陳兩人被捕。[242]罷工未滿一週，3月15、16兩日間，幾乎所有工人都復職了。工友會大木部與華僑大工的罷工行動轉瞬失敗。

　　華僑大工工友會委員長鄭紀祥被捕後，當局嚴厲譴責，在「煽動罷工」的名義下，警方威脅以「退去命令」逐回中國。鄭紀祥一時害怕，遂委託華僑張晉江外二人作保，與警方約定華僑大工工友會將全面復工。3月12日，鄭紀祥一獲釋就逃跑了，於是警察找上張晉江，要他代行承諾遊

238 見翁佳音譯註，《臺灣社會運動史：勞工運動、右派運動》（臺北：稻鄉，1992），頁98。
239 同上註。
240 見《臺灣民報》第二百五十三號〈大木部罷工的後聞當局認作民族感情華僑被嚇一部已復工〉。
241 見翁佳音譯註，《臺灣社會運動史：勞工運動、右派運動》（臺北：稻鄉，1992），頁98。
242 見《臺灣民報》第二百五十三號〈大木部罷工的後聞當局認作民族感情華僑被嚇一部已復工〉。

說工人復職。張晉江不得已，協同中華會館幹部召集華僑大工工友會大會，向所有工人宣布，凡不復職者將被遣返。華僑大工工友會無條件復工。[243] 1928年3月31日，當局發布「退去命令」，華僑大工工友會委員長鄭紀祥、副委員長魏有慶外二人被送出臺灣，自此以往，文獻上再不見華僑工會與本島工會的聯合行動。

八、臺北金銀細工工友會

1928年2月11日，臺北金銀細工工友會在江山樓辦理發會式，會員一百多名[244]，委員長李品三。4月8日，工友會在臺北建成町召開委員會，決議加入臺灣工友總聯盟，聘蔣渭水為顧問，並擬定六項訴求，向同業公會「聚寶協會」訴求改善待遇。[245]

聚寶協會沒有任何回應，5月間，工友會召開臨時大會，將原本六項條件縮減為兩項，重新提出——首先，（工價）依協定工價表統一實行；其次，凡非工友會會員店主不能採用，而工人亦不能自由就職於非聚寶協會會員之店。[246]勞方重新設計交涉方法，原本工會對協會的「集體協商」，變更為勞方指派一名交涉委員，攜帶該二項條件，分別遊說臺北市內金銀店店主，承諾蓋印，凡五十餘間。

遊說的工作進行到5月底，剩下聚寶協會會長、合盈芳金鋪店主一人堅持不用印。工友會判斷幾乎所有店主都用印了，協會會長的意見不至於改變趨勢，遂選定6月1日，在蓬萊閣辦理盛大的慶功宴。[247]然而，店家除了老闆，還有股東。合盈芳店主進一步聯合另家店鋪金和春的股東，向其他店主施壓，反對集體協議。6月上旬，工友會發動臺北市內各金銀紙店

---

243 同上註。
244 見《臺灣民報》第一百九十六號〈臺北金銀細工工友會舉盛大發會式〉。
245 見《臺灣民報》第二百四號〈金銀細工委員會議決要求待遇改善〉。
246 見《臺灣民報》第二百十一號〈金銀工提案解決〉。
247 同上註。

的工人同盟罷工，更把訴求大幅增加到十幾條。

在高天成的幹旋下，勞方代表李品三、張晴川、湯慶榮與資方代表三人在聚寶協會事務所見面，重啟集體協商，逐條審議勞方訴求。結果除了少數刪去，其餘十二條協議皆獲資方承認，調印蓋章，聚寶協會並允諾負擔工人罷工期間的損失，付出30圓由工友會分配。[248]

後續，工友會與協會維持著均勢，協商取代爭議行為，隔年5月，兩會進行第二輪集體協商。[249]1929年底，金銀細工工友會召開臨時大會，會上決議，工人自行創設工友公司。[250]

九、臺南理髮工友會

在盧丙丁協助下，臺南理髮工友會成立於1928年6月2日[251]，會員一百六十餘名。[252]同年7月19日，在臺南市內港町的民眾講座召集臨時總會，決議向市內各店主提出六項訴求，改善待遇，限期7月30日前給予答覆。

1928年7月中旬，店主方原欲安撫勞方，推諉帶過，不成；遲至8月2日，召開業者組合的總會，決議工友會六項要求一概不予承認，倘若臺南理髮工友會發動罷工，將把工會會員全數解雇。[253]

8月2日夜晚，工友會召集總會議決罷工，臺南市內各店主果真聯合起來把工會會員全數解雇。工友會無計可施，罷工失敗。[254]

---

248 見《臺灣民報》第二百十四號〈金銀細工罷業風潮双方讓步圓滿解決〉。

249 見《臺灣民報》第二百六十號〈金銀細工工友要求待遇改善業主全部承認〉。

250 見《臺灣民報》第二百九十二號〈臺北金銀工臨時大會決議設工友公司〉。

251 見《臺灣民報》第二百三十號〈臺南理髮工友會舉行成立式〉。

252 見《臺灣民報》第二百三十號〈理髮工友會重舉盛大發會式〉。

253 見《臺灣民報》第二百二十號〈臺南理髮工友の要求拒絶さる いよいよ紛糾〉。

254 見《臺灣日日新報》漢文版1928年8月22日〈臺南理髮工友罷工失敗〉。

十、臺北印刷從業員組合與臺北印刷工會

　　1927年7月臺北印刷從業員組合發動爭議行為，目的在爭取工資、資遣費，以及勞動條件的提升，然而行動失敗——從此公休日減少，且改成不帶薪。同時工會分裂，部分工人脫離臺北從業員組合，另組「臺北印刷工會」，歸於左翼旗下。[255]

　　1928年2月5日，臺北印刷從業員組合召集臨時會員大會，改選委員，重整態勢。原委員長黃江永引咎辭職，經選舉，新的委員長由林恝生擔任，副委員長魏阿食。會上並做成決議，聘請蔣渭水、蔡式穀、謝春木、王鐘麟四人擔任顧問。[256]

　　鬥爭失敗的恥辱，公休日的喪失，印刷工人的不滿鬱積了一年多。1929年2月27日，改組之後的臺北印刷從業員組合再開大會，做成決議，重新向資方提出訴求。[257]28日，在蔣渭水的陪同下，林恝生等幹部拜訪資方團體「臺北印刷製本同盟」組合長江里口氏，提出六項訴求：

　　一、每月第一、第三周日與一般拜拜節日的公休，以及因業主之方便而休業之日，均應計算工資。

　　二、五月一日為公休日，薪資照付。

　　三、因業務上而負傷的治療費用由業主負擔，因此而休業者薪資照付。

　　四、於公休日的特別作業，其工作時刻，上午始自八時，下午四時結束。

　　五、不論勞資雙方情況如何，若有退職時，應支付退職津貼，但以入社時為起算點，其未滿一年而達六個月以上者，以一年計算。

---

255 見本書第二章第四節之六：臺北印刷從業員組合。
256 見《臺灣民報》第一百五十五號〈臺北印刷從業員開臨時總會改選委員重整陣勢〉。
257 見《臺灣民報》第二百五十二號〈印刷從業爭議決議要求十數項但尚未實行罷工〉。

六、業主應改善工場設施。[258]

勞方的訴求十分基本，並不過分。其中公休日該給薪水這一項，除了臺北製本同盟，當時所有印刷工廠公休日都帶薪，勞方只是要求比照其他業者而已。製本同盟討論的結果，決定全部拒絕。

印刷從業員組合於是邀請左翼的臺北印刷工會，3月7日、8日到民眾黨臺北支部召開聯席會議，討論雙方如何合作，對抗製本同盟。經過兩天的討論，組合與工會擬定共同訴求：

一、八時間制。

二、日曜日及祝祭日公休日爲有給。

三、增給二割等以外十二條。[259]

訴求確定以後，雙方開始討論具體執行辦法——從業員組合委員長林恡生提議由組合、工會兩方各選出10名代表組織實行委員會；印刷工會的樋口氏則主張先組織合併委員會，待到工會與組合融爲一體，再一致對外，抵抗臺北製本同業組合。雙方難以取得共識，議論紛雜，蔣渭水提出一個折衷辦法，即先組織一個實行委員會，對抗資方的對策、兩會的合併，都交給這個委員會處理。[260]聯席會於是以樋口案與蔣渭水案付諸表決，其結果，蔣案以45票比43票得到多數贊成通過。[261]根據《臺灣民報》記載，工會委員樋口氏憤然起立，謂我案已被否決，則工會不能繼續和組合合作，於是從此退場。[262]緊接著，所有工會委員隨樋口退席，甚至連議長也退席了。從業員組合只好宣布閉會，另外挑日子討論。座上部分會員

---

258 見翁佳音譯註，《臺灣社會運動史：勞工運動、右派運動》（臺北：稻鄉，1992），頁99-100。

259 見《臺灣民報》第二百五十二號〈印刷從業爭議決議要求十數項但尚未實行罷工〉。

260 同上註。

261 見翁佳音譯註，《臺灣社會運動史：勞工運動、右派運動》（臺北：稻鄉，1992），頁100。

262 見《臺灣民報》第二百五十二號〈印刷從業爭議決議要求十數項但尚未實行罷工〉。

發出「算了算了，乾脆不要罷工了」之類的聲音。[263]

　　警方記錄，印刷從業員組合與印刷工會的聯席委員會破裂以後，組合所屬的印刷工很快失去鬥爭的熱情。1929年3月2日晚上，臺北印刷從業員組合召開懇談會與工廠職長對談，會中決定了「關於改善待遇任憑工場監督處理」、各工場監督與業主協議作成改善案等案，但業主方面反對工場監督的待遇改善案，態度強硬。員工方面則由於無主宰人物，因而爭議自然消滅告終。[264]

第四節　臺灣民衆黨與工友總聯盟

一、臺灣工友總聯盟的組織架構

　　臺灣史上第一個全島性工聯，臺灣工友總聯盟的章程由蔣渭水草擬，據說繼承、參考了當年南京總工會的組織架構。[265]臺灣工友總聯盟的內部結構並不複雜，整個工聯底下只設置兩大機關，其一是負責決策的「代表大會」，其二為負責執行的「執行委員會」。

　　代表大會為工聯最高權力機關，由旗下各加盟團體，每50名會員選出一名代表構成，擁有修改規約、議決議案、監督執行委員會與工聯財政的權責，每年定期開會一次。執行委員會為最高執行機關，執行委員由每5名代表互選出一人擔任，負責執行大會決議、管理工聯財政，以及決定突發事件之對策。[266]易言之，執行委員會不單掌握了聯盟的行政權，大會閉會期間，亦由執行委員會之核心──中央執行委員會代行決策大部分事務，採議行合一的運作方式。該中央執行委員，由執行委員互選，這一點雖然章程裡沒有寫到，但新聞紙上有執委互選出中執委的

---

263 同上註。

264 見翁佳音譯註，《臺灣社會運動史：勞工運動、右派運動》（臺北：稻鄉，1992），頁101。

265 見宮川次郎，《臺灣の社會運動》（臺北：臺灣實業界社營業所，1929），頁2-4。

266 這裡的論述歸納自臺灣工友總聯盟章程。

報導。

執行委員會底下設置八個部門，由執行委員分別編組構成：

一、總務部　掌理文書、外交、庶務等

二、組織部　掌理有關各團體之組織事項，與有關未組織工人及
　　　　　　店員之團體組織之事務。

三、財政部　掌理現金收支、會費徵收及物品保管

四、爭議部　掌理有關一切爭議事項

五、調停部　調停各團體間之紛爭

六、救濟部　掌理有關救濟事項

七、教育部　掌理有關教育事項

八、宣傳部　掌理有關宣傳事項[267]

以代表大會、執行委員會兩大機關為主的組織架構，在1928年4月18日的中央執行委員上做出進一步補充。中央執行委員會沒有權限修改聯盟章程，因此，這些補充調整，應是針對執行委員會之內部架構。詳細如下。

首先，將聯盟旗下所有團體，依地域劃分為五區——基隆（組織者楊慶珍）、臺北（組織者蔣渭水）、臺中（組織者廖進平）、臺南（組織者盧丙丁）、高雄（工人幹部黃賜）。這是一個賦予地方組織更大權力的動作，動機何在，從現有資料難以確知。或許全島範圍的工聯以當年技術條件難以運作，故而分區自治。

其次，將聯盟旗下所有團體，依職業或產業別劃分成四部——建築部、自由勞動部、科學技藝部、月給生活部。看起來，全島性職業別的工會分部與區域聯盟之分區，兩種架構重疊並存，其用意，除了做為擴大組織之前置作業以外。其他並不清楚。從文獻上看起來，職業別的聯盟架構

---

267 同上註。

後來沒怎麼發展，區域別的地方聯盟，倒成為總聯盟的基本運作單位。

　　第三，決議設置常置委員會與常置書記。常置書記由臺北店員會的陳木榮擔任，然而，這常置委員會權限為何，並沒有被寫進章程，從現有新聞紙資料亦無法得知。推測是因為執行委員分散全島，召集起來開會並不容易，因而需要「常置」一個委員會。[268]

　　該次中央執行委員會，亦選舉出執行委員會底下各個部門的第一屆部門主任。可以看見工友總聯盟中掌握權力位置、實際處理會務的人，除了知識分子組織工作者，同樣也有來自基層的工人幹部：

　　　　總務部主任　陳木榮（臺北店員會組織者）
　　　　財政部主任　林恭生（臺北印刷從業員組合工人幹部）
　　　　爭議部主任　盧丙丁（臺南總工會、臺南機械工會組織者）
　　　　組織部主任　楊尪（基隆木石工友會工人幹部）
　　　　教育部主任　黃賜（高雄機械工友會工人幹部）
　　　　調停部主任　楊慶珍（基隆運送從業員會組織者）
　　　　救濟部主任　林謝烏番（臺北木工工友會工人幹部）
　　　　宣傳部主任　蔣文來（臺北石工工友會組織者）[269]

【表4】右翼工會系統所屬組織（截至1929/6）

名稱	成立時間	代表者	會員數
工友總聯盟臺北區			
臺北木工工友會大木部	1927年4月8日	陳隆發	180
同細木部	同	邱乞	160
同建具指物部	同	林謝烏番	130
臺北石工工友會	1927年5月10日	馮金木	56

268 見《臺灣民報》第二百六號〈臺灣工友總聯盟開中央執委會議決九件事項〉。
269 同上註。

臺北印刷從業員組合	1926年1月2日	洪阿試	650
臺北裱箱工友會	1927年6月14日	林大牌	61
臺北店員會	1927年6月4日	陳屋	263
臺北土水工友會	1927年5月8日	林秀	245
同左官部	1928年5月22日	黃阿得	96
臺北洋服工友會	1928年3月1日	林慶隆	65
臺北金銀細工工友會	1928年2月11日	李達金	112
臺北塗工工友會	1928年4月25日	王秋茂	55
臺北砂利船友會	1928年8月1日	林金大	185
臺北製餅工友會	1928年3月11日	陳屋	63
臺北秤茶套紙工友會	1927年10月25日	王清標	50
臺北鉛鐵銅工友會	1928年5月28日	陳屋	81
臺北箱工工友會	1929年6月10日	李得水	150
桃園木工工友會	1927年6月29日	楊連樹	91
新竹木工工友會	1927年6月6日	吳廷輝	283
工友總聯盟臺中區			
臺中木工工友會	1928年3月25日	張龍	97
豐原店員會	1927年12月18日	廖進平	60
豐原總工會	1928年3月5日	廖進平	119
工友總聯盟臺南區			
臺南總工會	1928年1月1日	盧丙丁	895
臺灣南部印刷從業員會	1927年3月6日	薛塘	76
臺南機械工友會	1927年5月15日	盧丙丁	81
臺南木材工友會	1927年6月10日	林籬	260
臺南土水工友會	1927年8月9日	洪華	72
臺南店員會	1927年7月23日	吳世明	125
臺南勞工會	1928年2月16日	盧丙丁	23
臺南理髮工友會	1928年6月17日	胡大條	50
臺南線香工友會	1928年8月4日	盧丙丁	53
安平勞工會	1928年2月24日	陳明來	150
工友總聯盟高雄區			
高雄機械工友會	1927年4月12日	黃賜	613
高雄印刷從業員會	1928年5月1日	蔡海	91

高雄土水工友會	1928年6月25日	陳加添	67
鳳山土水工友會	1928年6月25日	葉羅漢	27
臺灣經濟外交會	1929年2月12日	陳屋	260

參考資料：見翁佳音譯註，《臺灣社會運動史：勞工運動、右派運動》（臺北：稻鄉，1992），頁206-206。警方這份統計資料看得出來有問題，但保留存參。

　　考察工友總聯盟的構成分子。【表4】為警務局於1929年末統計出來的，工聯的基層工會名稱與會員人數。但並不完整，它只包含了工友總聯盟五區中的四區，不知道為什麼，獨獨缺了基隆區的工會狀況。

　　首先，如果從產業別的角度考察這批工會，可以發現，只有高雄機械工友會、臺南機械工友會以及臺北高雄兩地的印刷從業員組合，其會員屬於真正的工廠組織，其勞資關係也比較現代化；另外，工聯旗下包括了頗多服務業的勞工，像是店員、理髮員等；再來，像木工、石工、塗工、茶業相關工人，則多少帶有些手工業、師徒制，甚至承攬制的色彩，當時的說法叫「中世紀基爾特制」。整個殖民地臺灣工運史，機械工會、印刷從業員組合都扮演了關鍵的歷史角色，可以知道，雖然當時的臺灣並未真正工業化／現代化，但工聯／工運裡的中流砥柱，正是那些首批進入現代化勞資關係的工人。弔詭的是，當年為島內創造了最大利潤的現代化工人──糖產業工人，並沒有組織化，根據相關研究，是因為壟斷資本糖產業的階級矛盾被轉移到產業鍊的上游，即種植甘蔗的封建佃農。這部分的論述，詳見本書第二章有關「高雄臺灣鐵工所大罷工」的分析。

　　再者，從工會組織的型態來考察，這裡頭有職業別工會（例如臺北店員會）、產業別工會（例如印刷從業員組合），臺灣今天因為工會法規範而普遍採行的場廠工會，當年一個都沒有。所有工會都是跨廠場的。這個「現象」是：儘管現代化的勞資關係普遍尚未成熟，儘管「客觀上」的階級還在發展階段，工人組織已經自發地往「階級」去生長了，沒有被閉鎖在各自廠場的勞資關係裡面。

第三，從會員數量的角度來考察，各會會員人數普遍不多。33個工會裡，會員超過100人的只有17個，超過200人的只有8個，超過300人的更只有3個。

或許是因為當年工業發展落後，大型工廠不多，所以組織上必須採用職業別、產業別的工會，才能串連散落在不同工作場所的少數勞動者。畢竟以當時的工業規模，一個場廠內的少數員工根本沒有力量。當時的勞資爭議除非發生在現代大工廠裡頭，否則往往是由產業別或職業別工會面對資方的同業公會，進行集體對集體的協商。例如上一節裡提到的臺北木工工友會、金銀細工工友會等的勞資爭議，皆是以工會對同業公會的形式進行。

二、臺灣工友總聯盟第二次全島代表大會

1929年2月11日，臺灣工友總聯盟在臺南松金樓召開第二次全島代表大會，由黃賜司會、盧丙丁任議長，全島出席代表多達108人。其中，基隆區11人、臺北區25人、臺南區56人、高雄12人、臺中5人。會上，聯盟常置書記陳木榮報告工總聯過去一年間的成果——基層工會已由草創時期的29個，成長到41個，全部會員人數高達11,446人，這在當年是很大的數字。同時也報告過去一年間工總聯處理勞資爭議的戰績[270]：

> 一、桃園木工工友會要求昇價事件，才罷工七日，調停成立昇工價五分。
> 二、新竹木工工友會爭議事件，罷工十日，妥協成立昇工價五分。
> 三、臺北土水工友會左官部罷工事件，罷工三十日，全歸敗北。
> 四、臺北木工工友會建築指物部同盟罷工事件，罷工十日間，獲得

---

270 見《臺灣民報》第二百四十八號〈工友總聯盟第二次代表大會加盟團體四十一團出席代表百餘名〉。

　　　勝利。

五、臺北印刷從業員組合，要求御大典公休日給與工資，經過三
　　　日，勝利。

六、安平勞工會同盟罷工事件，罷工三十日，半勝半敗。

七、高雄機械工友會，關于高雄淺野洋灰工場罷工事件，受警察當
　　　局彈壓，被檢舉三十七名，送過豫審，至年底始受保釋出獄。

八、臺中木工工友會，對曾傳安工場爭議，妥協息事。

九、臺南機械工友會，對中川鐵工場，要求解雇罷工，勝利。

十、基隆木工工友會建具部，要求昇工價，罷工十四日勝利。

十一、臺北砂利船友會，要求勞動條件改善，罷工四十日勝利。

十二、臺北木工工友會細木部要求昇工價，罷工五十日，妥協息事。

十三、臺北金銀細工工友會，要求昇工價，罷工二十日勝利。

十四、臺南理髮工友會，要求待遇條件改善，罷工二十日，全歸敗北。

十五、基隆砂炭船友會，要求昇工價，罷工三十日，半勝半敗。[271]

　　　《臺灣民報》報導，警方對代表大會採取高壓管制，包括在當天會場
宣傳共產主義的楊逵在內，許多人起身致詞時說不到幾句話就被命令中
止，現場氣氛壓抑，以至於入夜開宴時，全場代表連一滴酒都沒喝。[272]第
二次全島代表大會通過的議案較重要者如下：

一、八時間的工作時間之制定
二、生活標準法之制定
三、失業薪俸之償付

271 見《臺灣民報》第二百四十一號〈臺灣解放運動團體去年一年中戰跡〉，陳木榮演講內容提到爭
　　議事件十五件九件全勝三件全敗，與《臺灣民報》二百四十一號這份資料同，因而直接轉引這份
　　資料。
272 見《臺灣民報》第二百四十八號〈工友總聯盟第二次代表大會加盟團體四十一團出席代表百餘
　　名〉。

昭和4（1929）年2月11日，臺灣工友總聯盟第二次全島代表大會於臺南松金樓舉行。蔣渭水、陳旺成（二排坐者左5、9）、謝春木（二排立者右3戴帽穿西服者）、李友三（四排大門右柱左側戴眼鏡者）、梁加升（李友三左側穿唐衫者）、盧丙丁、黃賜（四排戴墨鏡及右側穿淺衣者）、新文化協會鄭明祿（前蹲者左3）及臺灣農民組合楊逵、葉陶夫婦等人均參加。（蔣渭水文化基金會提供）

四、工場法之制定

五、受官吏不當拷問，須向當局抗議

六、發行情報以便報告各區部工友週知

七、健康保障法之制度

八、工人扶助法之制定

九、統一聯盟之實現

十、反對帝國主義的戰爭，擁護無產階級的利益

十一、各地的爭議發生個人及團體要求援助時，區內須得區的證明，若是全島的，須受工友總聯盟的證明。[273]

　　大會通過的議案，包括失業給付、工廠法、八小時工時、健康保險、工人救濟法等等，在當年都沒有全面性實現的機會，不論工總聯或民眾黨，都沒有能力插手國家的立法或行政機器。因此，這些根據工人切身利益提出的新制度亦無法真正化作法律來施行。

　　儘管代表大會的提案不可能被殖民政府接受，工總聯卻以另種方式在基層推動，透過一次又一次的勞資爭議，把勞方版本的政策散播到各個工廠，用鬥的把政策給鬥出來。譬如說，無法在一島之內訂定最低工資，就在一個工廠內把它實現出來，這是淺野洋灰高雄工廠罷工前的訴求；無法在一島之內實現失業薪俸償付，就在一個工廠內要求資方制定資遣費保障規則，這也是當年許多工會罷工的訴求 —— 當年工人運動之所以遍地開花，因為勞動條件的大環境是工時超長、工資超低、職位沒保障、職災不值錢，廠內又有民族差別待遇。同時，國家公權力從不保障勞工，只協助日資企業「維穩」。

　　做為小結，這裡將工友總聯盟第二次全島代表大會決議的宣言抄錄如下：

273 見簡炯仁，《臺灣民眾黨》（臺北：稻鄉，1991），頁161-162。

臺灣工友總聯盟第二次代表大會宣言

我們殖民地的工人正處於受民族及階級雙重壓迫的地位中。因此，要求解放之情愈加懇切，運動之勢日趨於激烈。工人的豐富團結性及強大的鬥爭性，終竟不是其他階級所能望其項背。殖民地工人的覺醒，不僅只是為工人階級本身的利益而鬥爭，同時他也能成為弱小民族解放的急先鋒。我們臺灣工友總聯盟富有這個歷史使命，自一九二八年二月十九日創立以來，已經過一年的歲月了。這一年之間，在反動政治的鐵蹄之下，飽嘗許多辛酸、虐待，並體驗到不少的罷工及入獄的試鍊。基隆的砂炭、洋服、建具細工；臺北的建具指物細工、水泥工；臺中的木工；臺南的機械、理髮；安平的製鹽以及高雄的淺野水泥等等的罷工，都是此中的顯赫戰跡。其中，如高雄的淺野水泥罷工，長達二個多月，其參加人員之多，所持續日數之長，以及罷工團體陣容之整齊，實為臺灣空前未有的大爭議，不但如此，而且實在也創下日本數一數二的記錄。在這些爭議當中，固然獲得了不少的勝利，但此間所造成的犧牲也相當多，像高雄水泥、安平製鹽、臺中的木工、基隆的砂炭、洋服等爭議，就有不少的同志被捕入獄。這些慘澹的努力，不外是在於負起工人的歷史使命。回顧過去，以前的戰跡，或許因為戰術不精、或鬥士不足，或經濟困難的緣故，因而不能盡如人意，但這一年來的奮鬥，全島的戰爭確實是有了相當的進展。

請看吧！一年以來，各地方勞工運動的蓬勃發展與各種機關的設立，這不是團結力量擴大的象徵又是什麼？然而，現在仍未組織的工人們，仍然過著睡夢中的無意識之生活。這些事實，要言之，都是我們工友總聯盟的努力不足，以及工作不周到的緣故。因此，我們在今年當中，要傾全力援助來組織工人的組織化，促進地區及產業別組織的完成。而我們在進行運動時，必須認識臺灣的客觀情

勢，瞭解工人階級的成長及社會進化的過程，擯斥所謂的幼稚病之行動，用以進行合理的鬥爭。我們在這次的第二次全島大會上，所期待於各位同志者，在於要鑑於過去一年來的實際運動之經驗，互相清算過去工作的錯誤，而且加以檢點，猛進作成新計畫，以期統一臺灣工人運動戰線，務使全島的工人在我們總聯盟的旗幟及號令之下，組織總動員，朝向我們的運動目標進攻。

我們高呼

臺灣的勞工們！

工場的工人、礦山的礦工、手工業者、商店店員、低薪資的月給生活者們！本聯盟是代表各位利益的大本營。各位請快快齊集到總聯盟的麾下共同奮鬥吧！[274]

三、臺灣民眾黨與勞工運動

　　爲理解臺灣工友總聯盟後續發展情形，必須討論同它關係密切的臺灣民眾黨。不只是因爲當年工人運動中的右翼人士都聚集在黨內，更因黨內不同派系的力量對比，嚴重影響工總聯的政策方向；而工人運動的發展，亦反過來影響民眾黨內部派系的力量對比──工聯與政黨之間存在著交互作用。

　　臺灣民眾黨成立於1927年7月10日，那是高雄臺灣鐵工所罷工告一段落的時候，島內各地的工潮正如火如荼地展開。這個新興政黨的中心勢力，爲文化協會分裂以後，反對「階級鬥爭」路線的「自稱」右翼人士，包括蔡培火、彭華英、林獻堂、洪元煌、蔡炳煌、蔡式穀、林呈祿、蔣渭

---

274 見翁佳音譯註，《臺灣社會運動史：勞工運動、右派運動》（臺北：稻鄉，1992），頁78-79。

水、謝春木等人。相較於左翼文協屬行工農運動，集合在民眾黨的旗幟下的右翼社會運動者則希望延續「議會設置請願運動」的目標——「臺灣自治」。同時以「全民運動」為方法，追求臺灣人的大團結。

職是之故，臺灣民眾黨以如下綱領中立在左右之間：「本黨以確立民本政治、建設合理的經濟組織及改除社會制度之欠陷。」[275]如果把黨綱轉化為具體的政策，則所謂民本政治指的是臺灣的民主化，即設置臺灣議會，達成自治目標；改除社會制度之欠陷，則包括集會、結社、言論出版之自由、學制之改革、保甲制度撤廢等等；這裡與勞工運動有關的是「建設合理的經濟組織」——根據民眾黨最初的章程，其全部十六條政策，真正與勞工利益直接相關的只有三條，「要求臺灣金融制度之改革，急設農工金融機關」、「擁護生產者之利權廢除一切榨取機關及制度」、「援助農民運動、勞動運動及社會的團體之發達」。[276]從勞工訴求在黨綱中的佔比，可知民眾黨創黨之初「全民運動」的主要目標，與其說是「勞工生活向上」，不如說是延續了早期臺灣文化協會倡導「議會」、「自治」這類資產階級民主的追求。不過，隨著工人運動在島內野火燎原似地開展，黨的這份保守性，因為社會主義者蔣渭水一派人的活躍而被徹底改變。

對於民族資產階級及其同志來說，臺灣民眾黨的成立，最初只是在失去文化協會的同時，延續「議會設置請願運動」在當年社運圈內的領導地位。新生的勞工運動、農民運動，因為原本就是他們在推動，所以算不上大問題。不過，蔣渭水在民眾黨這樣一種「階級聯盟」的組織架構下，仍苦苦思索著黨和基層運動該是怎樣一種關係。

在蔣渭水的努力之下，民眾黨第二次中央執行委員會通過〈臺灣民眾黨對階級問題之態度〉，確立了民眾黨中央對於工人運動、農民運動的政策。這份決議並沒有被寫進黨綱。

---

275 見簡炯仁，《臺灣民眾黨》（臺北：稻鄉，1991），附錄四：〈臺灣民眾黨綱領及政策〉，頁247。
276 同上註，頁247-249。

第二次中央執行委員會決定如次

一、全民運動與階級運動是要同時並行的。

二、擁護農工階級就是階級運動之實行。

三、扶助農工團體之發達就是要造成全民運動的中心勢力。

四、企圖農工商學之聯合就是要造成全民運動的共同戰線。

五、本黨要顧慮農工階級之利益加以合理的階級調整使之不致妨害
　　全民運動之前進。

六、集合臺灣各階級民眾在黨的領導下實行全民之解放運動。

一九二七年十一月六日[277]

　　民眾黨當年對於所謂「全民運動」的想像到底是什麼？一句話，「以農工階級為中心勢力的全民運動」。然而，這口號裡頭也有著不同階級的複雜算計。早期，當蔣派尚未全面取得民眾黨的領導權，對於民族資產階級而言，蔣派很可能為黨奪下臺灣工運的主導權，一旦成功，便能將工運納入黨的統制，從而令「階級運動」的巨大能量為「議會設置請願運動」扛轎。因此，蔣渭水「全民運動」與「階級運動」並行的路線，正好是資產階級民族主義政黨的「完美理念型」，無疑是值得投資的選項。

　　1927年下旬，臺灣民眾黨甫一成立，民族資產階級紛紛動用其政經實力，在全島各地開設「黨支部」及「民眾講座」，並召開演講會，抨擊總督府治下「臺灣地方協議會選舉制度」之荒謬與反民主。黨內左翼蔣渭水、盧丙丁、楊慶珍、廖進平等組織者則在全島各地帶領基層勞工抗爭，樹立民眾黨的威望。組織者更利用民眾黨支部、民眾講座的資源，直接援助工人階級，或者是以黨機器募款，或者利用民眾黨支部開設工會事務

---

277 見〈臺灣民眾黨對階級問題之態度〉，蔣渭水著、王曉波編，《蔣渭水全集增訂版》上冊（臺北：
　　海峽學術，2005），頁223。

所、工友工廠等等——總而言之，民眾黨內部的左翼、右翼兩股力量初始時尚能分進合擊。1928年2月2日召開的中央常務委員會，其決議在各種意義上都是早期黨內左右力量共同對外的象徵：

　　一、臺灣自治制度改制之件。
　　二、共同戰線問題。
　　三、無產政黨援助之件。
　　四、工友總聯盟設立之件。
　　五、黨費徵收之件。[278]

　　「議會運動」與「勞工運動」並列討論，其餘則是黨如何維持內部一致，以面對外部的左翼勢力與日本殖民政府。在自治問題上，以行動戳破國家機器「市街庄協議會」的假民主；在共同戰線問題上則答覆農民組合，以「部分的合作未若全盤的合作」；在無產政黨之援助，以「民眾黨尚在初創階段，故須別作考慮」。簡單說，拒絕所有來自左翼的共同戰線請求，拒絕成立「共同鬥爭委員會」。[279]至於「工友總聯盟設立」一案，照案通過——這裡，勞工運動在黨內已慢慢出頭。黨內分進合擊的兩股力量此時處於同等地位。

　　表面上，工友總聯盟不過是附屬於臺灣民眾黨的派生組織，事實上，卻是黨內左翼挾帶著基層工人的巨大能量，迫使黨內全部同志，將「勞工運動」的重要性提高到「議會運動」的同一水平。兩者共同排擠新文協左派，保護黨在工人運動中的組織基礎，進而期待將工運全盤納入黨的統制。要言之，在黨內工運組織者的努力下，臺灣工友總聯盟從一個黨綱不甚重視的勞工運動，一下躍升為黨的主要考量之一，這是臺灣工人階級的力量透過蔣派人士反映在一個「超階級」的政黨之內。

---

278 見《臺灣民報》第一百九十四號〈民眾黨中央常務委員會討論地方自治制改革問題竝定創立工友總聯盟〉。
279 同上註。

四、民眾黨內的階級鬥爭

臺灣民眾黨雖號稱「全民運動」，內部卻一直潛伏著階級鬥爭的暗流，一邊是進步的民族資產階級與地主，蔡培火一派，以「議會自治」為理念號召臺灣民眾；另一邊則是蔣渭水一派，經由勞工運動成為黨內工人階級利益的代表，以「勞動者生活向上」為理念號召臺灣工人。兩派人擁有互相矛盾的戰略，在利益不衝突的情況下他們可以合作。然而，在全民運動當中，到底是哪一群人的利益足以被稱為「全民的」利益呢？

在1930年以前，民眾黨內部已發生多起派系衝突，包括創黨之初「玉碎派」與「瓦全派」的爭議、黨綱中「平均地權」的爭議、彭華英退黨的爭議。1930年後蔣派取得黨機器的主導權，民族資產階級退而籌備臺灣地方自治聯盟，欲取代民眾黨延續「自治運動」的大旗。以下將根據簡炯仁的研究《臺灣民眾黨》，依時間序一一介紹這些黨內鬥爭。

民眾黨成立之初，有關「玉碎」、「瓦全」兩派的爭論，起源於「臺灣民黨」遭殖民政府禁止。1927年臺灣文化協會左傾，右翼人士一脫離文化協會即欲創立政黨，拉高格局，「民黨」是第一次嘗試。蔣渭水在民黨的宣言書中寫道：「這個臺灣民黨就是應時勢的要求而出現的團體，是要去努力奮鬥求同胞的幸福的總機關，從事於臺灣人全體的政治的經濟的社會的解放運動。」[280]國家指著「臺灣人全體」、「解放」等字句，將民黨定調為「民族主義」煽動團體，若成立必將「教唆民族反感、妨害日臺融合」，從而禁止之。官方並且聲明，臺灣人要成立政黨，必須滿足兩項條件：「一為蔣渭水不參加。二為蔣渭水若參加，則需於宣言書保證蔣渭水不能支配大勢，並聲明不為奉民族主義的團體。」[281]

官方的聲明導致社運右翼展開內部爭論，兩股對立的聲浪出現了──以蔣渭水為代表的「玉碎派」認為：「雖然，我等不願輕易放棄我人的主

---

280 見蔣渭水，〈臺灣民黨宣言書〉，蔣渭水著、王曉波編，《蔣渭水全集增訂版》上冊（臺北：海峽學術，2005），頁205。

281 見簡炯仁，《臺灣民眾黨》（臺北：稻鄉，1991），頁66-70。

張，然而此時我人若再以臺灣民黨的綱領政策，只更換主幹再度結社恐怕還是不行，與其這樣再度遭禁，倒不如各人回到地方，組織當地民眾，繼續聯絡，以從事運動。此時再與當局妥協，而昧於大眾，將非常不利。故我人徹底覺悟『寧願玉碎不願瓦全』，而打消此一念頭。」[282]

以蔡培火爲代表的「瓦全派」，則提出「組織絕對論」做爲反對，其主張：「雖然玉碎論立意良好，不過如此正是臺灣政府所喜歡者，吾人沒有組織，正是他們所最希望的。玉碎論者主張不須透過組織，各自回到地方從事運動，然揆度實際情形，這是不可能的。因爲凡事只存五分鐘熱度，結果終將一無所獲。如無組織的聯絡與統制，將是散漫而脆弱的運動，甚且目前我人要與左派人士鬥爭，則更需組織。我人要運用組織，彼此才能互爲同志。至於其影響如何，則與以前的政治結社一樣，將來方能見其結果。目前，我等最重要之事，莫過於要有組織。」[283]

經過幾番討論，右翼人士決定將「臺灣民黨」改名爲「臺灣民眾黨」，把綱領修改爲追求「民本政治」、「合理經濟組織」，以及「改除不合理社會制度」，以符合國家的結社條件。

然而，在臺灣民眾黨的成立大會上，警務局還是通知「蔣渭水不可當委員」，眾人紛紛議論，引起軒然大波——蔣渭水主張不該對警務局讓步；蔡培火主張向警務局妥協，令蔣渭水做顧問，以利結社順利；陳旺成則綜合兩派主張，先令蔣渭水做顧問。不過，凡會員都有權利被選舉爲委員，因此，日後委員選舉是否選出蔣渭水，當一任黨員自由判斷，縱使黨被禁止，亦在所不惜。陳旺成此番「玉碎瓦全主義」的言論，博得滿場贊成，蔡培火氣急敗壞，欲拂袖而去，終得同志挽留。[284]

姑且不論官方的鎮壓有多惡劣，實則即使是民眾黨內部，蔡培火等亦不願蔣渭水掌權，然則，蔡培火反對的是什麼呢？仔細考察這玉碎、瓦全

---

282 見謝春木，《臺灣人の要求》（臺北：臺灣新民報社，1931），頁52。這裡翻譯的文字用的是簡炯仁的版本，見《臺灣民眾黨》（臺北：稻鄉，1991），頁67。
283 同上註。
284 見簡炯仁，《臺灣民眾黨》（臺北：稻鄉，1991），頁69。

兩派的爭論，黨內兩股派系的關鍵差異，實際上不在「民族主義」做爲運動主體的「全民運動」的精神，反倒在於「地方的民眾組織」爲主或議會運動的「政黨組織」爲主——如同往後黨內所爭論的，到底「勞工運動」爲重或者「議會運動」爲重？到底該走「臺灣工友總聯盟」的群眾路線，或者「臺灣地方自治聯盟」的代議路線？

兩派的競爭自此延續下來，蔣派的盧丙丁、謝春木、黃周一度取得黨內各部之主導權，而後又被蔡派人馬換下，儘管維持著表面上的和諧，1927下半年度，整個民眾黨中央都在搬演議會派與工會派的領導權爭奪戰。[285]

下個關鍵點是1927年10月27日的臨時中央常務委員會，蔣渭水打算將「社會主義原則」以要旨說明的方式，補充進民眾黨黨綱。當時，黨內的左翼／工運的右翼，已逐步奪得臺灣工運的領導權，欲明確化「綱領說明及黨對階級問題的態度」。蔣渭水所提出的草案，除了矢志制訂「臺灣憲法」，更將黨綱中缺乏實質內容的「建設合理的經濟組織」做了進一步說明：

二、建設合理的經濟組織

要旨：確立生存權，擁護農工階級，並提高其生活程度，以均衡社會之貧富差距。

說明：
基於耕者有其田的原則，獎勵自耕農的發達，以防止大地主的發生。
廢除特權階級，撲滅大資本家。

---

285 這人事鬥爭的詳情這裡不多做介紹，見簡炯仁，《臺灣民眾黨》（臺北：稻鄉，1991），頁177-182。

採取社會主義原則，大事業歸公家經營、防止資本主義跋扈。[286]

「社會主義原則」顯然與中部地區的林獻堂、洪元煌等地主的經濟利益針鋒相對。當民眾黨臺中支部得知草案內容，立刻提出異議：「此時黨綱不宜太明確，以免限制自由解釋的範圍，使黨限於作繭自縛的困窘。」[287]蔣渭水卻認為：「黨的指導原則愈能明確，將對農民、工人愈形有利。」[288]中央常務委員會果真通過這份綱領，幾經斡旋，臺北總部完全不理會臺中支部的意見。

1927年11月6日的中央執行委員會上，黨主幹彭華英起身指責蔣渭水，謂該草案「空泛迂遠，實難以實行」[289]，又「該提案明顯標榜殖民地自治，勢將危及本黨的存立。而且黨內反對該提案者、大有人在，尤其是受到本黨的中堅分子的知識分子及地方有力人士之反對，如然勢必招致黨內分裂」。[290]彭華英提出另個修正案，其中，「耕者有其田」、「撲滅大資本家」與「社會主義原則」全部被拿掉。黨內左翼為維持與資產階級的共同戰線，表決以後，通過彭華英的修正案。據說蔣渭水對此甚為憤怒。[291]

1928年春天，臺灣工友總聯盟成功設立，臺灣民眾黨「扶助工農」的既定政策得到具體的工作內容。工人階級聲勢之浩大、鬥爭之堅毅，在在令黨內左翼修正了原本的文化運動傾向，而走向務實的基層組織工作。臺灣工友總聯盟誠如其宣言，儼然成為反殖民運動的「先鋒隊」，從民眾黨的派生團體變成黨內最大勢力，蔣派在黨內的權力同樣與日俱增。此一情勢，終於引起民族資產階級的恐懼與反彈，爆發黨主幹彭華英的辭職風波。

---

286 同上註，頁185。
287 同上註，頁183。
288 同上註。
289 同上註。
290 同上註，頁184。
291 同上註。

　　1928年6月17日，高雄淺野大罷工正如火如荼地進行，民眾黨在臺中支部召開中央常務委員會，彭華英趁著臺中地主階級的主場優勢，臨時提案，主張民眾黨應與臺灣工友總聯盟脫離關係、劃清界線。黨內左翼不願同意，彭華英便以健康為由提出辭呈。[292]文獻記錄了當日辯論的吉光片羽：

> （彭華英言）慎觀民眾黨之現狀，民眾黨已轉而專注於勞動運動，此實已藉民眾黨之名，大行勞動運動，藉此煽動一般民眾的階級意識，早已失其民眾黨的立黨宗旨——本黨應專心，秉其黨綱，施行政治運動。目前民眾黨既如右記，不僅使我無意留任主幹，而且使我擔憂此將引起黨內幹部思想的歧異。

> （蔣渭水言）今日本黨之所以被社會承認其存在，且受當局重視的理由，乃因本黨背後擁有三十三個團體及一萬數千名的工人階級的工友總聯盟所致。因此本黨不僅難以忽視勞動運動，並須將指導勞動的政策明示於本黨的政策之中。

> （彭華英言）今日，本黨之所以被社會承認其存在，並非因它有勞動團體的支持，實際上是因為它抱擁島民有力者的勢力所致。因此，我們理當考量勞動團體利害之處。

> （另人折衷言）關於地方人士所發生的每個勞動問題，吾人應考量其問題的肇因及其性質，縱使本黨目前對指導及援助這些勞動問題，一時尚無任何影響，但如將勞働團體附屬於民眾黨之下，則有商榷之必要。因此，此時勞動運動應與本黨脫離關係。[293]

---

292 同上註，頁188。
293 同上註，頁188-189。

為挽留彭華英，黨內左翼做了部分退讓。當日，中央常務委員會做成決議如下：

　一、農工團體內的黨員，須為其團體的中心。
　二、黨與勞動團體的組織要分明、經濟猶須劃分。[294]

彭華英於是收回辭呈，隨後，這兩條決議在第二次黨員代表大會上獲得追認。[295]不管蔣渭水有沒有再多做嘗試，這份決議令民眾黨頂多做為一個「大眾黨」存在，從此斷絕了通往「階級政黨」的道路，這或許是與進步資本家妥協的必然結果。不過，蔣渭水在工運上的努力，並沒有因為黨內糾紛而停下腳步。彭華英則在1928年7月26日的中央常務委員會上，再度以個人因素為由遞出辭呈，在8月間退出民眾黨主幹的職務。[296]

彭華英是個特殊的人，他少年時是臺灣最早的共產主義者之一，與大陸的社會主義組織有聯繫；另方面，及長亦不畏險阻，從事抗日反殖的社會運動——縱使在民族資產階級當中，彭華英也是最進步者。然而，辭去民眾黨主幹職務後，彭華英的「離職感想」分三期發表在《新高新報》上，卻對工運多所抨擊。這裡將簡炯仁的翻譯全文抄錄於下，可知當年所謂進步資產階級、所謂紳士們是如何看待勞工運動：

　我辭任民眾黨主幹的動機，係因與蔣渭水一派的主義與主張水火不容所致。我早萌辭意，可是顧慮此舉可能影響本黨，所等到此次會員大會終了，才正式提出。

　民眾黨的使命在於獲得並伸張純真的參政權，而其行動則不出其使命之圈外的紳士運動。可是黨內有一部分不純分子，雖經我以主幹

---

294 同上註。
295 同上註，頁190。
296 同上註。

的身分，幾番加以警告，可是皆遭他們相應不理。此輩無視於民眾黨的精神，而熱中於勞動運動的指導，遂使黨的聲望逐漸失墜。

我等於文化協會分裂之後，則有計畫組織民眾黨的意思，遂廣為網羅地方有資產、有學識人望的人士，組成有力的團體。正值本島施行完全自治之際，做為權威團體的民眾黨，當使之在本島施政上扮一重要腳色，此乃本黨的理想。但見一些有勇無謀之徒，輕舉妄動，徒以曖昧無知的農工階級為黨政策的中心。目前此輩橫行囂張，實令人深感遺憾。[297]

---

297 同上註，頁 190-191。

第四章

受難期（1930-1932）

第一節　臺灣工友總聯盟列寧主義化

一、臺灣地方自治聯盟

　　彭華英在1928年夏天辭任黨主幹，聲明脫退民眾黨，自此，議會運動派的行動轉趨消極。1929年1月，臺灣民眾黨中央執行委員會全面改選，陳其昌、謝春木、黃周、陳旺成、邱明山、邱德金、廖進平等人當選中央常務委員[1]，這份名單不單全是蔣渭水人馬，7位委員中更有4位是工友總聯盟幹部。其中，陳其昌是謝雪紅介紹的共產主義者，曾與蔣渭水長談「三天三夜」，深得賞識，使他繼任為民眾黨主幹。[2]議會運動派自此被排除到黨中央以外，勞工運動成為黨的主要推動目標。

　　1930年總督府推動「市街庄協議會制度」，該政策被國家標舉為臺灣「自治」的一大進展，可是，協議會議員全是官憲指派，且沒有政治實權，只是官方單位的諮詢機構，根本是假民主。民眾黨內議會運動派認為，比起黨中央執意推動勞工運動，地方自治制度的改革該優先處理。楊

1　見王乃信等譯，《臺灣社會運動史（一九一三～一九三六年）第二冊：政治運動》（臺北：海峽學術），頁223。

2　見簡炯仁，《臺灣共產主義運動史》（臺北：前衛，1997），頁102。

肇嘉、蔡式穀、蔡培火、林獻堂等於是商議成立「臺灣地方自治制度促成會」，藉此時機抨擊假民主，推動臺灣議會。[3]

「地方自治制度促成會」表面上不獨立於民眾黨外，而在黨的統制下揭示單一目標。可是，既然民眾黨本身也在推動自治改進，何必另立一個促成會，直接用黨組織推進有何不可？根據簡炯仁的研究──其成立實際上的理由，則爲對付工友總聯盟的存立，該聯盟的存在對地主階級構成嚴重的威脅，當地方自治聯盟成立之時，其主事者曾對民眾黨內的地主及御用紳士出言煽動說：「你們出錢自己找死，實在是天下的大傻瓜」，由此可見其用意在吸收此等人士，成立新黨。[4]

1930年3月9日，民眾黨的中央執行委員會上，常務委員中有人以爲自治聯盟與民眾黨目的相通，故主張應互相合作者；也有人以爲民眾黨不應顧慮別人，應以獨自的立場來活動；又有人以爲組織與民眾黨同一性質結社的目的在於策動分裂，故應發動反對運動加以撲滅等等。《臺灣民報》記錄該次中央執行委員會決議，禁止所有民眾黨員「跨黨」：

關於本題決定對全島的黨員，發出左記的聲明書：

凡是黨員不得參加黨以外之政治結社及爲其發起人。

又對自治制促進運動的具體的辦法，決定於各地方開講演會，於四月臨時帝國議會的時候，豫定派遣代表委員上京與當局及各政黨接洽。[5]

黨中央第一個動作，禁止黨員發起或加入黨外政治結社。蔣渭水在工

3　見王乃信等譯，《臺灣社會運動史（一九一三～一九三六年）第二冊：政治運動》（臺北：海峽學術），頁223。

4　見簡炯仁，《臺灣民眾黨》（臺北：稻鄉，1991），頁195-196。

5　見《臺灣民報》第三百四號〈民眾黨中委會討論促進自治完成〉。

運裡同樣用這招對付臺灣文化協會——禁止基層工會加入左翼總工會。[6]
無產者被禁止時只能跟中央妥協，但資產階級與地主則不同，他們有的是
資源，退黨後仍有實力推進政治計畫。黨中央第二個動作，大舉推動地方
自治改革運動，以證明左派的領導同樣可以推進臺灣議會設置請願運動，
取消黨內右翼自立門戶的正當性。種種措施，暗示蔡培火等應遵守創黨初
衷——在「全民運動」與「階級聯盟」的框架下服從中央統制。然而，此
二項措施無法遏止黨內右翼自立門戶。1930年7月30日，社運律師蔡式穀
宣布脫黨；9月28日，中央執行委員邱德金也退黨了。

　　當民眾黨右翼即將籌組新黨「臺灣地方自治聯盟」的傳聞出現，黨中
央藉由工友總聯盟動員基層工會，發起「反對自治聯盟大講演會」攻擊資
產階級分裂全民運動，於8月7日、9日分別在萬華民眾講座、大稻埕民眾
講座辦理。聯合發起的工會凡12會——臺北塗工會、店員會、印刷從業
員組合、砂利船友會、勞動青年會、俵箱工友會、箱工工友會、製餅工
友會、土水工友會、木工工友會、自由勞動者同盟，以及萬華勞動青年
會。[7]即使工人階級表態反對資產階級另組新黨，1930年8月17日自治聯盟
正式成立後，民眾黨員以個人身分加入者絡繹不絕，左派中央擋也擋不
住。[8]

　　1930年8月17日，地自聯成立的同一天，左派中央在高雄仁和醫院召
開第十二次中央執行委員會，討論如何處理加入地自聯的黨員，結論是：
「以二週的期限善意勸告跨黨者反省自覺，若此期間內無何等聲明之時，
再使用最後的辦法。」[9]何謂最後的辦法？不退地自聯，就開除黨籍。

　　1930年12月5日，臺灣民眾黨開除臺灣地方自治聯盟16名幹部的黨
籍，包括蔡培火、陳逢源、洪元煌等，只留下前社運共主林獻堂一人，然

6　見本書第三章第二節之二：臺灣機械工會聯合會。

7　見《臺灣日日新報》漢文版1930年8月9日〈反對自治聯盟大講演會〉。

8　見王乃信等譯，《臺灣社會運動史（一九一三～一九三六年）第二冊：政治運動》（臺北：海峽學
　　術），頁224。

9　見簡炯仁，《臺灣民眾黨》（臺北：稻鄉，1991），頁197。

而，憤怒的林獻堂亦宣布退黨[10]——勞工運動派與議會運動派正式決裂，民眾黨最初的理念「全民運動」成為空想。

二、臺灣民眾黨左傾

1930年12月27、28連續兩日，臺灣民眾黨在臺北本部召集中央常務委員會，研究黨綱、政策及章程的修正案，欲以勞動者利益為核心，在條文裡明確化「立黨精神」，實現「以農工階級為中心勢力的民族運動」——既然工農階級是中心，資產階級與地主不是中心，民眾黨就要轉而維護無產者的利益，不再如以往，總是同資產階級妥協。

《臺灣新民報》以醒目標題〈臺灣民眾黨本部提議修改綱領政策注重於無產階級的權益〉報導該修正案的主要內容：

綱　領

一、爭得勞動者農民無產市民及一切被壓迫民眾之政治的自由。

二、擁護勞動者農民無產市民及一切被壓迫民眾之日常的利益。

三、努力勞動者農民無產市民及一切被壓迫民眾之組織擴大化。

政　策

政治政策

　　壓迫植民地之諸惡法令要即時撤廢。

　　獲得民眾自主之地方自治制度。

　　反對帝國主義之侵略政策。

　　反對一切阻害生蕃之民族的自由發展。

　　外十七條

經濟政策

10　同上註。

相續稅所得稅地租稅之高率累進賦課。

無產者負擔之消費稅及關稅、什種稅（無產階級負擔）要廢止。

確立團結權罷工權團體協約權之勞動組合法之制定。

官有地要給與農民。

反對農產物之差押、立入禁止立毛差押。

外二十五條

社會政策

撤廢女子之法律上經濟上社會上之差別。

私立學校設立絕對自由。

外四件

組　　織

黨員大會改爲代表大會，地方選出之中央委員改爲代表大會選出等採用民主的中央集權制。[11]

第一點，黨綱的訴求主體明確化爲勞動者、農民、無產市民，而欲追求其自由、利益，並擴大其組織。這是當初「以農工階級爲中心勢力的全民運動」諾言的實現。原本的綱領：實現民本政治、合理經濟組織、改除社會制度欠陷，相較之下確實看不出工農利益所在。這也是當年左翼分子認爲民眾黨具欺騙性的原因。

第二點，民眾黨將在組織上確立社會主義的政治運作原則，民主集中制。

第三點，民眾黨將在經濟政策上維護勞動者的利益，不過僅止於初步、基本的訴求。勞工政策方面，累進稅率、勞動三權原是工業資本家可以接受的東西，譬如福利國主義。農民政策方面，分發官有地、反對立毛

11　見《臺灣新民報》第三百四十六號〈臺灣民眾黨本部提議修改綱領政策注重於無產階級的權益〉。

差押[12]，對地主階級的傷害遠不如先前爭議的「平均地權」、「耕者有其田」與「確立自耕農」——這些讓利條文，代表民眾黨中央依舊希望保留跟資產階級進步分子合作的空間，因而站在勞動者的立場上，向資方、地主拋出一些甜頭。

更抽象地看待黨中央的讓利，民眾黨在一系列左右鬥爭中發展出一種更爲深刻的政治想像——那同樣是民族主義，但不是無產者服從在資產者底下，由資產階級在議會裡的代理人擔任領導，而是資產階級做爲協助者，團結在做爲領導中心的工農運動旗下。歷史經由蔣渭水之手，以民眾黨內部的民主機制逆轉了資本主義權力位階，現在不是資方領導勞方，而是受薪階級、無產佃農、小資產階級聯合起來，對資本家、地主進行集體領導。

此一嶄新瘋狂的政治想像在這個未經社會革命的小島上能否生存下來，那是另個嚴肅問題。在資本主義生產關係裡，資產階級手上的甜頭比民眾黨中央所掌握的更多，何必彎腰撿拾無產者在政治上的殘羹剩飯？以農工階級爲中心勢力的民族運動，其實踐之不可能性說起來很簡單——如同前引臺灣地方自治聯盟主事者的話語：「你們出錢自己找死，實在是天下的大傻瓜！」

黨綱修正案在中央常務委員會做成後，尚須經全島黨員大會議決通過方得確立。爲了在黨員大會召開以前凝聚共識，蔣渭水先行將修正案提交全島各黨部，欲取得各支部大會的同意。同時附上一封書信，說明這次黨綱修正案的緣由：

提出綱領、政策、黨章修改案之理由書

本委員會依據創黨精神和四年來客觀情勢與主觀條件的變化，經過兩天詳細的討論和愼重研究的結果，認爲綱領、政策、黨章有修改的必要，特地作成議案以供黨員研究討論。希望各黨員同志拿出勇

12　農產收成前由國家幫地主進行作物之假扣押，以防止佃農爲自己留下部分農產品。

氣，熱誠的努力協商。本部擬以各支部的討論結果提供中央委員會及全島黨員大會參考。……

回顧創立當初，由於帝國主義的壓迫與客觀情勢之限制屢遭禁止而難產。因此不能充分表達立黨精神，至二次、三次大會，始用大會宣言補充表達過去未盡表現的立黨精神。如果我們加以回顧立黨當初多事多難的情況，以及通過帝國主義鐵蹄下的檢閱制度所表現出來的綱領、政策以及二次、三次大會宣言，就可以明瞭我們創黨的精神何在了。四年來，客觀情況及主觀條件、世界性的經濟恐慌及解放運動的進展已起了很大的變化。世界性的經濟恐慌普遍地深刻、產業合理化的斷然實行、工資的降低、二千萬洪水般的失業者、農產品之暴跌、工業生產過剩所引起的滯銷堆積、關稅壁壘林立、股票市場的崩潰、資本家的窮困化、極端的反動政治及民眾憎惡不滿的增大、階級對立的尖銳化、美英的對立、殖民地革命運動的進展等等令人目不暇接。資本主義沒落期的矛盾混亂已到了不可收拾的狀態。現今的世界經濟恐慌蘊藏著資本主義最大的危機，全世界的經濟組織遭遇到激烈的轉換時期，帝國主義各國的資本主義經濟已陷入衰老沒落的境地。蘇聯社會主義經濟正在新興崛起。這就是資本主義經濟和社會主義經濟的轉換時期。

日本產業界受到世界經濟恐慌的極大打擊，爲此資產階級在國內斷然實施產業合理化，不得不與勞動階級爲敵，也不得不加強對殖民地剝削的速度。因此，一九三〇年的臺灣出現了米價暴跌、農業恐慌、工資下降、失業增大、農林疲弊，嘉南大圳的農民因爲競賣土地引起小地主的沒落。不景氣的深刻化，都市稅徵的滯納致受查封而引起小工商企業者的倒閉，擴大民眾的貧窮化及警察鎮壓力，充實擴大言論、出版的箝制封鎖。這種情勢，不過會導致一般大眾反帝國主義思想的產生而已。被壓迫民眾的勝利維繫於糾合組織這些

反帝的民眾採取共同戰線。這件事在主觀上，一如前述由於客觀情
勢的變化強烈地加強了島內大眾的生活鬥爭意識。黨內的資產階級
及反動的知識分子都逃避退卻了。這就表現了本黨鬥爭的進展自當
會產生落伍者的必然過程。我們依據這些客觀的、主觀的情勢來修
改綱領、政策、黨章，期以促進黨勢的發展，相信這種修改不但是
由客觀情勢所帶來，而且也是創黨精神的切實表現。

一九三〇年十二月三十日

臺灣民眾黨中央常務委員會[13]

　　中央常務委員會在文件裡抨擊「黨內資產階級及反動的知識分子」，
強調黨綱修正案為「創黨精神的切實表現」——臺北、基隆、宜蘭、桃
園、大溪各支部，經大會討論，皆表贊同；然而，以陳旺成為首的新竹支
部卻表達反對，認為左傾綱領已悖離立黨精神。

　　《臺灣新民報》報導，1931年1月9日，為扭轉新竹地區黨員的反對態
度，蔣渭水專程南下出席地方大會，對修正案提出進一步說明。新竹黨員
也準備好振振有詞的反論：

　　無產運動的深刻化，是時勢使然，誰也防禦不來、阻止不住。可是
　　在特別環境之下的臺灣，要由無產運動一路跑去好呢？抑或須顧慮
　　臺灣的客觀的情勢，另採取以農工為中心勢力的全民運動的方法好
　　呢？這點從前已經過了一番很尖銳的理論鬥爭。唯最終爭不到一致
　　的結論，所以唯有各行其是。民眾黨始終抱著全民運動的精神，故
　　不見容於階級鬥爭的文協。臺灣解放運動戰線之不能統一者，就在
　　此點。至於立黨精神之最難表現者，實在乎民族意識之一點，並不

13　見王乃信等譯，《臺灣社會運動史（一九一三～一九三六年）第二冊：政治運動》（臺北：海峽學術），頁252-253。

是在乎階級意識。如此回只根據於階級意識的綱領修改，尚敢說是沒有改變立黨的精神，這麼豈說得去嗎？若說二次三次的大會宣言，鮮明以農工爲中心勢力云云，不過是工作上的宣言而已，說不到是立黨精神的補充。還有資本主義經濟的沒落與社會主義經濟的新興云云，若立在無產階級戰線，也許是正確的觀察。唯要立在全民戰線？或要立於無產階級戰線？是眼前第一要先決的問題。若決心要立在無產階級戰線，不可再糊塗敷衍，須勇敢地聲明要把立黨的精神推翻，而重新建設無產政黨才對。可是存在於資本主義國家制度下的合法政黨，能否爲無產者爭到多少的幸福？鑑之在工黨內閣統治下的英國無產者，比之其他資本主義國家的無產者，何嘗得享受特殊的恩惠？至於對植民地的印度，仍是從前一樣的壓迫—搾取。印度民意代表者的甘地被逮捕下獄，其兒子受逆待餓死獄中。這麼看來，在資本主義制度下之合法的無產黨，能否眞實爲無產者謀幸福？能否爲植民地解放束縛？著實給人們不能沒有懷疑呀！然則在植民地的解放運動，既不容採取××手段，便不可破壞全民戰線，才是正當的辦法云。[14]

　　因爲不能革命，所以不能破壞全民戰線——新竹黨員的反論是有道理的，觸及資本主義底下合法政黨能否眞正改造社會的大問題。該論點某種程度上從反面證明革命的必要性。結果，新竹支部的黨員大會以「沒確立黨精神，破壞全民戰線」爲理由否決黨中央的修正案。儘管如此，全島多數支部還是贊成此一綱領修正案。

　　1931年2月8日，臺北民眾黨本部召集最高執行機關會議「中央執行委員會」，待新綱領通過，便欲以中央執行委員會名義提交全島黨員代表大會。新竹陳旺成仍強烈反對，臨監警官記錄陳蔣二人會議上的辯論：

14　見《臺灣新民報》第三百四十七號〈民眾黨新竹支部反對綱領改修試案〉。

黃旺成[15]　當審議本修正案時，首先必須追溯到創黨當時來加以考量。當時參加企劃組黨的人是我、蔡培火、黃周、謝春木、彭華英等五人，是我與蔣渭水被當局目爲民族主義者而處在不受歡迎的狀態。由於我們的努力，民黨被禁止後，修改綱領政策始得被容認了。此一精神，也就是**非用徹底的全民運動來推進不可**。這一次的修改案與內地無產黨之綱領毫無二致。這樣的東西難道能夠稱爲全民運動嗎？又據蔣渭水的說明，雖加進一道民族運動，但如此地把運動分爲兩個目標時，民眾是否果眞會信任我黨？這樣是否欺矇民眾太甚。

蔣渭水　**今天這個時代並非依賴資本家之時代，階級鬥爭的必要**性固不必再喋喋不休。但在臺灣現在的情況下**作爲過渡時機下的方針，如不在階級運動中加進民族運動的話，那麼要得到運動的成功是不可能的。**[16]

　　很清楚，陳旺成主張的是一種對於民族內部的各個利益集團不加區分的「徹底的全民運動」；蔣渭水的主張則是另一種區分民族內部的利益集團，並以其中的「工農」做爲核心的「民族運動」。兩種全民運動存在著微妙差異，而資產階級永遠較喜歡前者。

　　該次中央執行委員會上，只有新竹、鶯歌、竹南、苗栗、海山五支部反對，臺南、高雄棄權。投票結果，反對12票、贊成16票，綱領政策修改案通過決議。[17]陳旺成一干黨代表中，有10名憤怒退席。另個爭點爲，「以農工階級爲中心的民族運動」是否寫進黨綱？這個問題，顧慮到政府

15　黃旺成爲陳旺成出生時登記在簿的名字，承自他外祖父的姓氏，這和他的家族背景有關。

16　見王乃信等譯，《臺灣社會運動史（一九一三～一九三六年）第二冊：政治運動》（臺北：海峽學術），頁260-261。

17　見《臺灣新民報》第三百五十一號〈民眾黨何處去？綱領政策修改案激論後通過中執會大會的解決很堪注目〉。

彈壓的可能性，在基隆楊慶珍的倡議下決定撤銷不用。[18]

1931年2月18日，臺灣民眾黨在臺北本部召開全島黨員大會，議長為蔡年亨，並由工總聯書記李友三宣布開會、顧問謝春木述開會辭。議程進行到綱領政策修改案，蔣渭水起身說明：「綱領政策的修改，乃是順從臺灣客觀主觀的情勢思考出來的，老早就認定有必要，若從環境的變化看起來，修改的時期確已感覺成熟了。」[19]部分黨員發言，認為時機之成熟遠超蔣渭水認知，最好立刻把民眾黨改組為勞農黨。多數黨員認為這個意見太「脫線」。陳旺成則反駁：「我是反對綱領政策試案的一人，我豫料這個試案一定通過，不過是要說明我反對的理由，我是希望自己先清算了後，始得修改綱領政策，或者因此組織一個旗幟鮮明的無產政黨。照現在修改綱領確實是一種無產運動的政黨，可是為什麼要開講演會反駁文協的階級運動，倒不如和他協同戰線。所謂『民主主義』、『政治的自由』的術語，不能論什麼是新是舊，總之，先清算了後，即提出此案如何？」[20]臺南韓石泉亦發言，黨向來優先主張全民運動，其次方為階級運動，修正案逆反二者階序，失去立黨精神。盧丙丁則說：「民眾黨須立腳在工農大眾，要向無產階級的運動進展。如果文協系肯自己清算過去的錯誤，就不妨攜手共同鬥爭，大發揮氣焰。」[21]

隨後，三條綱領修正案被打包進行一次性表決，以絕對多數通過了這份左傾綱領。附帶的政治、社會、經濟政策，則採逐條表決，同樣以絕對多數通過。左派在民眾黨內大獲全勝。那是下午六點，忽有近百警力突襲民眾黨臺北本部。臺北州警務部長、保安課長、總督府事務官皆到場，日本人佔據司會者席，向全島黨員宣布：「政治結社臺灣民眾黨，依治安警

18　見王乃信等譯，《臺灣社會運動史（一九一三～一九三六年）第二冊：政治運動》（臺北：海峽學術），頁261。

19　見《臺灣新民報》第三百五十二號〈民眾黨最後的全島黨員大會決議修改綱領及政策慘遭當局禁止解散！！互四年光輝的苦鬥史在悲壯慷慨裡告終了〉。

20　同上註。

21　同上註。

察法第八條第二項[22]，本日臺灣總督禁止之。」[23]

黨員大會被命令解散，警方以「防止暴亂」爲名，當場檢束蔣渭水、陳其昌、許胡、盧丙丁、梁加升、廖進平、李有三、黃白成枝、張晴川、楊慶珍、蔡少庭、陳天順、黃江連、楊元丁、黃傳福、林火木，凡16人。其餘黨員在警察的吆喝聲中茫然退下，散開，沒有聲音。[24]隔日預定召開的工總聯第四次全島代表大會亦被迫取消——臺灣人第一個政黨，臺灣民眾黨歸於消滅。

事後當局發布一封聲明書，茲將重點截錄。從中可見，國家禁止民眾黨的理由不是因爲該黨追求臺灣人的民族自治自決，因爲臺灣地方自治聯盟有同樣主張，而後者沒被解散。殖民政府所欲避免者，爲臺灣民眾黨把「民族自決」與「階級鬥爭」融合起來[25]：

> ……由於向來受民眾黨掣肘之右派脫黨之故，如今更加肆無忌憚，擷取日本內地的大眾黨、勞農黨、南京總工會等的綱領、政策來修改其綱領政策，以農工階級爲中心，將其工作重心放在階級平等及民族平等。尤其中央執行委員會提出「黨的本質規定爲以農工階級爲中心的民族運動」。這一決議案由於在中央執行委員會經一部分

---

22 《治安警察法》爲日本政府爲鎭壓國內共產主義運動而頒布的法律，其宗旨在將主張「毀廢私有財產制度」或「變更國體」的革命家、革命團體構陷入罪。這裡用來禁止臺灣民眾黨的第八條全文爲：「安寧秩序ヲ保持スル爲必要ナル場合ニ於テハ警察官ハ屋外ノ集会又ハ多衆ノ運動若ハ群集ヲ制限、禁止若ハ解散シ又ハ屋内ノ集会ヲ解散スルコトヲ得」，該條第二項則爲：「結社ニシテ前項ニ該当スルトキハ内務大臣ハ之ヲ禁止スルコトヲ得此ノ場合ニ於テ違法処分ニ由リ權利ヲ傷害セラレタリトスル者ハ行政裁判所ニ出訴スルコトヲ得。」詳見網路上中野文庫之《治安警察法》原文：http://www.geocities.jp/nakanolib/hou/hm33-36.htm

23 見《臺灣新民報》第三百五十二號〈民眾黨最後的全島黨員大會決議修改綱領及政策慘遭當局禁止解散！！互四年光輝的苦鬪史在悲壯慷慨裡告終了〉。

24 見王乃信等譯，《臺灣社會運動史（一九一三～一九三六年）第二冊：政治運動》（臺北：海峽學術），頁263。

25 這是簡炯仁的看法，簡氏認爲文化協會分裂後民族運動與階級運動的分流使日帝得到操作分化的政治空間，而當兩者合流成爲「眞劍的民族解放運動」，日帝便懼怕之。見簡炯仁，《臺灣民眾黨》（臺北：稻鄉，1991），頁223-224。然而，臺灣共產黨乃至於當時列寧主義對殖民地革命的綱領，不也是民族自決加階級鬥爭？

人士的提醒，遂有「其本意雖然在此，但作為文章發表的話，可能會重蹈早先的民黨覆轍，而遭到被禁止的厄運也不一定，因此在形式上不加以發表如何？」的意見，因此在形式上雖然暫停發表，但仔細檢討這次修改的綱領、政策時，該黨的指導精神可謂是以民族運動為緯、階級鬥爭為經的。在其政策中明顯的反對現總督政治，列舉壓迫殖民地民眾的惡法而要求即時廢止，或設立臺灣人為本位的職業介紹所、免費住宿所、診斷所、醫療院等等。縱令不使用前記民族運動的文字，但由這點看來，可斷定為民族運動的表現是無可懷疑的。又在綱領中特別揭櫫爭取被壓迫民眾之政治自由等等，暗中強調殖民地之獨立。他們所說的被壓迫民眾這一名詞與大眾黨、勞農黨所用的民眾在主觀上稍有差異，即意指殖民地大眾而言的，是萬萬不能予以忽視者。

我們果真把這種納入階級鬥爭於民族運動的結社加以容忍的話，不僅會違背我國對臺灣統治之根本方針，而且也會阻害內臺融合。影響所及，將對臺灣統治的維持帶來極大的傷害，這是明顯不過的。

由以上的理由，至此不得不採用嚴屬的法規作出處分命令之舉。這就是禁止組織臺灣民眾黨的所以然。[26]

三、三角戰略

　　臺灣民眾黨之被禁止，等同在當時政治圈投下一顆震撼彈。餘波所及，不單臺灣各地出現反對聲浪，日本無產黨、革新黨亦在東京帝國議會反制臺灣總督。從基隆到鳳山，從島內到日本，從左派到右派，沒有一位政治工作者不被事件捲動。這裡限縮討論，只追蹤它對勞工運動的影響。

26　同上註，頁264-265。

　　島內政治社會運動空間進一步緊縮。爲防範舊民眾黨幹部可能的抗爭，在臺北州高等課授意下，北署派了三、四名員警全日尾行蔣渭水；更調度各派出所警力，每日監控其餘幹部之家宅。[27]當時，舊黨員陳炳奇正在組織「鶯歌自由勞動者同盟」，警察竟違法侵入住家，大肆搜索，沒收私人物品、文件。[28]警察橫行的恐怖裡，舊民眾黨人何去何從，成爲社會各界關注的焦點。

　　《臺灣民報》率先做了專訪，對象是舊民眾黨的核心幹部蔣渭水、謝春木與陳其昌三人。其中記錄了蔣渭水的談話：

> 這次民眾黨被解散後，可說臺灣同胞個個都是悲憤激昂、惋惜追念。民眾對本黨有這樣的愛護，眞是民眾黨莫大的自慰。有此民心，不怕無黨，政府雖能禁止政黨，總不能禁止民心。

> 然而界在臺灣解放運動一轉機的今日，黨須改造做解散前夜的組織形態，才能發揮鬥爭能力。當局已不容許改造，故舊黨的存在諸同志們亦認照舊黨的綱領是難以再求發展，故雖被解散，亦不必悲觀灰心，應藉此爲轉機、更圖解放運動的提高和進展才是。

> 今後的方針，依我個人意見，是認定**無再組織像空骸的政黨的必要**，因爲我們所要的黨，政府是要禁止，而政府所容許的黨已被抽筋抽骨僅剩個空皮的政黨，我們認爲無益於大眾。且根據正確理論，在現階段的運動方針，須**用全力組織訓練農工大眾**，推動農工大眾之進出，養成堅固有力的農工同盟，造就解放的基礎部隊。這才是正確的方針，我很希望島內同胞提起從前信賴民眾黨的精神來繼續支持和援助我們。照我們所提示的方針對勞働者農民無產市民

27　見《臺灣新民報》第三百五十三號〈禁止民眾黨後當局猶起恐慌〉。
28　見《臺灣新民報》第三百五十四號〈舊黨解散後當局監視益嚴〉。

昭和6（1931）年2月21日，臺灣民眾黨被強制解散，遭逮捕的幹部於釋放後在黨本部留下最後合影。左起白成枝、陳其昌、蔣渭水、林火木、李友三、許胡、張晴川。（蔣渭水文化基金會提供）

　　及青年婦女方面，將灌全力去做組織和訓練的基礎工作。[29]

　　很清楚，蔣渭水將不再組織新政黨，改將力量投入勞動者的組織，追求「工農聯合」的政治想像。此一觀點，其實就是民眾黨成立以前，跟蔡培火針鋒相對的「玉碎主義」——基層工作是運動的核心，倘若政黨不能推進運動，那麼，不如玉碎，不如不要這個黨。

　　對此，謝春木進一步補充兩點：

　　我們北部幹部的意見全部認為沒有再組織政黨的必要，其原因約有二點。

29　見《臺灣新民報》第三百五十四號〈萬目睽睽的解散後之民眾黨注力三角組織北部意見一致〉。

第一點，現在舊民眾黨已被解散，設要重新組織另外的政黨，其綱領政策比之前解組前必要穩健很多方能得其許可。以其設立一個有名無實的政黨，我們是認為還是不組織較為有益。且解放運動也不必有政黨牌子的存在處處受其牽制，其實照理論來說，解放運動的方式，不必一定有政黨的形式方能進行。

第二點，現在勞働運動的左翼戰線，非常混亂，設若不再組織政黨，彼此間的感情也易調和，乘此時機還得統一戰線。勞働者、農民、無產市民，及一切被××民×，**既組織者重新整理，未組織者，促其實現。這樣的組織方法，勞働者組織工友會、農民組織農民協會、無產市民及一切被××民×組織平民同盟。由此三大組織聯合起來，做我們解放運動的××。**[30]

謝春木認為，不去籌組新黨將有利於舊民眾黨人與左翼工會重新整合，消除左翼戰線的「混亂」——在被民族資產階級擺過一道後，誰可以合作、誰在扯後腿，舊民眾黨左翼已區分清楚。此外，謝春木也提出一種基層組織的「三角戰略」——勞動者組織工友會、農民組織農民協會、無產市民及一切被壓迫民眾組織平民同盟，為左翼的統一戰線建立基礎。

1931年2月23日，工運分子蔣渭水、謝春木、陳其昌、許胡、廖進平、張晴川、李友三，在七人聯名發表的一封共同聲明書中，深入描繪「三角戰略」與「統一戰線」的政治藍圖。這裡擷取其後段：

臺灣人的解放不可能端賴知識分子及有產階級促成之，臺灣人全體之自由，必待勞動者、農民、無產市民奮起戰鬥，如此方能收獲解放運動之美果，這次本黨之改組，亦不外乎此。此次當局之暴壓如能喚起並助長勞動者、農民及其無產市民之志向，並擴大鬥爭組

---

30 同上註。

織，則民眾黨可謂死得其所。

本黨之再建抑否，首先須取決於諸君之意志。我等當今之急務再擴大並強化勞動者、農民、無產市民的組織，進而**促進解放運動戰線之統一**，以期早日達成解放運動之目的。

我人切盼島內外同志更加協力奮戰。於茲我等連名聲明我等之意志，以昭告世人。

絕對反對政府之彈壓

強化並擴大勞動組織

促進勞農向前邁進

迅速確立大眾的陣容

勞動者集結於工友會

農民集結於農民協會

無產市民集結於其所屬的職業團體

青年集結於青年會

婦女集結於婦女協會[31]

1931年2月26日，島嶼之南，舊民眾黨高雄支部以懇親會的名舉辦了解散式。由黃賜致解散式辭，《臺灣民報》記錄，其辭極為悽愴，然中亦有激勵之處。入夜以後，舊黨員三十餘名聚集在一家料理店，朗讀臺北同志撰寫的意見書，當下決定組織一個「民眾同盟」以示團結，並誓言專注於農工階級的教育、追求農工階級的共同利益。[32]

回顧舊民眾黨人左傾的過程，可區分三個階段：首先，投入工運建

---

31 見簡炯仁，《臺灣民眾黨》（臺北：稻鄉，1991），頁228。

32 見《臺灣新民報》第三百五十四號〈民眾黨禁止後高雄支部行解散式悲歌慷慨現出最後場面宴會席上決組民眾同盟〉。

成臺灣工友總聯盟，與工人互相影響而出現社會主義傾向；其次，民族
資產階級之背叛導致進一步左傾，屬行以農工階級爲中心勢力的全民運
動；第三，民眾黨被禁止後更進一步轉向基層，放棄政黨，尋求與文協
左翼重建共同戰線，隨後標舉列寧主義，做爲臺灣工友總聯盟的新指導
原理。

　　1931年3月15日，臺灣工友總聯盟召開中央常置委員會，檢討舊日工
作以決定往後行動綱領。晚上九點半，日本警察撕下會場內所有標語、海
報，命令解散。然而，組織者早已料到警方的行動——他們謊報開會時
間，在臨監官抵達前結束議程。中央常置委員會所通過的新綱領，其詳細
內容，今天已不得而知。警方因未及臨監沒有紀錄，《臺灣新民報》亦僅
報導「通過綱領」而沒有內容，只是語帶暗示地描繪當天的會場。牆壁四
面貼滿了海報，海報上皆有標語——「打倒分裂的觀念主義者」、「遵守
列甯主義檢討過去工作」、「擁護眞正的左翼革命家」以及「支持中國革
命」。[33]

　　1931年4月間，臺灣工友總聯盟、文化協會、農民組合與共產黨人重
新攜手，組織「共同鬥爭委員會」。在「五一勞動節鬥爭」、「官員減俸
運動」建立起最後一個無產階級共同戰線。

四、大蕭條裡的組織工作

　　世界經濟大恐慌在1930年也傳播到島內。除了米價暴落，農民生計陷
入困難，工業部門也發生業務緊縮，資力不夠的小型企業陸續倒閉。爲把
虧損轉嫁到工人身上，降低工資、縮短工時[34]、機械化生產陸續被資方採
用，當年臺灣左派抽象地稱之爲「產業合理化」——工人階級實質平均薪
資跌回1920年以前。解散民眾黨、臺共大檢舉，不過是社會、政治、經濟

---

33 見《臺灣新民報》第三百五十六號〈工聯委員會會散後始禁止口號被押數張〉。
34 當時是領日薪，因此縮短工時可以在限縮產量的同時節省人事成本。

各種自由急速緊縮的一部分。

繼之以淺野大罷工受到殖民政府鎮壓，臺灣工友總聯盟已失去以往的行動能量，加以民眾黨內部發生左右鬥爭，導致工運右翼的基層組織工作進展有限。整個1930年度，只有「臺北自由勞動者同盟」、「松山自由勞動者同盟」、「北斗總工會」、「臺北魚類小賣人組合」、「永樂市場小商人組合」五個新組織加盟。[35]

組織動能衰弱的情況下，即使島內工人薪資探底、罷工頻繁，工總聯系統處理的勞資爭議，比起前幾年卻少很多。目前由新聞紙追蹤到的，只有臺北金銀紙店工人、高雄印刷從業員組合、華僑錫箔工友會的罷工事件三起。1931年以後，則有新竹木工工友會、高雄共榮自動車會社、臺北印刷從業員組合大罷工事件三起。

大蕭條也造成城市居民的經濟向下，為社會運動者提供發展「無產市民運動」的機會。臺灣工友總聯盟配合民眾黨，經由各區分部，在城市裡推動一些議題性的群眾運動──工運分子主張城市裡的受薪階級被資方、房東、醫生剝了好幾層皮，從階級的角度切入市民生活，推動「借家人降租運動」與「降醫藥費運動」。

借家人降租運動，顧名思義，即動員房客要求房東降低房租。1929年11月底，《臺灣民報》報導一般民眾收入銳減、失業風行，房租卻依舊高昂：「近年來因景況的不佳漸趨深刻化，勞動者、及小商人愈覺生活困難，而一方面住宅及店鋪的賃借料，不但依然維持好景氣時代的價格，而且反有年年騰貴之慨。因此一般勞動者們在就職難的當中，又要感著住宅難，為租一定房屋勞動者們似乎已覺不可能，而於小商人每日的收益亦殆難以支拂屋賃，至於俸給生活者則要以全收入的三分之一充為房租，如此情形，一般無產者，為家賃的過高實覺極大的苦痛了。」[36]

臺北市內京町、大稻埕、艋舺，皆有借家人聯合連署、請願，集體拒

---

35 見《臺灣新民報》第三百四十五號〈臺灣解放運動各團體現勢〉。
36 見《臺灣民報》第二百八十八號〈借家料的減價問題各地齊聲響應起來工總聯將大舉運動〉。

絕納租，逼迫房東降價。[37]《臺灣民報》報導這些房客往往面對同一個房東，聯合運動方成爲可能，這也代表了當時城市裡地產集中在少數人手中。地產主當中既有自然人，也有公司行號、機關團體，牽連甚廣，連臺北州當局社會課也發表聲明，將要調查房市。[38]

　　臺灣工友總聯盟本部認爲是時機發展無產市民運動，於是聯絡所屬基隆、臺北、臺中、嘉義、臺南、高雄各分部調查當地房租數據，同時起草家賃減價運動的宣言。[39]1929年11月23日，臺灣工友總聯盟印製數萬份傳單分送各地，既有日文版，也有漢文版。其內容如下：

> 税厝人快快覺醒起來吧！
> 趕緊提倡厝税降價運動。
> 急起獲得厝税降三折。
> 打倒惡信託屋。
> 排斥惡家主。
> 要求廢止礩地金。
> 要求廢止立退強制權。
> 要求借家法施行於臺灣。
> 快快創設借家人協會。
> 内地的家主既自發的降價。
> 臺灣的家主也要發出良心。
> 介紹有經驗的辯護士。
> 有必要時只管來談論。[40]

---

37 見《臺灣民報》第二百八十九號〈組織借家人協會可爲機智的措施〉。

38 同上註。

39 見《臺灣民報》第二百八十八號〈借家料的減價問題各地齊聲響應起來工總聯將大舉運動〉。

40 見《臺灣民報》第二百八十九號〈工友總聯盟的屋税減價運動發數萬的宣傳單並在各地開講演會〉。

　　傳單散出後，果眞有人寫信到工友總聯盟本部詢問運動辦法，或請求介紹律師，既有本島人，亦有內地人。

　　1929年11月23日，下午七點半，工總聯在臺北市內的稻江講座開了一場「厝稅降價運動大講演會」，講題與辯士如下：

　　　一、食衣住之緊縮　　　　　　　　　　　　　　　　連雅堂
　　　二、平均地權就免稅貴厝　　　　　　　　　　　　　蔣渭水
　　　三、厝稅貴是工人第一的威脅　　　　　　　　　　　李友三
　　　四、內地的厝頭家已經減厝稅臺灣的厝頭家也要有覺悟　曾得志
　　　五、希望厝頭家較良心一點　　　　　　　　　　　　蘇竹南
　　　六、土水工人的厝稅觀　　　　　　　　　　　　　　黃江連
　　　七、木匠工人的厝稅觀　　　　　　　　　　　　　　陳隆發
　　　八、油漆工人的厝稅觀　　　　　　　　　　　　　　王秋茂
　　　九、快快來組織借家人協會　　　　　　　　　　　　陳天賜[41]

　　以上傳單與講題顯示，工總聯嘗試在厝稅減價的運動中帶入工人觀點，並且從中組織「借家人協會」，期同市民接觸。隨後，艋舺、基隆、臺中、嘉義、臺南、高雄也開催類似的演講會。

　　1930年度間，斗六、臺南、高雄等地，都在民眾黨系統的鼓動下成立借家人協會。比較特別的是斗六借家人協會，該會由小店主構成，協同地方商工會與店東斡旋，訴求調降店租。[42]那個時代的勞工團體，竟有辦法拉攏到小資產階級。臺南借家人協會比較無產，由勞動者、貧民等俸給生活者組成[43]，甫成立便有屋主聞風惶恐，自願降租兩成。該臺南借家人協會甚至有一份「戰鬥綱領」，茲抄錄如下：

41　同上註。
42　見《臺灣民報》第二百九十六號〈斗六租屋者受痛苦運動屋賃降價〉。
43　見《臺灣新民報》第三百十六號〈臺南市民倡設借家人協會爲要對抗惡家主〉。

我們臺南借家人同盟，是戰鬥的借家人的團體，以確立居住權為目標，固有如次諸項當面之綱領，以期遂行！

一、厝稅減三成及時實施

二、磧地金權利金及時撤廢

三、家屋明渡，絕對反對

四、不良住宅之改正，竝公營住宅之設置

五、依借家代表，參與標準厝稅之制定。[44]

高雄則有借家人蔡亂響應運動，跟房東訴求降價，結果被逐出家門。蔡亂於是發起「高雄借家人同盟會」，會址在民眾黨高雄支部，由工友總聯盟黃賜、民眾黨陳九擔任顧問。該同盟會在高雄市內大量散播房租減價傳單[45]，並於1930年8月26日召開大講演會，攻擊不肯降價的房東。[46]其後未聞有房東低頭降價的消息。整體而言，除了少數例外[47]，絕大部分屋主不會跟房租過不去，特別是經濟不景氣的時候。

「醫藥費降價運動」由民眾黨基隆支部發起。社會運動家認為，1930年間米價暴落，物價亦隨之下降，但單獨醫藥費從不下調，更有部分醫生從中賺取暴利，因此「運動降價」，用社會運動對抗市場力量。

1930年8月2日，《臺灣新民報》刊登〈醫乃仁術？醫藥依然不降價景況日非貧人叫苦降價運動將抬頭了〉攻擊少數不肖醫者，許多醫生撰文回應，引發軒然大波，臺灣民眾黨各地支部表態支持醫藥費降價運動，臺灣工友總聯盟亦決議應援。[48]隨後，各地陸續有良心醫生發布消息願意降低

---

44 見《臺灣新民報》第三百卅四號〈臺南借家人聯盟一部分的家主起恐慌自發的降減二成了〉。

45 見《臺灣新民報》第三百廿七號〈房租爭議快要成立的高雄借家人同盟會擬二十日發會式將運動房租減價〉。

46 見《臺灣新民報》第三百廿九號〈房租降價大講演會攻擊惡家主暴利要求即刻減三成〉。

47 當時在臺中就真的有房東因為良心發現帶頭降價，但其餘房東並不理睬，因而整體上房租也沒有降下來。見《臺灣新民報》第三百卅四號〈房租降價運動中房東先斷行降價為促別的大房東反醒臺中陳玉氏降一成半〉。

48 見《臺灣新民報》第三百廿四號〈醫乃仁術？醫藥依然不降價景況日非貧人叫苦降價運動將抬頭

藥價，但也有許多醫生團體發出反對降價的聲音。[49]

　　該運動結果如何，資料有限，不得而知。

五、大稻埕金銀紙店爭議

　　大稻埕各金銀紙店的工價高低不齊，同工不同酬，金銀紙工人間已存有不滿。1930年9月，有傳聞說市內店主即將聯合降薪，19日，福壽、瑞記、瑞昌、義利四家店，男工凡二百餘人、女工凡五六百人，召集大會決定提出訴求，希望各店主依照給薪較高的瑞記金銀紙店，統一工資。《臺灣新民報》報導，瑞記以外的店家平均須提高二成勞動成本。[50]

　　當時臺灣經濟普遍蕭條，業主以此拒絕調薪，勞方遂於9月22日發動罷工。10月5日，福壽的店主率先軟化，同意調薪；6日，其餘店主也承認勞方訴求，金銀紙工人得到勝利；7日，全數復工。

　　瑞記金銀紙店的店主對罷工不滿，《臺灣新民報》記錄：「聽說（業主）是因為一部分的花金（按：即壽金）要歸自己去做，工人復店的時候，也有罵工人的口氣，因此而他們竟然再罷工了。」[51]瑞記金銀紙店二度罷工，罷工期間的生活費由其餘各店工人負擔，每人每日提出10錢到30錢。臺北維新會、工友總聯盟臺北區也協助罷工者募集社會資源。

　　瑞記工人這第二次罷工的後續狀況，各家新聞紙沒有紀錄，結果如何，不得而知。[52]

了〉。

49　見《臺灣新民報》第三百卅五號〈全島各地續出的醫藥減價運動臺北醫師會也在考慮工友總聯盟將起運動〉。

50　見《臺灣新民報》第三百三十五號〈臺北金銀紙店的罷工經過情形復工而又再罷其中必有緣故〉。

51　同上註。

52　同上註。

六、高雄印刷從業員組合

高雄印刷從業員組合成立於1928年5月1日，會員凡69人，中有數名日本工人。1930年12月，該組合揚言罷工。

自1930年起，「南部印刷業組合」陸續削減印刷工的勞動條件——夏天，資方廢除全勤獎金、工傷醫療；冬天宣布12月起變更公休日規則。原本公休日包含各祝祭日，外加每月一天休假，皆帶薪。資方則欲將祝祭日自公休日中剔除，代之以月休兩日，且只有一日支薪。休假規則果真變更，原本一年33天的帶薪公休日，將只剩14天，且其中只有7天帶薪。

1930年12月3日，高雄印刷從業員組合遞送邀請函，欲與南部、村木、泸田三間印刷所共同協商勞動條件。12月6日夜裡，勞資雙方聚集在泸田印刷所，業主讓步，承諾撤銷公休日變更案。為避免資方反悔，從業員組合在會議上要求印刷業組合簽署證明書，兩年內不得減半公休日。業主方不願簽字，談判破局。

12月7日下午，高雄印刷從業員組合在鹽埕町民眾黨支部召集臨時大會，出席者六十餘人，推派工總聯黃賜、民眾黨蔡振輝為顧問，籌備罷工，並組織爭議部、糾察隊、救濟部、宣傳部等。該次大會決議由黃賜帶往南部印刷業組合。「我們要求關於公休半廢案業主應表示誠意，限至今夜八時若無回答，我們就要決行罷工，該期間中的給料和爭議費用一切應歸業主負擔云。」[53]

資方組合內部討論後，決定讓步。晚上七點，爭議團收到答覆書：「前天在雙方會商的席上我們所承諾的撤廢案，全出自誠意的表示，況在公眾面前，決無食言的背倫行為，切望職工諸君自明天起一齊出勤云。」[54]勞方得到書面證明文書，宣告獲勝，撤銷原訂罷工行動。[55]

---

53 見《臺灣新民報》第三百四十三號〈要求公休半減案撤廢業主們已表示讓步險些鬧出罷工的爭議現在已經圓滿解決了〉。

54 同上註。

55 同上註。

七、臺北華僑錫箔工友會

1930年12月初，萬華八家錫箔製造商，南昌、東華、建興、東昌、許茂松、協興隆、裕盛、榮興，以銀價暴落、商況不振為由，宣布所屬員工降薪兩成。在華僑錫箔工友會的帶領下，男工180名、女工80名，在1930年12月8日發動罷工。

錫箔的原料多半由中國進口，工友會遂主張，銀價之暴落導致中國貨幣貶值，臺灣廠商的成本已下降。因此，以此為由降薪，乃是欺騙社會。華僑工人每月工資只有六七十錢，原已廉價，如果再降，華僑工人將付不出房租、養不起妻子。

1930年12月10日，華僑錫箔工友會在萬華民眾講座召集大會，做成決議，僅容許資方將工資調降五分，若降幅超過五分，工友會將發動總辭職——所有華僑都將返回中國，且依契約，資方須支付每人9圓的歸國旅費。

下午三時，工人代表王大頭、楊泉海等4名，與資方代表王初九等六七人，相會於南昌錫箔製造廠。臺灣工友總聯盟白成枝、曾得志擔任見證人。業主方宣誓降薪絕不超過一成五分，與勞方五分以內的期待差距太大，協商破局，華僑錫箔工友會260名工人遂行罷工。[56]

不過，這場中國移工的勞資爭議，其後續狀況，新聞紙沒有紀錄，結果如何，不得而知。

八、新竹木工工友會罷工

1931年1月1日，新竹木工工友會三十餘名工人被找去開團體協商會議，業主方以不景氣為由，希望工資下調兩成。[57]這已不是勞方第一次

---

56 見《臺灣新民報》第三百四十三號〈男女工三百名總罷工を決行す成行注目さる華工總歸國か〉。
57 見《臺灣日日新報》漢文版1931年1月7日〈新竹木工業工資不肯降〉。

被砍工資──1930年6月，店主曾要求降薪兩成，勞方妥協，即時調降一成。12月底，資方又把那尚未調降的一成提出，欲於1931年陽曆新正實施。

景氣確實不好，勞方內部討論後勉強同意，請民眾黨新竹支部陳記出面斡旋，只希望把降薪的時間點，延後到農曆新正。然而，資方以工友會找「外力」介入為理由，主張減薪的時間點最晚只到農曆11月底。陳記尚不知情，各店主已直接對工人宣布。

1931年1月3日，工友會認為資方不尊重勞方代表，決議1月4日發動罷工。店主方又跑去黨部請陳記勸退工人。陳記回應，罷工的原因正是資方不跟他協商，現在找他調停已來不及。

1931年1月4、5日，新竹木工工友會連續兩天開會。眾人認為與其期待店主取消降薪，不如工人自己開店。同時，資方已因罷工難以經營，即使要雇用新人，出於同情，短期內同業工人也會拒絕，訂單將會轉移到工友工廠。工友會打算利用罷工的時機自己開公司，同原本的業主競爭。[58]

1931年1月19日，新竹木工工友工廠開始營業，地點選在後布埔昭和材木的舊工廠，約有十名熟練工投入作業。罷工團成員近四十人，那時已有人轉行賣布、搞小本生意，也有人因店主讓步而復職。木工工友會對外宣告，待營運順利，便要回聘罷工團其餘成員。《臺灣新民報》報導，新竹木工工友工廠因為手藝精湛、價格便宜，生意很好。[59]

九、高雄共榮乘合自動車會社爭議

1931年9月7日，高雄市共榮乘合自動車會社突然宣布，解雇該社「乘合部」（負責公車業務的部門）中藍日榮、鍾榮華兩名本島人員工。會社的說法是因為不景氣，計畫整理乘合部內的本島人員工，再把「貸切部」

---

58 見《臺灣新民報》第三百四十六號〈新竹木工工友會與店主團發生爭議調停決裂實行罷工正在籌備共同經營〉。

59 見《臺灣新民報》第三百四十八號〈新竹木工共同經營工場同時頒布宣傳單〉。

（負責包車業務的部門）中的日本人員工補充進乘合部，以減少人事費開支——其實會社是想把貸切部整個裁撤掉，但貸切部裡都是日本人，就決定先裁撤乘合部裡的臺灣人，再把日本人轉調到乘合部空出來的位置。

資方公布消息以後，引起本島人員工的恐慌，害怕下個被開除的是自己，另方面，更擔心會社逼退乘合部所有本島人員工，再名正言順地把日本人放進乘合部。[60]1931年9月14日晚上，全體本島人員工，包括男司機與女車掌24人，聚集到旗後某處開會，徹夜討論後續行動。有人主張訴求會社保證工作權，亦有人主張罷工。結果，眾人決議先向會社提出使藍日榮、鍾榮華兩人復職的訴求，視會社反應決定下一步。

然而，員工的集會被高雄警方偵知，隔天陸續被傳喚到警局審問。9月16日，警方傳喚舊民眾黨蔡振輝等數人，更進入蔡氏家裡搜索，沒有找到任何「不穩文書」。[61]工會運動在當局的壓力下停止。後續，共榮自動車會社傳出「再整理」的風聲，卻數次被警察「注意」，遲遲沒有裁員。因為「民族差別」在當年是敏感詞彙，儘管那就是臺灣人被解僱的真正原因。

1931年10月15日，會社終於實施裁員計畫，變賣貸切部裡所有汽車，解雇部內10名日本人員工，其中包括專務高木氏的兄長。對此，臺灣人員工皆認為「公平」、「適當」，連《臺灣新民報》都報導「高木專務揮淚斬馬謖」，肯定會社的做法。[62]

1931年11月間，共榮乘合會社突然解雇本島人司機楊中庸、林文芳，用兩人位置回聘貸切部被裁撤的日本人，勞方那時才發現，原來一切都是會社布好的局，《臺灣新民報》亦重發新聞痛罵共榮會社。然而，運輸工會的計畫已失敗，勞方手上沒有武器同會社對抗。[63]

---

60 見《臺灣新民報》第三百八十三號〈高雄共榮的運轉手被鹹首同僚女車掌講對策主張罷工徹宵開會警察偵知搜查家宅〉。

61 同上註。

62 見《臺灣新民報》第三百八十七號〈高雄共榮會社裁員公平揮淚斬馬謖專務之兄被裁〉。

63 見《臺灣新民報》第三百九十四號〈是否出自偏見？高雄共榮又再裁員一時傳為公平處置而今撒布糾紛種子〉。

第二節　臺灣共產黨與臺灣總工會籌備會

一、臺灣共產黨的工運政策

　　1928年4月15日，臺灣共產黨於上海成立，謝雪紅、林日高等幾位中央委員，陸續回到臺灣展開工作。兩年之內，共產黨在島內農民運動、文化運動兩方面都取得突破性進展，成功地將農民組合與文化協會的領導權抓在手中。然而，黨在勞工運動方面的工作卻是徹底失敗的，負責工運區塊的莊春火、洪朝宗、蔡孝乾所推動的政策，對外不單無法與右翼工會正面接觸、發揮影響，對內更取消了建立「臺灣總工會」的計畫，代之以「全島勞動運動統一聯盟」，導致既有的左翼工會系統的停滯與瓦解。錯誤的政策導致了錯誤的結果，然而，共產黨卻一直等到1930年10月，松山會議召開以後才對其勞工政策做出反省，修正計畫，其內容則與連溫卿的老路沒有太大差別——即直接把左翼的總工會建立起來。自此，左翼勞工運動才在兩年的沉寂之後得到活氣，儘管早已錯過時機。

　　這樣，可以用松山會議做為時間的斷點，將臺灣共產黨的勞工政策區分為前後兩期，前期以「統一聯盟」為推動目標，後期則以「總工會」之建成為宗旨。

　　有關「全島勞動運動統一聯盟」與「總工會」，理論基礎皆來自臺灣共產黨成立大會上所通過的《政治綱領》。根據當年第三國際的原則，一國之內只能有一個共產黨，臺共的組織因此是「日本共產黨臺灣民族支部」，其最初的兩份綱領性文件——《組織綱領》與《政治綱領》，亦是由日本共產黨中央委員渡邊政之輔所起草，做為日本共產主義運動經驗的總結。然而，由於當時日本國內將實施全面普選，日共中央為選舉忙到抽不開身，因而臺灣共產黨在上海的成立乃由中國共產黨派人進行實際上的協助。

　　總而言之，決定了當年臺灣島內勞工運動走向的這份《政治綱領》是由日共起草，而在上海成立大會上由出席的臺共中央委員謝雪紅、林日

高、翁澤生等暨中國共產黨中央一位化名「彭榮」的協助者共同修訂。這份綱領中的許多觀點都十分有趣，比如它認爲臺灣民主國是一場失敗的資產階級民主革命，然而，儘管存在著興趣，這裡無力從理論角度進行分析，只抽出其中有關勞工運動的部分來做簡單討論。

〈勞動運動對策提綱〉做爲《政治綱領》中的一部分，爲臺灣共產黨繪製了工運領域的政治藍圖。其主要的論點——首先，短期內須奪取連溫卿一派人對於左翼工會的領導權，同時建立左翼總工會做爲己方的據點，具體方法是派遣黨員進入左翼工會，將它們置於黨的影響下。其次，中長期來看，在奪取左翼工會系統以後，共產黨必須繼而奪取民眾黨對於臺灣工會運動的領導權，把全島勞工運動統一起來做成無產階級共同戰線。具體的方法則是透過「工會統一運動」在日常鬥爭中暴露右翼組織者的欺瞞性，讓右翼的工人群眾認識到左翼的正確性，進而接受左翼觀點。與此同時，還有幾個共時性的工作，譬如將工會以產業別的方式組織起來、激發日常鬥爭、失業者運動、加入赤色職工國際等等，但這些比較是連帶性質的工作。

〈勞動運動對策提綱〉對於短期內的工作目標即「奪取左翼工會的領導權」有著如下的表述：

> 在初期應掃除左派首領等（按：指連溫卿一派）的根本錯誤，奪取其領導機關，將左派工會置於黨的影響下，建立左派工會中黨的堅固基礎。在共產黨的領導下，必須推動下列各項工作：
>
> （一）激發黨的日常鬥爭
>
> （二）擴大左派工會的「量的發展」
>
> （三）整理擴大左派工會的組織
>
> （四）促使左派工會注意到產業工人的組織化。而後**以左派工會為中心勢力，迅速促成臺灣總工會之成立**。
>
> （五）使工人群眾在各種革命鬥爭的前線奮鬥，並使其爭得領導

權。

（六）對左派工會下動員令，指出工會運動的戰線統一為未來目
標，使其盡力而為。

（七）**戰鬥的工會統一運動要由上而下、由下而上同時進行。**[64]

　　提綱同時也將它所認為的連溫卿等「左派首領等的根本錯誤」表列如
下，由於綱領原文非常長，這裡以摘要與補充說明的方式介紹之。附帶說
明，以下括弧中的按語僅僅是闡釋〈勞動運動對策提綱〉的觀點，並不代
表本書認同之：

1. 黨與工會的混同
　　（按：共產黨人認為連溫卿等人持「工會運動絕對政治化」的
　　立場，否定階級政黨的重要性，認為工會系統本身足以承擔起
　　工人階級的政治計畫。）

2. 分離結合的理論（不符合客觀條件）的實行
　　（按：共產黨人認為連溫卿等拘泥於「福本主義」之戰術，
　　即，左翼工會不鬥資本家，反而針對右翼工會進行鬥爭——與
　　右翼工會相「分離」，從而自內部「結合」出屬於左翼的工會
　　系統。）

3. 階級鬥爭觀念的錯誤
　　（按：共產黨人認為連溫卿等執著於鬥爭右翼工會而不是資產
　　階級，從而造成了工會系統的左右對立現象，這對整體工人階
　　級的利益來說並不是好事。）

4. 誤認臺灣革命現階段的性質

5. 向右派工會宣戰，但無法拉攏其群眾（左派不解其任務）

64　見王乃信等譯，《臺灣社會運動史（一九一三～一九三六年）第三冊：共產主義運動》（臺北：海
　　峽學術），頁46。

6. 群眾不瞭解左派首領對工會運動所做的事[65]

至於勞工運動方面的中長期目標「統一全島勞動運動」，《政治綱領》也做了清楚而具體的實踐規定：

> 特別要注意由下而上乃是運動的基礎。如此便能大力吸收群眾。我們如欲與右派工人群眾發生密切的關係，只有以具體的方法始能達成。使左派工會的鬥士及我黨同志加入於右派工會，由其內部發動群眾參加統一戰線，動員所有左派工會的群眾。然後**以黨領導下的左派工會為中心，先從地方著手組織共同鬥爭委員會，到達一定時期（擴大黨的勢力），更進一步組織統一同盟。**[66]

《政治綱領》明確主張「立即組織左翼總工會」，後再派人進入右派工會，從而以「內應」（從右翼工會內部動員參與）、「外合」（左翼總工會領導），以「共同鬥爭委員會」的形式跟在地方跟右翼合作，以此創造基礎，繼而建立一個由左翼總工會掌握領導權的「統一同盟」。綱領從頭到尾沒說「不要建立總工會」，更不曾主張「勞動運動統一聯盟」與「總工會」為對立方案。

然而，《政治綱領》的計畫一長出來就歪掉了，負責工運的中央委員莊春火、洪朝宗、蔡孝乾三人取消連派臺灣總工會計畫，並取代以全島勞動運動統一聯盟。為了獲得左翼工會系統的領導權，更試圖拖延總工會計畫，以工友協助會壓抑連派的全島性產業別工會。搞到最後，共產黨除了成功鏟除連溫卿以外，所有更重要的工作都失敗了，左翼工會分崩離析，再無法跟右翼工聯分庭抗禮。更扯的是，墓地事件以後，搞出這局面的三位中央委員，居然有兩人逃到大陸去，洪朝宗、蔡孝乾被謝雪紅開除黨

65　同上註，頁45-46。
66　同上註，頁46-47。

籍。

　　綜合上述，可以理解爲何後來共產黨的改革同盟，會批評謝雪紅的黨中央爲「機會主義」。

二、對臺灣共產黨的批判

　　中央委員取消左翼總工會的政策受到多方質疑，其中成系統的批判主要有三個來源——首先，第三國際遠東局曾透過中共中央委員會對臺共做出「善意的提醒」；其次，滯留日本的臺共書記長林木順，曾於1929年批判黨的工運政策。第三，1930年王萬得、蘇新與蕭來福等基層工作者在「松山會議」上抨擊謝雪紅，要求重啓總工會計畫。

　　第三國際東方局與中國共產黨中央對臺共的「善意提醒」，內容已不可考，只有俄羅斯國立社會政治史檔案館中留存的翁澤生致遠東局信件，記錄這事情曾經發生。[67]

　　林木順在日本雜誌《馬克思主義》上發表的兩篇論文，則是今日可見最早對臺共工運政策的系統性批判——〈建立階級性的勞動階級與黨的任務〉與〈臺灣勞動組合統一運動與左翼當前的任務〉，皆從《政治綱領》的立場出發，主張島內中央應立刻建立總工會。

　　1928年11月，林木順從海外將日共中央「組織紅色總工會」的簡單指令傳回島內，日警稱之爲「十一月指令」：「發行黨的機關刊物，宣傳與煽動黨的綱領政策，吸收革命工農，建設鞏固的工場、農村細胞！」[68]言下之意，即使不組織左翼總工會，至少該在工廠內建立細胞。謝雪紅黨中央的回應，卻是該指令不符合島內客觀情勢。黨中央重新向日本報告臺灣狀況，要求檢討十一月指令，同時撤銷林木順的書記長職務，以人在島內

67　見翁澤生，〈翁澤生致遠東局的信（1931年2月14日）〉，郭杰、白安娜著，李隨安、陳進盛譯，《臺灣共產主義運動與共產國際（1924-1932）研究・檔案》（臺北：中央研究院臺灣史研究所，2010），頁408。

68　見翁佳音譯註，《臺灣社會運動史：勞工運動、右派運動》（臺北：稻鄉，1992），頁136。

的林日高取代。

1929年2月，林木順檢討後重新做成書面文件，寄回島內，持續主張應立即建立左翼總工會。日警稱之為「二月指令」。隨後，林木順將該指令擴寫成〈建立階級性的勞動階級與黨的任務〉與〈臺灣勞動組合統一運動與左翼當前的任務〉，發表於1929年3、4月的《馬克思主義》。

〈建立階級性的勞動階級與黨的任務〉批判上大派的統一聯盟政策，以如下論述：

一、全島性左派的結成、實力的充實。

二、擴大分散於各地的共同鬥爭委員會，以及統一同盟協議會的活動，並充實其力量，以激起一切的日常性鬥爭。**不過，統一聯盟並不是總工會的準備組織，只是幫助其成立的一個部分組織，以及為了獲得上述勞動群眾的一個組織而已。**從前所採取的錯誤意見，應該透過鬥爭，速行自我清算才是。……

三、為了實現全島性的總工會，我們應該盡最大的努力才是。為什麼呢？因為它可使左派組成，以及使戰鬥的勞動階級的階級組成之故。**進而實現總工會的最大根據，應該奠基在向來的左派礎石上。**……[69]

該論文中，林木順又把自己對黨中央的批判，歸納為以下三點：

一、混淆了統一同盟的任務及總工會之事

二、忘記成立左派的重要性，因此完全為連派的策謀所乘

三、不僅怠於與連派鬥爭，反而還採取敬遠主義、機會主義的態度，亦即和平主義的態度[70]

69　見林先烈，〈建立階級性的勞動階級與黨的任務〉，翁佳音譯註，《臺灣社會運動史：勞工運動、右派運動》（臺北：稻鄉，1992），頁137-138。

70　同上註，頁136-137。

由此可知，林木順主張中央委員之取消建立總工會，乃是機會主義、敬遠主義的結果。正確的做法該是先建立總工會，直接在總工會裡跟連派鬥爭——如果怕總工會的成立使連溫卿掌握更大權力，所以乾脆取消總工會，反而更坐實機會主義的罪名——為追求己方權力不顧整體左翼工運的發展。

另一篇論文〈臺灣勞動組合統一運動與左翼當前的任務〉，林木順則列舉島內中央決定取消總工會的各種理由，逐一駁斥之。茲整理如下：

（按：以下為林木順所設想，反對建立總工會的人可能持有的理由。）

一、勞動者並非左翼，也非右翼。而是在面對資本家時有共同利害者。因此，如果在左翼組合尚未完成全島性的統一聯盟時，僅成立左翼的全島性組織，自然會招致左右兩翼的對立尖銳化，使統一無法完成。

二、全島性的單一組合之成立，勢非經過長期的鬥爭不可。因此，立即成立左翼總工會（左翼的全島性組合），並無法真正獲得群眾的基礎，結果僅是幹部的騷集而已。

三、雙重組合主義已被國際上認定為誤診。

（按：指福本主義的分離結合戰術，以左翼總工會對抗右翼總工會大戰略，其雙重系統將造成群眾內鬥，不利於階級團結。）

四、成立左翼的全島性組織，乃是反動派連溫卿的主張，所以不可行。

緊接著，林木順逐一說明，前引反對總工會之各項理由為何不能成立。各點反論皆對應各點正論。

（按：以下為林木順逐一駁斥各種反對建立總工會的理由。）

……這種説法乍見之下，好像實在是浩浩蕩蕩的進軍。然而，惜哉！這些同志諸君未能充分意識到勞動組合的統一運動已經是對資產階級的一種戰爭。因此無法瞭解應如何建造我方陣地來應付這次的戰爭。而且**無視於成立左翼與統一運動的交互作用，結果便淪為觀念性的階段主義，陷於自然成長論。**

第一，勞動者（僅限於欲鬥爭者）並非左翼也非右翼。而是在面對資本家時具有共同的利害者。這句話是不錯的。不過，又說：「因此」，如果在左翼組合尚未完成全島統一之前成立左翼會妨害到統一之事，此説就奇怪了。會「尖鋭化」，應該是指左右派領導者意見對立的尖鋭化，這是必然，也是必要的。在對資本作戰的群眾而言，不就是應該「非左亦非右」嗎？而不應該的，只在於左右幹部的私黨對立嗎？這與不成立左翼而分散四處也都是沒甚麼兩樣的。不，這樣反而弊害更大。爲什麼呢？因爲若只是這樣，則各左翼分子的鬥爭方法與指導意見將會減少而固定化，不能真正代表廣大勞動群眾的現實要求。

第二，成立全島性的單一組合，勢必要經過長期的鬥爭，這句話是不錯的，但「因此」説立即成立左翼，則無法獲得群眾的基礎，而只是幹部的騷集，是不是可以呢？無法獲得群眾當基礎，不因爲就是無法代表群眾的現實利益，且無法領導革命的鬥爭嗎？或者還是除右翼之外臺灣就沒有群眾了？

第三，成立右翼（按：當爲左翼之誤），並非共產第三國際所譴責的雙重組合主義。尤其在今日的形勢中，是有必要糾合左翼的革命組合勢力，以打破社會民主主義者所成立的右翼組

合，從而實現真正的革命性統一。迴避與右翼進行鬥爭，以
及切斷與右翼群眾的接觸，才是雙重組合主義的謬誤。

第四，至於如連溫卿之主張云云，則根本毋庸再反駁。

最後，林木順主張臺共的工運政策應更改如下：

因此，要約而言，我們臺灣勞動組合運動當前的任務，在於成立左
翼組合，而其實行方法則有如下所述：

一、宣傳左翼組合統一的必要性，並出示其行動綱領原案。
二、使較強而有力的左翼組合動員統一同盟協議會籌備會，召集全
島代表舉行會議。
三、組織成立全島性的左翼之籌備委員會。
四、於上述之委員會討論、決定行動綱領。
五、大加出版、發行機關雜誌，報導當前的新聞。[71]

林木順所提出的實踐方案，跟連溫卿在做的事幾乎一致，唯一的差
別，連溫卿不受臺灣共產黨統制。用林木順自己的說法，其指令與連溫卿
的關鍵差異只有兩點——其一，連溫卿否定階級政黨共產黨的必要性，認
為有工會就好，因此具有「山川主義」的解黨傾向；其二，連溫卿對右
翼工會採分離結合戰術，傾向於跟右翼臺灣工友總聯盟對幹，因此具有
「福本主義」分裂工人階級的傾向。[72]連溫卿是否果真具有「山川主義」
或「福本主義」傾向是一回事，重點在於，他在工運領域與共產黨互相競

---

71 見林先烈，〈臺灣勞動組合統一運動與左翼當前的任務〉，翁佳音譯註，《臺灣社會運動史：勞
工運動、右派運動》（臺北：稻鄉，1992），頁140-148。
72 歸納自林先烈，〈關於臺灣勞動組合統一問題的訂正與補充〉，翁佳音譯註，《臺灣社會運動史：
勞工運動、右派運動》（臺北：稻鄉，1992），頁149。

爭。各種針對連溫卿的攻擊與論述，說到底，只是當年共產黨人理解他的方式罷了。

臺共中央對二月指令完全沒有回應。根據謝雪紅的回憶錄，該指令於1929年2月，由王萬得攜帶至臺灣，謝雪紅甫得手就發生二一二大逮捕，在警察搜捕的慌亂中，該指令被自己塞進馬桶銷毀了。[73]根據警方的說法，二月指令隨後成為松山會議以後紅色總工會的籌備基礎[74]——其核心人物，正是把二月指令帶回臺灣的王萬得。

整體而言，從1928直到1930兩年間，臺灣共產黨的工運政策完全延續上大派在左翼工會裡搞的那套，經歷三次批判不曾稍改。此是1930年「改革同盟」裡的基層組織者群起反對謝雪紅的主要原因之一。

三、蘇新與蕭友山的組織工作

1928年3月15日，日本政府在本國境內大肆搜捕共產黨人，數千人被檢束，300人被檢舉。當局的壓力下，連中間偏左的日本勞農黨也被命令解散。曾為臺共草擬綱領的日共中委渡邊政之輔，當他於10月間帶著第三國際的金援抵臺，竟在基隆碼頭被警察發現，持槍駁火，不敵，舉槍自盡。日本帝國政府針對母國境內左翼分子的政治高壓，也逐漸傳播到臺灣島內。

1929年春天，殖民政府陸續對臺灣左翼採取行動，其中「二一二大逮捕」重創農民組合與文化協會，影響最鉅。警察在農曆春節突襲全島三百多處社運據點，幹部簡吉、楊春松、陳德興等皆被帶走，農民組合瀕臨崩壞。警方記錄，之所以發動二一二事件，乃因聽聞共產黨人在島內活動，然而，縱使農民組合和國際書局被徹底搜查，依舊找不到證據。因此，直到1931年臺共黨員被捕以前，對於島內是否存在共產黨，當局始終存疑。

---

73 見謝雪紅口述，楊克煌筆錄，《我的半生記》(臺北：楊翠華，1997)，頁309-310。
74 見翁佳音譯註，《臺灣社會運動史：勞工運動、右派運動》(臺北：稻鄉，1992)，頁136。

　　當島內二一二事件的消息抵達臺灣共產黨東京特別支部，東京留學生的左翼團體受到極大震撼——左翼青年悲憤莫名，擔憂島內戰線崩解，因而陸續有人慷慨陳詞，決意返回島內參加戰線進行實踐運動。[75]在臺共東京支部陳來旺、林兌的安排下，東京留學生蘇新、蕭來福以假名潛回臺灣，臨行之際，兩人寫下慷慨激昂的文告：

> 我爲反對上面說過的，以故國同胞爲犧牲的強盜戰爭——將來的帝國主義戰爭，爲加強唯一能夠解放臺灣民族的先鋒隊臺灣××黨，進入其要塞的工廠從事鬪爭，才要返回故國。我要向同志諸君宣誓！我站在上述的立場，也就是爲解放故國四百萬同胞，爲了階級，願冒死作果敢的鬪爭，而還要向各位呼籲！凡是自認爲馬克斯主義者列寧主義者的同志，或是相信自己才是未來勝利者的同志，應該果敢地站起來，回故國去！到工廠去！到農村去！倘非以實踐來表示，那祇是虛言，祇是空想。

> 諸位聚集在學術研究會學習，以它作爲我故國解放運動的學校，倘站在故國的戰線時，才會做爲一個眞正的馬克斯主義者、列寧主義者。而且我們才是未來的勝者。[76]

　　蘇新與蕭來福一返臺，旋即前往大稻埕國際書局拜訪謝雪紅，報告陳來旺的指令。在謝雪紅的安排下，蕭來福進入農民組合於二一二事件後設置的臨時中央委員會，重整農運；蘇新則受命進入工友協助會，推動工會運動，由黨的勞動運動部部長莊春火擔任聯絡員。

　　1929年夏天，蘇新潛入宜蘭羅東，加入工友協助會宜蘭支部負責人盧清潭主持的讀書會，結識木材搬運工曹阿祥，循此關係，進入臺北州羅東

75　同上註，頁151。

76　見王詩琅譯註，《臺灣社會運動史：文化運動》（臺北：稻鄉，1988），頁86。

郡太平山總督府營林所的伐木場，成為伐木工人。蘇新在伐木場內起草綱領、組織工會。羅東郡警察課偵知社運分子潛入太平山，開始向營林所的伐木工、搬運工打聽，警探的活動在工人間傳播。蘇新發現周遭危機四伏，1929年7月中旬，下山逗留在盧清潭的住宅中，暫停在太平山的工會活動，請求黨中央的指令。[77]

黨中央隨後把蕭來福從農民組合調出，轉入基隆礦坑猴硐第三坑的苦力工寮，擔任礦工，同樣做潛伏勞動，籌備組織礦山工會。蘇新與莊春火喬裝成書商，脫離羅東，也被賦予任務從事礦山苦力。臺灣共產黨積極發展礦山組織，由蕭來福負責基隆的工作、蘇新負責石碇一帶的工作，以此為中心建立「臺灣礦山工會組織者會議」。兩人在北臺灣各礦坑建立團體，再以各礦坑團體為中心組織研究會，跟礦工討論勞動問題。兩人不懈的努力讓共產黨在礦山的組織工作頗有進展，到1930年5月間，組織者會議改組為「礦山工會組織籌備會」。[78]

蘇新與蕭來福所組織的「礦山工會籌備會」，以及1930年3月起莊守所組織的高雄地區「交通運輸工會籌備會」，乃是目前資料上可見，松山會議以前臺共全部基層組織工作的成果。當右翼工聯的會員工會數量成長到四十餘家，左翼只在原已殘破的基礎上多了一兩個「籌備會」，由此可知，謝雪紅、莊春火主持的黨中央被砲轟不是偶然，若非蘇新、蕭來福、莊守三人異於常人的堅定意志，共產黨恐怕連這點成績也無法取得。

現在可以描繪出松山會議以前，臺灣共產黨工運工作的全景。基本上，臺灣共產黨只做兩件事情——其一，嘗試取得島內既存左翼工會的領導權，此工作方針為「鬥走連溫卿」與建立「全島勞動運動統一聯盟」，其結果，工人運動的領導權被奉送給民眾黨；其二，嘗試組織新工會，蘇新、蕭來福成功建立礦山工會籌備會；莊守則在總督府高雄鐵道部建立交通運輸工會籌備會。文獻上已無其他組織工作成果。

---

77 見翁佳音譯註，《臺灣社會運動史：勞工運動、右派運動》（臺北：稻鄉，1992），頁151-153。
78 同上註，頁153。

四、改革同盟

1929年，日本政府從日共中央事務局間庭末吉身上搜出黨員名冊，造成整年度共4,942人被逮捕，史稱「四一六大檢舉」。日本共產黨與臺灣共產黨東京特別支部，都在這波檢舉中被國家肅清。留日的臺共黨人盡遭舉報，林木順出逃大陸、陳來旺死於獄中，莊守放還後潛回島內，負責臺共在臺灣南部的組織工作。島內共產黨人跟東京的聯繫從此斷絕，失去上級單位日共，跟中共的聯繫原本也不多，臺灣共產黨自此孤絕於海島之上。

時序進入1930年，謝雪紅為重新與國際共產主義運動取得聯繫，派遣中央委員林日高前往上海，拜訪任職第三國際東方局的臺灣人翁澤生，欲取得國際的進一步指令。面談時，翁澤生當面向林日高指責島內中央「幾乎與大眾脫離而沒有活動，以目前看來，有如研究性團體」。[79]林日高沒等到國際的指令就先行返臺了。隨後，林日高與莊春火陸續向中央提出脫黨聲明，至此，島內中央委員只剩謝雪紅一人。

莊春火脫黨以後，臺灣共產黨內從事勞工運動的主力，剩下北部蘇新、蕭來福；南部莊守、劉守鴻；以及1929年2月回到島內的王萬得——他在一年間周旋於臺灣文化協會、工友協助會、機械工會聯合會，嘗試取得舊左翼工會的領導權，並於1930年2月間召集舊「臺灣機械工會聯合會」第二次全島代表大會，讓該會在停擺兩年以後動了起來——第一次大會已是1928年由連溫卿主導。[80]

黨中央在組織工作的消極性，造成基層組織者的普遍不滿，包括工會系蘇新、王萬得、農組系趙港、文協系吳拱照等。那時候，僅存的中央委員謝雪紅授權王萬得借用臺北州七星郡松山庄張寬裕的住宅，於1930年10月27日到29日凌晨，一連三天召開會議，以擴大中央委員編制，決定未來方向。史稱「松山會議」。該會議重要之處，在它確立黨在基層組織工作

---

79 見王乃信等譯，《臺灣社會運動史（一九一三～一九三六年）第三冊：共產主義運動》（臺北：海峽學術），頁111。

80 見翁佳音譯註，《臺灣社會運動史：勞工運動、右派運動》（臺北：稻鄉，1992），頁114-116。

的政策大轉彎，特別是在工運方面，由消極轉趨積極，促成後來黨內「改革同盟」的出現。

松山會議以謝雪紅為議長、王萬得為書記，其餘出席者包括楊克煌、吳拱照、趙港、莊守與蘇新。該次會有關工運的結論：「當前左翼工會組織活動雖稍有進展，惟尚微不足道。鑑於大眾正逐日傾向革命化的現狀下，我們的組織運動確有力不從心、難於跟上的感覺。其原因不外乎我們的活動不充分且有非大眾化傾向所致，加上有關黨的工會組織運動未有一定的方針，放任黨員的個別活動，更屬嚴重。因此，必須儘快樹立一定的方針，統一計畫工會組織的進展。」[81]

同時，松山會議也確立籌備左翼總工會的工作方針，「為了使臺灣紅色總工會組織籌備具體化起見，有必要設置統一指導各個紅色工會組織運動的機關」。[82]決議設置「臨時工會運動指導部」，由王萬得、蘇新、蕭來福擔任該部負責人。自此，臺灣共產黨在工運裡轉趨活躍。

1930年12月28日，王萬得、蘇新、蕭來福開會討論，欲將總工會運動的實踐方法具體化，得出如下兩條結論：

> 一、關於臨時工會運動指導部的設置，先召集全島各地從事工會運動者，組織臺灣紅色總工會組織籌備委員會，在總工會尚未成立之前，以籌備委員會為全島的指導部。而關於工會的組織方面，先由上面組織具有意識的產業別工會，以邁向建設總工會。
>
> 二、該組織籌備委員會成立之時，須各製作礦山工會、出版工會、交通運輸工會的組織方針、運動方針、會則、行動綱領等等。[83]

「組織產業別工會，繼而向上建設總工會」，此方針跟連溫卿的總工

81　見王乃信等譯，《臺灣社會運動史（一九一三～一九三六年）第三冊：共產主義運動》（臺北：海峽學術），頁113。

82　見翁佳音譯註，《臺灣社會運動史：勞工運動、右派運動》（臺北：稻鄉，1992），頁160。

83　同上註。

會計畫完全一樣，只是換了批工會來搞。

隨後，王萬得、蘇新、蕭來福將決議報告給謝雪紅，謝雪紅卻批評：「現在產業別工會尚未擁有鞏固的組織，卻先組織總工會組織籌備委員會，這是本末倒置。應該盡全力先努力建設產業別工會，總工會在這個基礎上自然會發達起來。」[84]然而，難道工友總聯盟對工運的領導權不是以此「本末倒置」的方法得來的？王萬得等三人決定不理會謝雪紅意見，依照既有決議，照常執行建立紅色總工會的計畫。謝雪紅這樣對實際運動、基層組織工作的消極態度，再一次引發不滿，工會系的王萬得、蘇新；農組系的趙港、陳德興；第三國際翁澤生、潘欽信等人聯合起來，在黨內結合成「改革同盟」以抗衡謝雪紅。

自此，臺灣共產黨在工運裡的組織工作、抗爭行動陸續出籠──1931年1月，共產黨人簡娥領導高雄苓雅寮肥料袋工廠女工發動罷工；2月，王萬得在臺北印刷工的罷工行動中組織出版工會，臺中則有菸草工人發動罷工，蘇新亦在蔗渣工業試驗所發動罷工；3月，石碇礦山罷工；4月，高雄交通運輸工會發動復職運動；5月，五一勞動節鬥爭。松山會議結束後，左翼鬱積的力量終於釋放出來。

這裡將蘇新等起草的總工會計畫書，其主要部分抄錄於下：

總工會組織籌備會之確立

一　序言

一、資本主義國家的經濟恐慌，如今已異常地激烈化了，就連誇稱不知有不景氣的全盛氣氛之美利堅合眾國，如今也更顯露出尖銳化。生產過剩與購買市場縮小之間的矛盾已擴大，資本主義各國的慢性恐慌也日益深刻化。位居世界經

84　同上註。

濟重要地位的產業部門，如今已面臨危機，資本主義各
國，尤其是殖民地各國的農業恐慌，已顯露出致命性的尖
銳化了。

二、這樣的經濟恐慌，使得帝國主義益加狂暴，而用盡一切手
段進行活動。也就是在一切的產業上施行產業合理化，強
化勞動，大量將勞動者刣頭，並把一大群的失業者流放到
街頭上。進一步的，帝國主義強盜們認為再分割世界的殺
人戰爭，是當前最大的急務，並狂奔地著手準備。如此，
資產階級把經濟恐慌的一切結果轉嫁到勞動階級身上來。
工資的低廉、工作時間的延長與勞動行程的強化，均不外
都是基於這個理由，勞動者連骨髓也被吸去了。群眾被刣
頭的結果，造成全世界二千七百萬的失業者，使他們迷失
於路頭，瀕臨於飢亡的戰線上。帝國主義狂熱地準備戰爭
之所以迫在眉睫，與這些有所關聯，它並使一切均由勞動
階級來負擔。

三、世界無產階級的革命化，被壓迫民族的革命化、殖民地罷
工的暴動化。

四、蘇維埃同盟社會主義建設的驚人發展。

二　國內情勢

一、不景氣及產業合理化、勞動者的失業、工資降低、農業恐
慌（農產品價格的暴跌）、農民大眾的貧窮化。

二、在這樣的情勢下，臺灣的勞動階級無論如何應該站起來。
自一九三○年以來，我們已看到勞動者的罷工鬥爭浪潮已
高漲起來。而且也從自然性發生進展到如最近印刷工的計
畫性鬥爭。

三、但是，我們決不可跟在群眾的後頭走。如何將這些投入革

命運動的群眾，意識地、組織地以及計畫地組織、擴展開來，並使之發展到更高的階段，這是我們的課題，也是我們的任務。對我們來說，臺灣紅色總工會的確立，乃是當前的急務。

四、高雄的勞動者及勞工運動的狀態。

五、高雄地方總工會成立之必要。

（以下略之）[85]

最後，有關臺灣共產黨的改革同盟，島內目前存在一種奇怪的理解。部分論者把改革同盟等同於上大派，與謝雪紅的派系對立起來，認為前者代表「中國因素」，後者代表「日本因素」，而將共產黨的內部鬥爭詮釋成中國派與日本派的對決。這是一個錯誤的意見。

改革同盟中大部分人物並非上海大學出身，其中留學日本的蘇新、蕭來福、農組系趙港，都跟蔡孝乾、洪朝宗、莊春火等上海大學留學生沒有太深關聯。與此同時，謝雪紅的派系中同樣有一堆上海大學留學生，謝本人就是蔡孝乾、莊春火的工運政策的支持者——把改革同盟與謝雪紅的鬥爭，解釋成中國因素壓抑日本因素，乃是觀念的混淆，雙方對組織工作的見解不同才是決裂的原因。

「上大派」這個詞的用法，在當年運動者與今天論述者之間，存在著語意上的斷裂。在當年語境裡，「上大派」並不指涉「所有上海大學出身的人」，而指涉「進出於工友協助會的蔡孝乾等一小撮知識分子，而蔡孝乾等人為上海大學出身」。今天的論述者卻以「上大派」指稱翁澤生、潘欽信，完全是兩群不同的人。因此，用「上大派」的概念建構出「中國因素導致臺共內鬥」的史觀，不論從詞語的用法，或從史料的內容，都與歷史事實相距太遠。

---

85 同上註，頁161-162。

五、高雄苓雅寮肥料袋工廠罷工

高雄市苓雅寮周金李、馮清瑞外4名本島人工廠主，共經營六家肥料袋工廠，雇用207名本島人女工，所生產的肥料袋，絕大部分賣給高雄當地的臺灣肥料、松原製肥等日資廠商。

1930年12月，島內經濟蕭條，日資肥料公司決定把肥料袋的承購價格由每張12錢5厘下調到每張10錢。本島人肥料袋工廠為將利潤損失轉嫁到女工身上，六家工廠聯合起來，宣布織工的工資每張3錢下調到2錢5厘、繩工每張1錢2厘降至1錢1厘、加工者每張9厘降至8厘。[86]

資方主張減薪的原因是肥料公司下調承購價格，女工卻認為，即便如此，做為原料的稻草價格也已下降，因此減薪的理由並不成立。[87]雙方主張懸殊，分散在六家工廠內的女工們遂聯合發動罷工，組織者為共產黨員簡娥與孫葉蘭。

根據警方的統計，各家工廠的罷工人數與時間有如下表：

【表5】高雄苓雅寮肥料袋工廠罷工狀況

工場所在地	工場主	使用勞工	罷工女工數	發表降低工資日期	罷工日
高雄市苓雅寮四一二	孫迫	47	47	12月1日	12月4日
高雄市苓雅寮四三九	孫建	29	29	12月1日	12月9日
高雄市苓雅寮四八〇	孫厘金	25	25	12月3日	12月9日
高雄市苓雅寮一一一	歐天送	32	32	12月8日	12月11日
高雄市苓雅寮三七〇	周瑞來	38	16	12月10日	12月12日
高雄市苓雅寮三一一	馮清瑞	36	36	12月10日	12月15日
計		207	185		

資料來源：翁佳音譯註，《臺灣社會運動史：勞工運動、右派運動》（臺北：稻鄉，1992），頁193。

86　同上註，頁192-193。

87　見《臺灣民報》第三百四十六號〈越年的爭議因工資落價問題草包女工決行罷業唱歌講演振作氣勢業主固執入持久戰〉。

可以知道，各工廠的女工參與罷工的比例極高。罷工團總共提出十二項訴求：

一、反對降低工資

二、工資加三割

三、反對欠工資

四、所欠工資即時清還

五、反對強制作工

六、待遇要改善

七、反對占車

八、工場要衛生

九、工場每日要清掃

十、工場即時設置便所

十一、絕對反對官憲干涉罷工

十二、罷工絕對自由[88]

1930年12月31日夜裡，女工們派出十數名代表，帶著十二項條件同業主方面談，然而，資方全部不予承認，甚至用先前拖欠女工的工資為要脅，說不復工就不清償。

警察局的立場完全倒向資方，12月18日，曾將女工代表數人傳喚到派出所，侮辱恐嚇，罷工團遂動員女工包圍派出所，更有女工痛罵警察：「我們的罷工與汝們何干，汝們要做資本家的走狗嗎？」離開派出所後，眾人一路示威遊行回到罷工團本部。高雄市民多數同情勞方，紛紛捐贈白米、物資給罷工團分配。《臺灣民報》報導，日本警察為壓制罷工，甚至搜查女工家宅，擅自掀米缸，看有沒有捐贈米，並威脅不准收受外

---

88 見《新臺灣大眾時報》第二卷第一號〈最近罷工一二的狀況〉。

界物資。[89]

1931年元旦,晚上七點,文化協會、農民組合在高雄下寮廟開催大演講會,辯士群有女工3人、文協張滄海等,聽眾蝟集五百餘人。現場除了張貼「反對官憲干涉罷工」、「用工人做犧牲的產業合理化絕對反對」等口號[90],女工們也合唱抗爭歌曲:

頭家用出惡手段　姊妹大家著覺悟
三錢落伸二錢半　業主契約六百圓
騙咱落價來相瞞　想著賺食太艱苦
內容實在有因單　不可被人做狗呼[91]

警察記錄當天演講會上女工呼喊的口號:

一、反對降低工資
二、薰繩工、縫工的工資加三成
三、機械故障立即修理
四、反對扣減加工不良品的工錢
五、立即清算未發放工資
六、反對未付工資
七、反對虐待女子
八、反對強制就業
九、職業病的治療費由廠主負擔
十、改善工場內的衛生設備
十一、罷工絕對自由

89　同上註。
90　見《臺灣民報》第三百四十六號〈越年的爭議因工資落價問題草包女工決行罷業唱歌講演振作氣勢業主固執入持久戰〉。
91　同上註。

十二、反對干涉罷工

十三、立即在工廠內設置廁所

十四、工場每天要掃除

十五、絕對反對犧牲工人的產業合理化

十六、打倒帶假面具攪亂罷工的民眾黨

十七、打倒一切的反動團體

十八、反對帝國主義戰爭

十九、所有的無產階級團結起來

二十、所有的菜工罷工萬歲[92]

罷工從1930年12月初持續到1931年1月初，肥料袋工廠6位雇主完全不跟女工談條件，並逐漸聘入新女工，取代舊女工。時間一久，勞方陣線有所動搖，大約一半女工復工。據警方1月6日的統計，持續罷工的百八十五名女工中已有百十六名復職。這場爭議最終是以女工們的屈服作結。[93]

也有部分女工始終堅守戰線，不肯復職。其中幾位女工的父兄，陳舍、孫鳳過等6人，拿出五千圓自己開了家肥料袋公司，聲明其宗旨在救濟失業女工、防止業主虐待，優先錄用生活有困難的罷工者。[94]至此，女工各有歸處，爭議實體消滅。

六、臺中菸草組合從業員罷工

「二瓶菸草賣捌所」位於臺中市若松町，為總督府專賣局特許的菸草中間商組成的合作社（日文為「仲賣組合」），下屬從業員6名及擔工數名，總數只有十多位。該組合中的業者皆是御用紳士或退休官僚，包括勳三等的二瓶源五、臺灣新聞社長松岡富雄、小鹽三治，以及辜顯榮，四大

---

92 見翁佳音譯註，《臺灣社會運動史：勞工運動、右派運動》（臺北：稻鄉，1992），頁194-195。
93 同上註。
94 見《臺灣民報》第三百五十二號〈用爭議激成的高雄草包公司主在互相救濟〉。

股東出資三萬圓設立。

這樣一間小合作社每年淨收益高達八十萬圓，股息領到56%，可說是國家庇蔭的大塊肥肉。二瓶源五本人以組合代表者的名義，每個月領75圓的薪水，更高階的有領到120圓者。對比本島人從業員的薪水卻是從每月22圓起跳，其中最高年資十年者，也只領到36圓。[95]與此同時，二瓶氏對員工也十分刻薄，不補貼飯錢、不准離店吃飯、出差旅費自負──除了不給津貼，平常還得當老闆的管家，從理頭髮、掃庭園到各式雜役都得做，連員工的私人交際都被要求列出朋友名單，方便管理。[96]

1930年間勞資雙方已有兩三回爭議，但均因沒有計畫，以失敗告終。[97]1930年12月21日，其中6名從業員再度怠工，持續三日，向二瓶氏提出五項要求：

一、宿直料（按：指夜間加班費）　參拾錢

二、當直料（按：指假日加班費）　壹圓

三、出張車費（按：指出差旅費）　實費

四、出張日當（按：指出差津貼）　五拾錢（舊時四角）

五、缺損補助金　　　　　　　　　拾五圓（舊時是被減到十一圓）[98]

翌日，二瓶氏的夫人出面答覆：組合只承認第二、三兩條，其他條文，往後再行斟酌。從業員認為這是資方緩兵之計，發動罷工，結果，二瓶源五同意了全部條件，唯第五條缺損補助金改成13圓，同時增聘一名從業員幫助業務。勞方取得勝利。

縱使組合已極度賺錢，二瓶源五依舊想方設法縮減勞動成本，打算把

---

95 見《臺灣民報》第三百五十二號〈臺中煙草仲賣從業員們起罷工人少力微不關痛癢搾取機關施逞暴威〉。

96 見《新臺灣大眾時報》第二卷第二號〈臺中煙草匿名組合從業員罷工的真相〉。

97 見《新臺灣大眾時報》第二卷第一號〈最近罷工一二的狀況〉。

98 見《新臺灣大眾時報》第二卷第二號〈臺中煙草匿名組合從業員罷工的真相〉。

從業員罷工爭來的權益，轉嫁到更底層的員工。1931年2月5日，二瓶氏宣布，組合準備將擔工的工資降價三成，每工1圓縮減到70錢。[99]這六名從業員認爲唇亡齒寒，若不援助擔工，等擔工被逼走，資方的大刀就會再度砍向自己。[100]

1931年2月7日，從業員與擔工聯合請願，向二瓶源五遞交決議書：

一、絕對反對降減擔工的工錢！

二、退職手當，一年一個月份！（按：指自願離職之資遣費）

三、解雇手當，以退職手當之外，加給二個月份！（按：指非自願離職之資遣費）

四、事務分擔時，會計月給要四十五圓！[101]

該組合所屬擔工一個月只能做17日，若每工降至70錢，則一個月的薪水將只有11圓9角，根本無法生活。因此，擔工堅決反對二瓶氏的降薪政策，率先發動罷工。資方立刻反擊，將擔工全數解雇。六名從業員於是向資方提交「反對馘首」的決議書，並在2月10日加入罷工行列。

當日下午，資方在組合內召集會議，與會者包括組合各大股東、菸酒中間商關係者、專賣局、警察署、憲兵隊的特務以及巡查數名，決定把六名從業員一併開除。更透過專賣局與菸小賣組合，從別的地方調度人力，湊合新聘員工，繼續開業。

罷工團嘗試勸退新進工人與轉調工人，皆未能如意，但新工人畢竟不如熟練工，組合私下派人勸誘一部分從業員復職。罷工團認爲，要復職就全部一起復職，沒有接受。[102]組合於是決定全部聘用新人，勞方無可奈

---

99 同上註。

100 見《臺灣民報》第三百五十二號〈臺中煙草仲賣從業員們起罷工人少力微不關痛癢搾取機關施逞暴威〉。

101 見《新臺灣大眾時報》第二卷第二號〈臺中煙草匿名組合從業員罷工的眞相〉。

102 同上註。

何，罷工以失敗告終。

　　有關菸草組合罷工的失敗，社運中的左派右派分別有不同看法。右翼機關報《臺灣民報》以此攻擊左翼：「最可憐的就是這些被解雇的人，毫不得到半點的眼淚錢而就白吃一場的怨氣，因爲人少力微，不足以制其生死，只有多流無產者的幾滴熱淚而高叫打倒中間搾取機關、打倒資本家罷了。」[103]左翼的機關報《新臺灣大眾時報》則檢討失敗原因，從菸草組合的罷工中歸結出一些教訓：

> 一、在開始罷工以前，須早速和地方的煙草仲賣從業員兄弟聯絡，促各地的從業員兄弟，對臺中的爭議團，能够極力支持。
>
> 二、資本家的方面，是以同一產業部門（如專賣局煙酒仲賣人）及官憲聯絡，壓迫罷工團，那末臺中煙草從業員的組織及動員，只限於臺中煙草匿名組合的從業而已。故煙草從業員，若要施展其階級的威力，須先促進全島的專賣局工人及各地的專賣品仲賣的從業員兄弟，一齊組織起來、動員起來，才能得到勝利。[104]

七、宜蘭蔗渣工業試驗所爭議

　　宜蘭蔗渣工業試驗所的勞資爭議由共產黨中央委員蘇新主導，發生在1931年。除了《臺灣社會運動史》以外，沒有其他文獻紀錄。由於沒有更多參考資料，僅將警方的紀錄謄錄如下：

> 昭和六年二月進入蘭陽地方領導鬥爭的改革同盟中央委員蘇新，在羅東街與盧新發取得了聯絡，並指令其調查位於二結的蔗渣工業試驗所之營業狀態及員工待遇條件，同時命其在該工業試驗所裏將員

103 見《臺灣民報》第三百五十二號〈臺中煙草仲賣從業員們起罷工人少力微不關痛癢搾取機關施逞暴威〉。

104 見《新臺灣大眾時報》第二卷第二號〈臺中煙草匿名組合從業員罷工的眞相〉。

工組織起來。

盧新發在上述的指令下，開始在員工間進行工作，激發員工對試驗所產生的不滿，並煽動員工萌生不穩之念。蘇新把上述的情況報告給黨常任委員會，經討論對策後，黨下了一道爭議領導方針的指令給盧新發，其要項如下：

一、透過罷工鬥爭以謀確立工會
二、組織罷工委員會
三、在罷工鬥爭中發揮群眾的主導權
四、注意組編應援團，激發其日常鬥爭，以達應援之實
五、發行爭議日報、傳單，以擴大對其他工廠的影響力
六、結合六一七紀念鬥爭及文化協會解消運動

盧新發在接到上面的指令之後，即於6月上旬召開員工代表會議及從業員大會，令各員工將對各會社的要求條件攜帶前來，將之整理成如下各項，並決定向試驗所提出。

一、工作時間由上午七點至下午五點
二、日薪提高一成
三、有毒工作場地，上、下午應各有十五分鐘的休息時間
四、解雇侮辱女工的監督
五、男女同工同酬
六、因公受傷、生病，應支付醫療費及全額薪資
七、設置退休金、慰勞金制度
八、無理由不得解雇員工（此外還有三項）

但大會後五天，試驗所悉數拒絕上面所提出的要求。罷工兩天，由

於試驗所發布解雇全體員工、希望復職者重新錄用的人事命令，員工方面束手無策，盧新發也無法指揮員工團結鬥爭，因而爭議慘敗告終。[105]

八、臺灣出版工會籌備會

臺灣共產黨在松山會議後積極運作工運，中央委員王萬得經由印刷從業員陳兩家，在臺北市宮前町臺灣平版印刷株式會社[106]進行「臺灣出版工會籌備會」的組織工作。其實，連溫卿時期的臺灣左翼已組織臺北印刷工會，共產黨人在該會社的組織工作不經由印刷工會，而全部從頭做起，可知始終難以處理其與舊左翼工會的關係。

1931年2月初，臺灣平版印刷株式會社發布聲明——因受蕭條景氣影響，實施縮短工時，旗下全部從業員的工作時間將限制在每個月22天。[107]該會社以日計薪，所以減少每月工作日數，等同於減少每月工資。陳兩家等49名員工遂在2月4日發動怠工，並發表反對縮短工時的聲明。

資方原本就想限縮生產，所以當員工怠工，就直接在2月5日宣布停業。[108]憤怒的工人撕毀停業告示，召集從業員大會，選舉代表，於1931年2月6日向資方提出一封要求書：

要求書

一、理由

甲、我們一而再，再而三地請願，要求收回威脅到我們所有從業

---

105 同上註，頁202-203。
106 《臺灣日日新報》之漢文譯名為「臺灣奧舌卓會社」，為「offset」之日文音譯。
107 見《臺灣日日新報》漢文版1931年2月11日〈臺北奧舌卓會社從業員罷業惡化警官出張命解散〉。
108 見翁佳音譯註，《臺灣社會運動史：勞工運動、右派運動》（臺北：稻鄉，1992），頁195-196。

員的縮短工時之案，可是，如今卻不收回，反而用臨時休業來擾亂我們的團結，會社沒有誠意，出乎我們意料之外。

從開始到現在，我們不斷地聽到會社說要共存共榮，而且也深信不疑。但是，會社雖然計畫增設機械、擴建工場，唯獨我們從業員的收入卻減少了。今天，看到會社這樣的沒有誠意，我們對共存共榮的說法感到迷惑了。

乙、從開始到現在，我們一心一意希望會社反省，而且也相信會社會收回成命，可是會社這樣的頑冥態度，卻告訴我們這樣的努力是徒勞無功的。因此，在這裡，我們從業員為了自衛而召開了從業員大會，決議如下事項，以促使會社反省，同時也期待會社貫徹實行。

二、要求條件

一、立即收回縮短工時

二、實施八小時工作制

三、立即提高工資三成

四、撤銷扣減工錢的制度

五、節日、星期日的公休，薪資照付

六、女工及童工的薪資提高五成

七、金粉作業不論男女均增加津貼十錢

八、更衣室、食堂、浴室的設備，供給肥皂

九、爭議期間應支付日薪

十、此次爭議不可製造犧牲者

一一、爭議的費用由會社負擔

三、回答時日

從今日會社的營業狀態來看，以上各條，相信絕非是過分的要求，切望在今日下午二點之前，向從業員大會所公選出來的代表回答。

全部從業員大會　所有從業員一同

代表　三名

昭和六年二月六日[109]

　　從業員大會限期資方在2月6日下午回覆，然而，資方拖到2月9日，竟宣布全部拒絕，更公布人事命令，開除陳兩家等六名工人，試圖藉機清除會社內的工運分子。[110]同日下午，員工五十多名展開罷工行動，並將爭議團本部移轉到工廠內，直接佔領印刷工廠。然後是一場爭奪廠區的陣地戰──下午五時，工人陸續把糧食搬進工廠；六時，大批警力湧入工廠，聲明集會違法，命令解散。[111]

　　1931年2月7日，臺灣共產黨改革同盟王萬得、蘇新、趙港三人在上奎府町，趙港的祕密住宅裡召開中央常任委員會，討論罷工對策，決議由蕭來福擔任罷工負責人，並確認六條行動方針：

一、應使這次爭議走向持久戰

二、使罷工員工組成鬥爭委員會，並使革命分子援助

三、應誘發臺北市內的出版界勞工以及其他人士進行同情罷工

四、發行爭議新聞，以圖擴大影響

---

109 同上註，頁196-197。

110 同上註。

111 見《臺灣日日新報》漢文版1931年2月11日〈臺北奧舌卓會社從業員罷業惡化警官出張命解散〉。

五、發起救援運動，尋求群眾的同情

六、以爭議為契機，謀求確立出版工會組織籌備會[112]

　　2月10日早晨，工人再度集結，準備奪還工廠。抵達工廠時，大門內外已揭示「臨時休業」字樣，更有數十名武裝警察把守。罷工工人轉而包圍會社專務的住宅，並推派代表欲與該名專務談判。然而，專務竟在警官立會下當場開除5名工人，大批警察一擁而上[113]，檢束陳兩家、陳來水、戴再生等6名代表。[114]當他們被員警架上自動車，正準備移送往北署，數十名工人包圍警車，大喊「返我領袖！」、「寧死在自動車下，也不願放自動車去！」[115]警方於是增派人手，把41名工人全部檢束到留置場，後拘留8名主要幹部，其餘工人當天釋回。[116]

　　1931年2月11日，臺灣共產黨在臺北市御成町新臺灣戰線社討論罷工對策，王萬得、楊克培、謝祈年與各工會代表16人與會，決議組織救援團，設置宣傳、會計等職位，同時向全島關係團體募集物資與捐款。警方記錄，2月15日以後，罷工團發行了《爭議日報》、《鬥爭》、《印刷工》、《紅旗》等多種刊物；2月17日，以臺灣出版工會籌備會的名義散發傳單，醞釀更大規模的印刷業總罷工[117]：

公　鑑

在臺灣出版工會籌備會的領導下，所有的臺灣平版印刷工人兄弟姊妹，為了反對資本家產業合理化的「縮短工時」，自本月四日起開始進行怠工，六日實行罷工占領工場，十日再度占領會社的俱樂

---

112 同上註，頁198。

113 見《新臺灣大眾時報》第二卷第四號〈聲明書〉。

114 見《臺灣日日新報》1931年2月11日〈留置中の從業員氏名〉。

115 見《新臺灣大眾時報》第二卷第四號〈聲明書〉。

116 見《臺灣日日新報》1931年2月11日〈職工等結束し檢束を妨害遂に三十名留置さる〉。

117 見翁佳音譯註，《臺灣社會運動史：勞工運動、右派運動》（臺北：稻鄉，1992），頁198-199。

部，並包圍了專務的住宅，最後終於與武裝警察隊衝突，罷工的團員幾乎全被逮捕，現在仍拘禁於警察署中的勇敢工人兄弟尚有八名。工人兄弟的團結非常堅固，戰鬥精神極度奔騰，罷工現在仍然繼續進行中。該罷工團的鬥爭資金非常缺乏，家人的生活也非常窮迫。凡我解放戰線上的各友誼團體諸位同志、各位同情者，懇請能向群眾募款加以援助，同時也希望能動員，極力支持罷工的勝利。祝大家奮鬥勝利。

一九三〇（按：當爲一九三一之誤）、二、一三

臺北市御成町一新臺灣戰線社內

臺灣平版印刷工罷工團

臺灣出版工會籌備會

臺灣平版印刷工罷工應援團[118]

大眾起來援助臺北オフセット工人的鬥爭！

在這殺人的不景氣的當中，資本家們只曉充滿自己的財囊使其豐富，對于他人的死活是糸毫不管，以搾取無饜的手段來向我們工人兄弟姊妹不斷地挑戰像這次オフセット會社的罷工問題便是適當的例證了。發生罷工的直接動機，是因爲資本家要把工作日縮少一個月只許二十二日做工，以外是不付錢，說是受了經濟的打擊，所以要縮少，其實是故意要迫我們工人愈于窮困。他增築廣大工場、新買機械，那裏有甚麼財政困難，這明明是欺騙之語，工人提出十一條件！

---

118 同上註，頁199-200。

一、操業短縮案撤廢

二、八時間勞働制

三、工賃即時昇三割

四、控分制度廢止

五、制定祝祭日、日曜日有給公休日

六、女工、童工工賃昇五割

七、金粉作業的工人不論是男是女須增加手當十錢，並配給作業帽作業服

八、浴室、更衣室、食堂的設置

其他三件

要求改善，他全置之度外，不應付其正當的要求就惹出罷工了。然而可惡的資本家，仍靠某方面的援助，要來破壞我們工人的結束，四十九名被檢束（現在已釋放若干名）本人和家族都很活潑決沒有退縮，不過要繼續鬥爭是須要財政的援助，況且現在他們受了莫大的打擊已陷到困苦的地步，若沒有大家的救濟基金的支持是決不能得到多大的效果所以要至急鳩集救濟基金寄來本部（由本部寄給被救援者）。

起來：和資本家鬥爭，勇敢、徹底的鬥爭呀！祝努力！

一九三一年二月十三日

臺灣文化協會本部[119]

《臺灣日日新報》報導，傳單散發以後，臺灣工友總聯盟亦參加應

---

119 見《新臺灣大眾時報》第二卷第二號〈大眾起來援助臺北オフセット工人的鬥爭！〉。

援[120]；《新臺灣大眾時報》的說法正好相反，認為工總聯是來搞破壞的。

　　對應罷工團的持久戰略，臺灣平版印刷會社在2月20日發出通告，限期2月24日前復職，否則視同自願退職。2月22日，罷工團陳樹根等19人聚集討論，翌日前往工廠會見專務，提出三項要求。聲明若資方接受，勞方就願意在24日以前復職：

　　　　一、收回縮短工作時日的成命
　　　　二、採用八小時工作制
　　　　三、要求休業中支付薪資[121]

　　三項訴求資方全不同意，然而，勞方妥協，與資方重新做成三項協定，表示願意復職：

　　　　一、現階段開除者復職之事。
　　　　二、不得解雇被北署留置的罷工工人。
　　　　三、會社方面須慰問撫卹遭北署留置的罷工工人的家屬。[122]

　　到2月26日，除了被北署留置的8名幹部，所有工人皆已復職，爭議暫時消失。[123]1931年3月9日，印刷從業員發起復職運動，再起罷工，訴求資方重聘遭到解雇的6名工人，理由為「道義上不得已必須援助已經犧牲的同伴」。[124]警方認為罷工再起的原因是共產黨人從中煽動，此回資方手段更為強硬，當天就解僱所有員工，並聲明對有復職意願者，將採取重新錄用的形式，更新聘8名日本人員工維持廠內作業。

---

120 見《臺灣日日新報》漢文版1931年2月15日〈臺北奧舌卓會社從業員罷業文協積極應援〉。
121 見翁佳音譯註，《臺灣社會運動史：勞工運動、右派運動》（臺北：稻鄉，1992），頁201-202。
122 見《臺灣日日新報》1931年2月26日〈オフセット會社の從業員罷業解決つきけふから從業〉。
123 見《臺灣日日新報》1931年2月27日〈臺北オフセット爭議解決す從業員の讓步で……〉。
124 見《臺灣日日新報》1931年3月12日〈臺北オフセット又も總罷業復職運動奏效せず〉。

再度罷工的結果，警方記錄，至三月十八日為止，復職者已達二十五名，場方並以新錄用員工補充缺額，因而爭議最後終於以勞工方面慘敗告終。[125]《新臺灣大眾時報》則記錄1931年3月23日罷工團解散，除此之外，「我們的陣營內的戰鬥的同志除罷工員八名以外被拘者八名、被革職者三名、尤其是高校四名被退校」。[126]

做為小結，這裡將第二次罷工的傳單抄錄如下：

大眾起來救援オフセット的再罷工

自歐洲大戰以後，資本主義已經是沒落的過程中了。到今日所謂資本主義沒落第三期，所以他們愈帶著反動的色彩故以歷史上未曾有的橫暴向我們無產大眾挑戰了。像這回オフセット的罷工很露骨地演出其惡辣的手段，自二月四日開始罷工以來曾嘗了許多惡戰苦鬥，占領工場、包圍工場和官憲抗爭，勇敢的兄弟姊妹全部被檢束，八名兄弟姊妹被即決二十九天，這樣官憲的干涉罷工愈激起罷工兄弟姊妹的憤慨，而愈結束的，從來有一部分的分子被官憲的無理恐嚇，起出動搖，致使不能歸于勝利，然而他們個個都很勇敢，不以那樣而消沉，而在準備更以前回的教訓于三月九日勇敢的兄弟姊妹再提出！

一、撤廢二十二日工制
二、被馘首的六名即時復職

等二條件開始罷工了。然而工場主毫無反醒，用狡辣的手段將全體的工人解職，勇敢的兄弟姊妹絕無打消其勇氣，對它們的遭蹧、踩

---

125 見翁佳音譯註，《臺灣社會運動史：勞工運動、右派運動》（臺北：稻鄉，1992），頁202。
126 見《新臺灣大眾時報》第二卷第四號〈聲明書〉。

躪，更加反抗起來，欲和他們決個最後的勝利，我們對勇敢的兄弟姊妹的偉大的舉事，應該階級的表個敬意，同時要激勵他們救援他們支持他們才是，故各支部要緊緊送應援金來本部，在本部集做一塊兒寄給罷工兄弟姊妹。

祝健鬪。

一九三一、三、一六
臺灣文化協會本部[127]

九、臺灣交通運輸工會籌備會

共產黨人在總督府高雄鐵道部的活動，當年新聞紙與時人回憶錄均無記載，只有《警察沿革誌》詳細記錄了過程。因為沒有更多資料參考，這裡僅轉錄日警文字：

高雄一帶，自昭和五年（按：1930年）三月左右，臺灣共產黨中央派遣南區負責人劉守鴻前往活動以來，即與農民組合的顏石吉、陳結等黨員共同召開高雄地方的組織者會議，並糾合該地的左派青年孫古平、周坤棋、孫湘洲、葉天護等人開設社會科學研究會，且使這些研究會的會員潛入工場與農村，擴大黨的影響力，同時也著手高雄地方紅色工會組織的基礎工作。

臺灣共產黨南區於昭和五年六月改稱高雄支部，九月，負責人由莊守擔任。松山會議之後，應謝氏阿女的意見再改為高雄區，同時又對組織加以改革，以莊守、顏石吉、趙港、劉守鴻、陳結為高雄區委員，開始在南部活躍地展開領導農民運動以及紅色工會組織運動。

---

127 見《新臺灣大眾時報》第二卷第二號〈大眾起來救援オフセット的再罷工〉。

昭和五年末，孫古平、周坤棋等人即已成立鐵道工會高雄組織者會議，其後漸次爭取到鐵路部高雄工場職工葉天護、宮本新太郎、津野助好等人為組織會議的成員。昭和六年（按：1931年）一月，黨改革同盟甫一成立，上述的組織者會議即改稱「臺灣交通運輸工會高雄組織者會議」，並刊行工場新聞分發給高雄鐵路工場員工，漸次致力於爭取工會會員。同年三月，該會利用高雄工場有二名員工被解雇的機會，煽動全部員工擬走向爭議。莊守、劉守鴻、吉松喜清、宮本新太郎、津野助好、周坤棋、葉天護等人於是進行討論對策與方針，並進而謀求實現，因而發展至四月十八日成立了鐵路部高雄工場細胞。然而，由於宮本、津野於五月初相繼被解雇，因此，雖然他們努力頒發聲明書以及挑撥爭議，但人人危懼被解雇，故無應和者。接著他們又於同年七月在壽山山腹商討鐵路部高雄工場細胞的發展策略，但不久由於劉守鴻、莊守等人相繼被檢舉，因而活動遂告消滅。[128]

比對黃師樵《臺灣共產黨秘史》，宮本新太郎、津野助好、吉松喜清等日本工人，皆為臺灣共產黨員，並在1931年臺共大檢舉中坐監[129]——鐵道部高雄工廠的組織工作象徵著當時左翼的國際主義。在帝國主義大戰前夕、殖民地社會基層，日本工人與臺灣工人聯合反戰的故事，今天除了日警寥寥數字，沒有留下其他。茲抄錄當年傳單，聊供憑弔。

檄　文

全工場的各位勞動者！

---

128 見翁佳音譯註，《臺灣社會運動史：勞工運動、右派運動》（臺北：稻鄉，1992），頁157-158。
129 見黃師樵，《臺灣共產黨秘史》（臺北：海峽學術，1999），頁19-22、51-52。

諸位諒必以憤慨及憎惡的心情看到了六月十九日下午所發生的事吧！從頭到尾一直都與我們一起工作的宮本新太郎、津野助好、吳廷國、顏祥、周欽輝五人，最後終於被我們鐵路部高雄工場放逐了。這些傢伙把我們五位弟兄剖頭了。爲什麼？不用說理由，相信各位都一清二楚。

因爲他們從頭到尾都是爲我們兄弟的利益而勇敢起來戰鬥。因爲他們絕對反對剖頭，呼籲反對降低工資及要求提高工資，因爲他們告訴我們應該加入工會才能改善自己的生活之故。

各位！這一切都是我們切身的要求。我們反對降低工資，而要求提高工資，我們的生活要好好地改善才可以。因爲像這樣的一切乃是全工場兄弟的切身要求，是最正確的事。

我們絕對反對這樣的事情。對於把爲我們利益而戰、告訴我們唯有加入工會才是提高我們生活唯一之道的兄弟剖頭，全工場的兄弟們應該斷然站起來鬥爭才可以。

鐵路當局常常宛如不會遭到勞動者反對地隨時準備將人剖頭與降低工資，而且，這些傢伙爲了要掠奪、榨取窮困至極難以維生的我們，爲了吸淨我們的骨髓，不惜講求一切的策術。因此，這些傢伙懼怕我們唯一的工會，害怕爲我們利益而戰的兄弟，因而將他們剖頭。

這些傢伙榨取我們的膏血製造砲彈，充當軍艦的大砲火藥之用，已準備進行掠奪外國土地、屠殺外國兄弟的帝國主義戰爭。這些傢伙又向我們榨取金錢，進行鎮壓爲我們的自由解放而與資本家地主鬥

爭的兄弟。我們絕對反對這樣的戰爭，如果不打倒資本家地主的政府，我們勞工就無法得到幸福的生活。可是，各位！那些傢伙爲何能輕易地將五人刨頭了？從本部拍來的電報說：「根據憲兵隊的報告，解雇上述五名」。

我們也親眼看到，在十九日下午四時的下班時間中，我們的工場被憲兵包圍了。爲什麼？那些傢伙害怕我們的團結力量啦！如果工場的勞動者反對解雇，團結起來進行罷工，那就不得了了。他們十分清楚，也十分害怕我們的團結力量。

如果我們團結起來，他們的任何壓迫都會紛紛被破碎。可是年度之交的刨頭，以及這一次的刨頭，不是都未有勞動鬥爭無息而終嗎？爲什麼？因爲我們還未團結起來的緣故。我們勢必要組織起來才行。我們所能團結的地方，惟有工會。我們惟有加入工會，才能改善自己的生活。如果團結鞏固起來，他們就無法巧妙施展刨頭及降低工資的手腕了。我們交通勞工應該要加入我們的工會——交通運輸工會。工會活動是自由的，反對刨頭的我們弟兄，團結起來，戰鬥！

全島的各位交通勞動者！

請全面加入交通運輸工會！[130]

十、臺灣礦山工會籌備會

1929年7月，蘇新進入石碇炭礦坑做潛伏勞動，至1930年5月已協同蕭友山建立「臺灣礦山工會組織籌備會」。1930年7月間，石碇第三坑的承

---

130 見翁佳音譯註，《臺灣社會運動史：勞工運動、右派運動》（臺北：稻鄉，1992），頁158-160。

包商潘宏水拖欠礦工工資三個月，蘇新遂號召工人，欲召集礦工大會動員抗爭。然而，礦工們對第三坑已死心，紛紛歸農，或轉到其他坑工作，整個第三坑空無一人。警方記錄：「蘇新對此結果深感失望，因此認爲從來的領導方針係錯誤，轉而講求挑撥礦工的不平與不滿，積極指導具體的鬥爭，並令礦工王德元、曾學生、曾進興等人掌握住一切的機會進行煽動。結果終於在石底第一坑組織了四十多名的礦工而成立籌備會支部。」[131]這段描述可能來自臺共大逮捕後蘇新的供詞。

1930年11月，松山會議結束，蘇新等在猴硐、五堵林溪圳一帶成功組織共和礦坑的礦工一百餘名，分別在猴硐、五堵設立臺灣礦山工會籌備會支部，且發行兩回雜誌《礦山工人》。至此，礦山上的工人組織方稍具規模。[132]

1931年4月1日，已成立籌備會支部的石碇第一坑、尚無組織的第五坑，其共同坑主高文秀公告礦工工資即時調降，每車領受3角至4角者，往後皆減少2錢。第一坑、第五坑的礦工於當日罷工。[133]其實蘇新早在3月中旬已知曉高文秀將調降工資，並在臺北市龍山寺町三都商會二樓，共產黨人陳德興的祕密聯絡處，召開臺灣共產黨中央常任委員會。會上決議，由蘇新、謝祈年兩人前往石碇兩坑，爲日後的戰鬥做準備。至4月初，坑主一宣布調降工資的消息，兩人立刻動員礦工勿再入坑工作。[134]

《新臺灣大眾時報》第2卷第4號刊出〈石底炭鑛罷工的經驗與教訓〉，詳細記錄罷工事件始末。以其第一人稱的敘事角度、坑內情形掌握之細膩、運動始末分析之條理，推測出自組織者手筆，作者可能是蘇新或謝祈年。該文作者觀察，石碇礦工們在罷工前已蓄積龐大的負面能量——他們的工資一日僅八九十錢，原本就太低；調進所（資方經營的礦山裡的商店）的米價比市價貴三成，高麗荣貴兩倍；女工沒有專用的浴室；工寮

---

131 同上註，頁153。
132 同上註，頁154。
133 見《臺灣新民報》第三百六十號〈汐止炭鑛罷工員相當局大索策動者〉。
134 見翁佳音譯註，《臺灣社會運動史：勞工運動、右派運動》（臺北：稻鄉，1992），頁204。

不設廁所；與此同時，前貸金（資方經營的高利貸）每借1圓須還5錢利息，也太過沉重。因此，礦工得以在降薪的第一時間響應罷工。[135]

共產黨人之所以選在當下發動抗爭，有幾個重要原因——首先，當時正臨農作期，石碇的礦工大部分有兼種田，每年3、4月，部分工人歸農，坑內容易缺工；其次，高文秀的炭絕大部分賣給鐵道部，並有契約約定噸數，在產量大減的農作期往往面臨鐵道部迫炭，礦坑有外在壓力；其三，當時礦山的監督與事務員正因為收賄問題惹起內鬨；其四，透過礦山組織者籌備會的網絡，可為罷工募集資金。

1931年4月1日上午七或八時，第一坑礦工正要入坑，眼見坑主降工資的告示，立刻在「炭場」召集工人大會，高呼「反對降減工錢」，宣言罷工。同時選舉出代表數名，組織罷工委員會，由該委員會向資方提出十三項訴求：

一、反對減工貸，工錢即時昇加二！

二、反對央分及沒收，每車重量制限九百二十斤！（按：指反對失分沒收）

三、罷工中要支出工錢！

四、共濟費即時清算，共濟金歸工人管理！

五、酒保要與文市同價！（按：「文市」即臺語一般零售市場）

六、皆勤獎金即時支出！（按：指全勤獎金）

七、工錢每十日發一回！

八、蓄電池每個實價五錢，破害賠償每個十錢，損失賠償每個五十錢！

九、石炭的使用，工人絕對無料！（按：「無料」即免費）

十、坑內設置時間車！

十一、坑場即時特設女工浴場及設置共同便所！

---

135 見《新臺灣大眾時報》第二卷第四號〈石底炭礦罷工的經驗與教訓〉。

十二、反對坑內徵收戶稅！（按：當時礦工寮需繳兩份戶稅，一份
　　　給政府，一份給資方，因爲工寮是資方蓋的）

十三、安全燈不到之處絕對不作工！[136]

第一坑主任林溪接獲要求書，懇求工人撤回訴求，入坑做工，但遭勞方拒絕，因工人平時就受他虐待。主任林溪於是將罷工情況報告給坑主高文秀，以及當地派出所。在第五坑，當天雖然同樣罷工，卻因爲組織者準備不周到，沒能召開工人大會，因此也沒有向坑主提出訴求，只是呼應第一坑起來罷工而已。

1931年4月2日清早，派出所員警抵達礦坑，恐嚇工人，反遭工人痛罵，該員不敢開口動手，即打電報向汐止分室報告狀況，請求後援。汐止警方陸續動員，上山搜捕礦山工人口耳謠傳的「社會運動家」。入夜後，蘇新、謝祈年等人隱藏起來的「罷工指導部」正在召開各坑代表者會議，會上接獲風聲：「指導部已被官憲探著了！」組織者遂緊急移出指導部，脫離礦坑，代表會議因而中止。[137]

1931年4月3日，罷工第三天，坑主高文秀親自到礦坑發餉，同時設宴款待罷工者。高文秀對工人們說：「汝們若有什麼要求不可罷工，待我來的時候，才來磋商。汝們反對落工錢，我也不是愛落的，是因爲鐵道部對我落炭價，所以不得已對汝們落工錢。關於這點，汝們要諒解我。若是前貸金的利益，好！以後借一期（十五日間）落價二錢，借一個月落價四錢。至於調進所的物價，以後一定要落價，女工的浴場即時設施。明日汝們得確要入坑去做工。」[138]由於坑主高文秀的花言巧語與溫情攻勢，加以組織者前晚已離開礦坑，礦工逐漸被說動。

同日午後，警方汐止分室進行「非常召集」，將罷工情況上報到七星郡高等系，轉而上報到臺北州高等課。下午五點，以汐止分室長爲首的數

---

136 同上註。
137 同上註。
138 同上註。

十名官憲抵達石碇第一坑，將罷工運動的主要工人幹部王德元拉去礦坑事務所審問，百餘名礦工跟隨聚集到事務所。警察不敵大批工人碎嘴，當場檢束王德元、高龍通等24名主要分子，帶回汐止街派出所。[139]

　　派出所裡，警察對罷工者怒吼斥責：「怎麼你們要罷工以前，不向派出所告知？」更以鐵管毆打高龍通，將高氏即決十日[140]；派出所外，百餘名工人跟著24名被帶走的礦工，等待警方宣布檢束後對罷工者的處置。坑主高文秀也來到街上，故技重施，欲開宴籠絡工人，然而，勞方已被警察的大動作激怒，向高文秀聲明：「我們的代表者若無釋放出來，絕對不去做工。」[141]高文秀竟決定自掏腰包，出車資，載24名檢束者由派出所前往汐止分室，勞資雙方一起對警方即決日數討價還價。最後，王德元留置29天，蔡平、蔡能兩人7天，其餘高龍通等當晚釋回。[142]

　　1931年4月4日，罷工進入第四天，第一坑的礦工因警方檢束事件停留在汐止街，罷工繼續下去。第五坑卻因工作不紮實，約有半數礦工入坑工作。當天早上，汐止街上的工人正要返回石碇，剛好遇見臺灣民眾黨主幹陳其昌，陳其昌竟對工人們說：「左派的作法是錯誤的，沒有先組織工會，就開始罷工。我們民眾黨不是這樣的，先組織工會，然後才來罷工。文化協會的人是呆人，煽動汝們罷工，汝們一旦受壓迫，他們就棄汝們走，文化協會的人是驚壓迫，我們民眾黨卻不是的，若沒有人可去抗議，我們也有錢也有人，汝們找我們才好。」[143]陳其昌又給工人一份工會「入會書」，要他們回山上把工友會組織起來。由於左派組織者少、罷工團中堅分子被拘，加上原訂罷工基金募集計畫失敗、民眾黨陳其昌的逆宣傳，部分礦工已對礦山工會籌備會裡的指導者抱持懷疑。

　　蘇新所組織的第一坑礦工做為罷工行動的中心，雖能將罷工持續下

---

139 同上註。
140 見《臺灣新民報》第三百六十號〈汐止炭礦罷工真相當局大索策動者〉。
141 見《新臺灣大眾時報》第二卷第四號〈石底炭鑛罷工的經驗與教訓〉。
142 見《臺灣新民報》第三百六十號〈汐止炭礦罷工真相當局大索策動者〉。
143 見《新臺灣大眾時報》第二卷第四號〈石底炭鑛罷工的經驗與教訓〉。

去，可當坑主任林溪開始募集新工，舊工人也有所動搖。4月4日，罷工團派人潛入第一坑內，勸說當天報到的二十餘名新工人，新工人也同情罷工者，陸續離開礦坑。下午，臺北州高等警察課動員大批警力突襲第一坑，像以搜查殺人犯的規模尋找「罷工指導部」所在。

　　1931年4月5日，罷工第五天，繼續行動的剩下第一坑。資方也祭出更厲害的手段，為封鎖罷工團的糧草，調進所禁止罷工員工進入購物——警方大動作介入、失去糧食來源、募集罷工基金的計畫也失敗了，第一坑礦工無可奈何，結束罷工，陸續回坑裡工作。[144]

　　警方認為這場罷工「以慘敗告終」[145]，《新臺灣大眾時報》上左翼也坦承己方的失敗，但事情的發展往往出人意表，失敗中竟也帶著部分的成功。順著陳其昌所提示的思路，礦山工人檢討後認為「沒有工會」是最大的失策，於是決定建立一個正式的工會，並且「請某社會運動家給他們指導」。[146]坑主高文秀聽到消息，大為恐慌，沒有工會進行總調度的七日罷工已導致三千圓損失，果真有組織、有計畫地罷工，那還得了？

　　高文秀於是軟硬兼施——軟的部分，根據先前對礦工的承諾，將計算工資用的每車斤量，從950斤減少到925斤；前貸金之利息原本每期每圓算5錢，調降到3錢；秤量炭重的負責人則由原本的資方指派，改為勞方自秤，資方代表立會；最後，調進所販賣的日用品，也分別降價一成至二成不等。至於硬的部分，高文秀則串通派出所巡查，警告礦山工人不准組織工會。[147]

　　顯而易見，後續石碇山上還有很多故事，不過，由於隨後共產黨人遭遇大檢舉，《新臺灣大眾時報》停刊，礦山工會運動的後續發展已不得而知。

---

144 同上註。
145 見翁佳音譯註，《臺灣社會運動史：勞工運動、右派運動》（臺北：稻鄉，1992），頁205。
146 見《臺灣新民報》第三百六十一號〈汐止炭礦罷工後續聞失敗中得成功〉。
147 同上註。

第三節　殖民地勞工運動的末路

一、共同鬥爭委員會

　　隨著經濟大恐慌深刻化，到1931年，左翼思想已在臺灣島內得到鞏固。斯大林主義的「資本主義第三期」崩潰理論獲得社會運動者的普遍認可，逐漸在工運裡形成馬克思主義的文化霸權。[148]潮流所及，不單青年運動者深受影響，工會中的會務人員亦然——譬如，當蔣渭水打算以工友總聯盟做爲「全民運動」的中心，連工總聯書記長李友三都反駁道：「工友總聯盟是總聯，有另外的使命，如果把它視爲全民運動的一個手段，則是欺瞞勞工的作法，是故主張以勞工階級的解放爲單一目標而前進。」[149]右翼工會左傾日深，共產黨人遂透過「臺北維新會」的黃江連向工友總聯盟提出邀約，欲重新組建「左翼共同戰線」。

　　1931年4月27日，夜裡，舊民眾黨左翼、連溫卿時代的左翼工會，以及共產黨人集合起來，在文化協會臺北支部召開「五一勞動節鬥爭」工作會議，準備發動全島範圍的「聯合大運動」。[150]與會團體包括工友總聯盟臺北區李友三、臺北維新會黃江連，以及工友協助會陳承家、機械工會白金池、農民組合張道福、文化協會楊克培、臺北塗工會李規貞[151]——1927年臺灣鐵工所罷工以降各路勢力都到齊了，共產黨系的文協、農組，民眾黨系的工友總聯盟，舊左翼工會的李規貞也在。會上決議，各團體聯合成「五一勞動節共同鬥爭委員會」，同時在五一當天舉辦茶話會、××運

---

148 這裡之所以要把第三期理論歸入斯大林主義而與其餘馬克思主義流派相區別，是因爲托洛茨基主義者認爲，第三期理論過度左傾，根據這個理論制定的政策，在客觀上是以錯誤戰略削弱無產階級組織陣地、導致西方法西斯主義崛起的主要原因。然而，在殖民地臺灣的特殊情況裡，由於工友總聯盟本來就沒有多「左」，所以無所謂太過左傾的危險，臺共之提倡第三期理論，在工總聯的組織上反而具有將原本走資的組合主義、民族改良主義調整拉回到馬克思主義的效果。

149 見翁佳音譯註，《臺灣社會運動史：勞工運動、右派運動》（臺北：稻鄉，1992），頁58。

150 見《臺灣新民報》第三百六十二號〈五一勞動節舉行聯合大運動事前檢束十餘人〉。

151 見翁佳音譯註，《臺灣社會運動史：勞工運動、右派運動》（臺北：稻鄉，1992），頁60。

動、夜間開大講演會，並發一萬張傳單分與市民。[152]並且不分共產黨、舊民眾黨，將全島社運力量集中在北中南三個點，發動大規模抗爭——臺北、彰化與高雄。鐵工所罷工後已然瓦解的無產階級共同戰線，重新建立起來。

　　警方詳細記錄了左翼在北部地區的計畫：

（1）動員計畫
　　　　文化協會臺北支部以楊克培（黨員）、謝氏阿女（黨中央委員）、施茂松、楊泉吉爲代表，動員五十人。
　　　　農民組合臺北出張所以張道福爲代表，動員五十人。
　　　　臺灣工友協助會以陳承家爲代表，動員四百人。
　　　　臺灣工友總聯盟臺北區以李友三爲代表，動員二百人。
　　　　臺灣塗工會以李規貞爲代表，動員四十人。
　　　　臺北維新會以黃江連爲代表，動員四十人。
　　　　臺北機械工會以白金地（按：爲白金池之誤）、李德和、吳丙丁、吳天賜爲代表，動員七十人。

（2）示威運動實行方法
　　　　在各工作場所召開罷工、怠工或工作場所大會。
　　　　以當天下午五點左右鐵路部的退出時刻爲期，指導退出員工舉行遊行示威。

　　　　上述的遊行示威，前往建成町的大眾講座，參加所舉行的紀念大會。

（3）宣傳大綱

---

152 見《臺灣新民報》第三百六十二號〈五一勞動節舉行聯合大運動事前檢束十餘人〉。

確立七小時工作制

反對帝國主義戰爭

擁護蘇維埃聯邦

擁護中國革命

促進統一戰線

排擊宗派主義者

暴露霧社事件[153]

4月29日，該行動計畫被間諜洩漏給日警，造成北部16名幹部被南北兩署「預防性檢束」。[154]儘管如此，勞動節當天全島各地依舊有大量行動，皆與警察尖銳對峙。

臺北方面，1931年勞動節早晨，在大眾講座（即舊民眾黨民眾講座）召開茶話會，到場工友凡數十人。活動正要開始，就被命令解散，日本警察更將許胡等6名幹部用繩綁走──對應於左翼的「聯合大運動」，警方的動作是「全島大鎮壓」。原訂下午發動的示威遊行已無法進行。入夜以後，大眾講座召開紀念演講會，警察再度於會前檢束共產黨員楊克培；會場內，登臺演講的辯士逐一被命中止。舊民眾黨人陳其昌怒火中燒，起身大喊：「警察橫暴！打倒帝國主義！」聽眾隨之高呼口號，殺氣騰騰，警方直接檢束陳其昌與江金木兩人，直到隔天才釋放出來。[155]

宜蘭方面，預定執行五一行動的單位是蘭陽總工友會與宜蘭農民協會。然而，負責人陳天順自五一前數日已被員警跟蹤，策畫不成，只依往例，開了場紀念講演會。

桃園方面，桃園木工工友會與桃園青年協會聯合召開講演會，警方同樣到場宣言：不准演講、不准放炮，否則命令解散。年輕時代的黃師樵先生起身提議，既不能演講，不如請在座同志「發表感想」。此舉獲得講座

---

153 見翁佳音譯註，《臺灣社會運動史：勞工運動、右派運動》（臺北：稻鄉，1992），頁60-61。

154 見《臺灣新民報》第三百六十二號〈五一勞動節舉行聯合大運動事前檢束十餘人〉。

155 見《臺灣新民報》第三百六十三號〈五一勞動節各地紀念會情形今年戰術格外尖銳化〉。

內群眾的滿場掌聲，演講會隨後以「感想發表」的形式持續到最後。

　　豐原方面，警方自4月底派人跟蹤工友總聯盟臺中區的組織者廖進平，檢束文化協會書記郭榮昌。[156]不過，豐原總工友會與店員會早在4月25日[157]開過密會，事先做成計畫。勞動節一早，工人發動神奇的「氣球戰術」，豐原上空漂浮著數十個紅色大氣球綁著工會擬定的文字，向下界的勞動者宣傳[158]：

　　　　一、力爭言論、出版、集會、結社的自由。
　　　　二、殖民地被壓迫民眾的即時解放。
　　　　三、民族的賃銀差別絕對反對。
　　　　四、解雇、賃銀降下、勞動強化、工場閉鎖絕對反對。
　　　　五、七時間勞動的即時實施。
　　　　六、同一勞動須要同一賃銀。
　　　　七、五一節必須公休支給日給全額。
　　　　八、勞動者為犧牲的產業合理化絕對表示反對。
　　　　九、勞動者農民的解放是勞動者農民自身的力鬥爭。
　　　　十、解放運動犧牲者的即時釋放。
　　　　十一、第十二回勞動節萬歲！[159]

　　高雄方面，勞動節當天正好是高雄州廳舍落成典禮，以及港勢展覽會、全島實業大會等官方活動，太田總督以下局長高官多人蒞臨。臺灣左翼於是計畫將高雄、臺南、岡山、鳳山、屏東、潮州、東港各地的文化協會、農民組合、工友總聯盟的成員全部集中到高雄，發動大型抗爭。高雄州當局同樣布置員警，在勞動節以前數日，把高雄地區工總聯、農組、文

---

156 同上註。
157 見《臺灣新民報》第三百六十二號〈豐原店員工友兩會議五一節運動〉。
158 見《臺灣新民報》第三百六十三號〈五一勞動節各地紀念會情形今年戰術格外尖銳化〉。
159 同上註。

協之幹部預防性檢束，且亦如其他州廳，派人跟蹤社運分子。原本高雄機械工友會已借到澎湖會館，卻因為辯士皆被逮捕，大講演會也開不成。除了工人群眾趁天還沒亮，凌晨四點分頭到高雄各工廠張貼海報、配布傳單，其餘行動皆以失敗告終。[160]

彰化方面，農民組合與彰化總工會為動員主力。文化協會中央委員長王敏川傳告苗栗、通霄、豐原、彰化、員林、竹山、嘉義、北港，把中部所有社運團體集中到彰化天公廟。[161]彰化當局則在4月30日檢束14名主要幹部，包括農民組合簡吉、陳崑崙，文化協會鄭明祿、詹以昌、張茂良，彰化總工會曾金河等。原訂抗爭活動的集合時間——晚上八點，真正來集合的已不是社運分子，而是州高等警務課長，與其所帶領的百餘名警察，或乘自動車、或騎腳踏車，在彰化街上對民眾「示威遊行」。[162]每當警察隊伍經過文化協會幹部吳石麟的住宅，就鳴警笛十分鐘，耀武揚威[163]，王敏川等主要幹部的住宅亦被包圍。

街上來往的人力車、自動車，警方逐一攔下盤查。數百名群眾被阻擋在講演會場外，不得進入；場內辯士被逐一中止，七十餘通口號禁了二十幾通。[164]文化協會張茂良、張庚中、陳神助3人即決15天，三氏不服，在留置場內切開手指，在內衣上以鮮血寫下裁判申請書，要求正式司法審判，抗議彰化警察的流氓行徑。[165]

1931年度的五一勞動節抗爭，被日本當局完全破壞。

5月5日，工友總聯盟、工友協助會、機械工會、塗工會、農民組合、文化協會與維新會共七大團體，在臺北工總聯本部召開「大懇親會」，報告各自工作，檢討勞動節犯下的錯誤。《臺灣新民報》報導，當天決議成立「臺北共同鬥爭協議會」，所屬各團體將對臺灣地方自治聯盟及六一七

---

160 同上註。
161 見翁佳音譯註，《臺灣社會運動史：勞工運動、右派運動》（臺北：稻鄉，1992），頁61。
162 見《臺灣新民報》第三百六十三號〈五一勞動節各地紀念會情形今年戰術格外尖銳化〉。
163 見《新臺灣大眾時報》第二卷第三號〈臺灣勞働節的情勢〉。
164 見《臺灣新民報》第三百六十三號〈五一勞動節各地紀念會情形今年戰術格外尖銳化〉。
165 見《新臺灣大眾時報》第二卷第三號〈不法即決十五天三氏皆用內衣切破手指寫血書要求裁判〉。

死政紀念日，採取共同行動。[166]

　　臺北共同鬥爭協議會的出現，代表臺灣共產黨1928年《政治綱領》所規定的工運政策終於落實。即，在建設左翼總工會的同時，經由「協議會」協同右翼工會進行日常鬥爭，從而建立起無產階級共同戰線，不分左翼右翼。不過，時間已晚了三年。

　　1931年5月下旬，臺灣總督府宣告自6月1日起實施全島官吏的減俸案，因為經濟蕭條導致總督府出現歲入缺陷。政府各級公務員無不反對，但本島社運團體逆勢而行，大表贊成。舊民眾黨系的工友總聯盟、維新會、勞動青年會，共產黨系的新戰線社、印刷工會、文化協會、農民組合再度組織共同鬥爭委員會，並發表聲明：「我們贊成須全減他們的加俸，再減他們的本俸，將減俸所得的剩餘金，用來減輕無產者的各種稅金。設不能善用此款，雖力唱減稅，又有甚麼益處呢？」[167]

　　到1931下半年，「臺共大逮捕」浮上檯面，共產黨組織被日本警察瓦解，臺灣總工會籌備會、臺北共同鬥爭協議會盡皆停擺。緊接著，臺北印刷從業員組合爆發大罷工，蔣渭水同時逝世，工友總聯盟在罷工失敗後失去力量。臺灣左翼重新建構的無產階級共同戰線自此瓦解。

二、無產階級共同戰線瓦解

　　縱貫1931全年度的「臺灣共產黨大檢舉」，乃是整個日本時代，國家機器對左翼分子最大規模的肅清行動。可笑的是，這檢舉的起因純粹是個偶然事件，在此之前，官方甚至連臺灣共產黨存在與否都不敢確定。

　　1931年春天，臺灣農民組合核心幹部趙港、陳德興，為了到臺北開共產黨「改革同盟」的內部會議，在下奎府町租了一間從前妓女賣淫住過的祕密房間。3月23日夜裡，臺北警察署風紀係的刑事鈴木勇喜與林百紅，

---

166 見《臺灣新民報》第三百六十四號〈解放運動團體開共鬥協議會〉。
167 見《臺灣新民報》第三百六十六號〈減俸案大贊成〉。

為搜查私娼去到該地，窗戶中，見一青年於燈下振筆疾書。進入室內盤查，原來是趙港正在處理黨的文件，他連忙把紙張吞入口中，起身與警察格鬥，原本睡在床上的陳德興趁機逃逸。警察見兩人行動慌亂，起了懷疑，便把趙港檢束去了。趙港不知道警察出勤目的在搜索私娼，誤以為是專門來抓共產黨人，於是他在移送往北署的路上，一路大喊「臺灣共產黨萬歲！」。警察當局誤打誤撞捕到一條大魚，終於得到臺灣共產黨的線索。[168]

　　1929年二一二事件發生時，警方嘗試對共產黨人「一網打盡」，結果撲了個空。這一次，當局改採「順藤摸瓜」的辦法，以趙港被捕做為起點，用線索追蹤線索，用黨員釣出黨員。[169]臺共大檢舉從1931年春天一路進行到多天，從而同共產黨的內鬥、總工會之組織與罷工、臺北共同鬥爭協議會的行動共時發展。這感覺，明明工作一大堆，身邊的人卻一個一個消失。

　　1931年4月9日，陳德興在高雄被捕，警方循線逮捕了林式鎔等幾位黨員，大致得出黨組織的樣貌，轉而著手策畫全島性的大逮捕。6月26日，謝雪紅、楊克培遭到檢舉[170]，臺北共同鬥爭協議會遂告瓦解。7月17日，下午，改革同盟與左翼工會的核心王萬得，在臺北樺山町酒工廠附近遭遇前來追蹤的山崎刑事，王萬得逃脫不得，以肉身與刑警博擊，不敵，滾落路邊水溝，又向通行中的路人大呼求救。幾番往來，山崎刑事用柔道將他打倒，以繩索綑綁，王萬得自知難免，便以口渴為由，向路人要水，並以身體疲倦，要求木椅。得手後，以受縛之姿站上木椅，現場演說，向臺北大街上圍觀的眾人宣揚共產主義的理想。[171]同月底，蕭來福被捕，唯一潛伏中的中央委員蘇新放下工會工作，投入黨的重建，後於同年9月就逮，

---

168 見楊克煌遺稿，楊翠華整理，《我的回憶》（臺北：楊翠華，2005），頁99-100。

169 同上註。

170 見王乃信等譯，《臺灣社會運動史（一九一三～一九三六年）第三冊：共產主義運動》（臺北：海峽學術），頁193-194。

171 見黃師樵，《臺灣共產黨秘史》（臺北：海峽學術，1999），頁9-10。

南部工會的負責人莊守、劉守鴻亦然。[172]

　　檢舉過程中島內被疑爲共產黨關係者多達五百人，遭警方逮捕者108人。[173]殖民地臺灣幾位重要的共產主義者、社運組織者，包括翁澤生、王敏川、劉纘周在內，皆於大檢舉後病死獄中。臺灣總工會還在籌備階段，組織者就全部被抓走，共產黨系的工會再無法運作。

　　在舊民眾黨左派一側，蔣渭水逝世應該是最大的衝擊。臺灣民眾黨被解散後，蔣渭水等人雖即制定「三角組織」的大戰略，並與臺灣共產黨聯手組織共同鬥爭委員會，然而，他本人在精神上由於「嘔盡心血，遭此巨創」，不免「鬱鬱寡歡，屈居島都」（黃煌雄語）。[174]1931年7月，蔣渭水生病發燒，醫生初診只是感冒，並未特別注意，他還樂觀地對陳其昌說：「我的病症爲腸病，大概四週間必能痊癒，這是好久不往別莊之代替（按：往別莊即入獄之意）。」[175]可是，直到兩週後依舊高燒不退，入住臺北醫院，確診爲傷寒，終於在8月5日辭世。根據蕭來福的說法，蔣渭水彌留之際曾表示，左翼向來的做法爲是，而自己從來的做法爲非。[176]或許是民眾黨內部的左右鬥爭，讓蔣渭水有了這種感慨。儘管共產黨人所謂蔣渭水的「後悔」是眞是假，今日難以確知，但他的臨終遺言確實使用了斯大林主義「第三期理論」的術語，表達對未來無產階級社會革命的期待[177]：

　　　　臺灣社會運動已進入第三期，無產階級之勝利已迫在眉睫。凡我青

172 見王乃信等譯，《臺灣社會運動史（一九一三～一九三六年）第三冊：共產主義運動》（臺北：海峽學術），頁193-194。

173 見黃師樵，《臺灣共產黨秘史》（臺北：海峽學術，1999），頁2。

174 見黃煌雄，《臺灣的先知先覺者：蔣渭水先生》（臺北：輝煌，1976），頁166。

175 同上註。

176 見蕭友山，《臺灣解放運動の回顧》（臺北：三民書局，1946），頁68。

177 見王乃信等譯，《臺灣社會運動史（一九一三～一九三六年）第二冊：政治運動》（臺北：海峽學術），頁272。蔣渭水的遺言有數個版本，其中只有《警察沿革誌》的版本寫有「無產階級的勝利」，不過，簡炯仁曾經親自訪問過黃師樵與杜聰明，兩人都坦言這裡所引述的沿革誌所載之「無產階級」的版本為正本，詳見簡炯仁，《臺灣民眾黨》（臺北：稻鄉，1991），頁116-117。

年同志務須極力奮鬥，舊同志須加倍團結、積極援助青年同志，盼
為解放同胞而努力。

見證人　羅萬俥　李友三
　　　　杜聰明　蔣竹南
　　　　賴金圳　蔣渭川

　　這則遺言，當時被張貼在大眾講座的亭仔腳，以示眾人。今天在六張
犁公墓蔣渭水的墓碑上，仍能看見這段文字，只不過，「無產階級」四個
字被改換成「臺灣人」。而「第三期」三個字並沒有被拿掉，恐怕是因為
隨著斯大林主義在整個一九三〇年代為自己的錯誤漂白，今天即使是社會
主義者，也沒有多少人知道這個曾經把全世界共產主義運動帶入左傾盲動
危險的第三期理論，到底是指什麼了。

　　1931年8月23日，蔣渭水的同志們為他舉辦了一場臺灣四百年歷史上
空前絕後的「大眾葬」。顧名思義，蔣渭水被尊稱「臺灣人救主」，承擔
了「工農大眾」的期待。其輓聯曰：「大義受大名生據大安作營陣死埋大
直大夢誰先覺；眾民歸眾望功憑眾志以成城力排眾難眾醉君獨醒。」淋漓
大雨中，臺灣工友總聯盟百餘名手執白旗的工人糾察隊，護衛著五千民眾
漫長的送葬行列，工農大眾的遊行隊伍帶著蔣渭水的骨灰，從他生前經營
的大安醫院靈堂，轉移到大直山上，儀式全程受到近百名武裝警察的嚴密
戒備[178]——那時候，臺北印刷從業員組合正在罷工，可以想像，工友總聯
盟與其組織者陳其昌、李友三、白成枝等人是如何地蠟燭兩頭燒。

　　蔣渭水過世後，國家機器對社會運動的暴壓，其力道不曾稍減，反倒
更為加強。同一時期，臺灣共產黨人已被警方掃除淨盡，白色恐怖的烏雲
蔓延到舊民眾黨人頭上。1931年底，臺灣工友總聯盟顧問、舊民眾黨員謝
春木舉家移居中國，《臺灣新民報》稱他此行「有心人別有懷抱」、「將

---

178 見黃煌雄，《臺灣的先知先覺者：蔣渭水先生》（臺北：輝煌，1976），頁166。

自己多年來的體驗，貢獻於中國」[179]，不改其志，在大陸上從事反帝抗日之工作。身為臺灣第一位小說家、工運第一線的採訪記者、工聯的顧問、蔣渭水的密友，謝春木後來用「謝南光」的名字加入中國共產黨，成為新中國知名政治人物。

南部工人運動的頭兄盧丙丁則在1932年以後行蹤成謎，據黃信彰推測，盧丙丁或是以政治犯的身分，被國家機器強制關入位在迴龍、與世隔絕的「樂生療養院」。該院成立於1930年，漢生病患一進去就是終生隔離，但樂生院裡當年的診斷書上，記載盧丙丁根本沒有罹患漢生病。又記載，1936年他又從樂生院被押送到廈門，從此再沒有人見過他。[180]官方新聞紙《臺灣日日新報》則記載他死歿於中國，原因不明。[181]

相較於共產黨的基層組織隨著黨的大檢舉而瓦解，舊民眾黨人被國家整肅的相對較少，臺灣工友總聯盟各區組織因此能夠生存下來，儘管士氣挫敗，往後至少可以繼續活動。

三、臺北印刷從業員組合大罷工

1931年6月起，臺灣本島人最老牌的工會「臺北印刷從業員組合」發動大罷工，這也是臺灣工友總聯盟最後一次傾力支援基層行動。

故事要從當年6月4日說起，那天，臺北印刷業主同盟以「業界不振」為理由，發布聲明，所屬工廠的青年見習工都要「縮短工時」，往後每個月將減少五個工作日、同時原本帶薪的公休日將不再支薪。不用說，這是資方想要減省勞動成本，把經濟大蕭條的惡果轉嫁到工人身上。因為這些青年工是日薪制，少了五個工作日等於少領五天薪水，且身為見習者，

---

179 見《臺灣新民報》第三百九十五號〈為實現年來的希望謝君到上海去了不為做官不為發財 只要幹些有意義事〉。

180 見黃信彰，《工運・歌聲・反殖民：盧丙丁與林氏好的年代》（臺北：臺北市文化局，2010），頁121-123。

181 見《臺灣日日新報》1939年8月3日〈時局に目覺めた人々工友會總聯盟支部を解散し什器代を國防獻金〉。

收入原本就十分微薄，每日辛苦所得不過五六十錢，相較於熟練工1圓左右，只有其五到六成；公休日方面，原本見習工每月固定只休單周的禮拜天，換言之，兩周休一日，且其中一日有支薪，現在資方打算把這一日薪水也取消掉——這樣一個月將短少六天薪水，收入瞬間減少兩成。[182]

印刷業者之所以繞過熟練工先對見習工下手，明顯的原因是熟練工為臺北印刷從業員組合會員，已有數次罷工經驗，而青年見習工沒有工會的保障，柿子總要挑軟的吃。在工友總聯盟臺北區陳其昌的協助下，見習工組織成「臺北印刷從業員組合青年部」[183]，換言之，見習工的青年部跟熟練工的「臺北印刷從業員組合」有著組織上的聯繫，但兩邊依舊有所區隔。

1931年7月3日，青年部在大眾講座（舊民眾黨民眾講座）召開從業員大會，決議十一項條件，向臺北印刷業主同盟提出交涉：

一、即時給料增加五割。

二、公休日全部復活。

三、退職手當加倍。

四、工場內衛生設備須改良。

五、無理解雇絕對反對。

六、臨時工撤廢（但現在的臨時工，即改為定員）。

七、晝食時間一時間休憩。

八、夜業自由。

九、勤務中致傷害之時，治療料及休養中給料全部業主負擔。

十、初工日給最低五十錢以上。

十一、現在四十錢以下之青年工，須昇至六十錢。[184]

---

182 見《臺灣新民報》第三百七十四號〈印刷青年工罷業的真相！突減工作五天生活受迫所致〉。
183 見《臺灣日日新報》漢文版1931年7月22日〈印刷見習工罷業更及外三印刷所益有蔓延形勢〉。
184 見《臺灣新民報》第三百七十四號〈印刷青年工罷業的真相！突減工作五天生活受迫所致〉。

　　看得出來，青年見習工的想法並沒有掉進業主最初設定的邏輯，要求回復工作日數，而是既要更多公休日，又要增加工資，說到底，收入過低才是從業員需要不斷累積工作日數的根本原因，否則怎麼會熱愛這份工作到一個月只休息兩天？在組合青年部提交訴求給臺北印刷製本同盟以前，臺北印刷株式會社所屬見習工24名率先罷工了，其後，江里口與松浦兩家印刷店的青年工三十餘名也響應罷工。

　　7月17日，印刷從業員組合青年部正式向業主同盟遞出要求書，限期18日午前十一時回覆，另一方面，也派出一名代表面見同盟組合長江里口氏，然而江里口氏故意刁難，說只有一名代表不足以信賴。7月19日下午，工人代表黃傳福再度往訪組合長，同時找來工總聯陳其昌立會，江里口氏回應，這事情他不能決定，必須跟組合裡的同業者磋商，晚上十點左右才能給予明確的答覆。晚上十點，勞方打電話去問，江里口氏又推託說組合員都不在，隔天早上十一點才能回應。明顯的種種刁難引起工人的憤怒，青年部所屬工廠遂於20日全部罷工。[185]

　　《臺灣新民報》記錄了當時罷工的事業單位：

社名	罷工時日	人數
一臺印社	十七日上午	男工二十四人
二江里口	同日	男工十餘人
三松浦	同日	男工十餘人
四盛進	十八日下午	男女工二十餘人
五小塚	二十日上午	男女工五十餘人
六松浦	同日	女工二十餘人
七金利	同日	女工十餘人
八山科	同日	女工十餘人
九金利	同日	男工十餘人

---

185 同上註。

| 十臺印社 | 同日 | 女工二十餘人 |
| 十一江里口 | 二十一日 | 女工十餘人[186] |

　　見習工罷工者總數多達二百六十餘人，更設置罷工團爭議本部，於建成町舊民眾黨部內，與業主同盟進行持久戰。業主同盟先是請走資的熟練工去勸退罷工見習者，可這招並不奏效，隨後各間工廠都開始招募新工人，以取代舊見習工的地位。

　　臺灣印刷株式會社在罷工的隔天就發布通告，要召募新工24名，前來應徵者超過一倍，可是，當新工人得知工廠正在罷工，大部分都表示同情，不敢就職，最後真正上工的只有8名，且只做了早上半天，下午就各自退回去了。會社方面能做的也只有重新招募，同時為了吸引人留下來，加碼派出自動車接送附近員工，住比較遠的就直接發放車資。[187]臺印社資方還跑去派出所報案，說罷工團威脅新工人，若不退出工廠就要持刀砍人，警方於是神經兮兮地介入調查。[188]7月28日，臺印社裡的熟練工林僥煌、張福文兩人被警察抓走，說是要帶去同兩名新工人對質，釐清有無恐嚇脅迫，警察介入使得罷工團更為憤怒。[189]

　　工友總聯盟臺北區也動員起來聯絡相關團體，募集各地資源，援助印刷青年部的行動。7月25日，工總聯「臺北印刷從業員組合青年部爭議應援團」正式成立，事務所同樣設置在建成町大眾講座[190]，到8月4日，已募集到35袋白米。應援團又在龍山寺町開張一個「分配所」，為罷工團員分發物資，配置40名救濟品分配員，每次配給都引起市民圍觀、警察戒備。[191]更仿照高雄臺灣鐵工所罷工模式，組織罷工者行商團，在龍山寺

186 同上註。
187 見《臺灣新民報》第三百七十五號〈印刷爭議兩方仍然相對峙新工也表同情散歸業主們在裡面策動友誼團體組應援團〉。
188 見《臺灣日日新報》漢文版1931年7月26日〈罷業職工脅新職工南北兩署著手檢舉〉。
189 見《臺灣新民報》第三百七十五號〈印刷爭議兩方仍然相對峙新工也表同情散歸業主們在裡面策動友誼團體組應援團〉。
190 同上註。
191 見《臺灣新民報》第三百七十六號〈印刷爭議趨入持久戰罷工團積極活動工頭們大倒霉〉。

販賣日用品，賺取罷工基金。[192]8月2日晚間則有講演會在大稻埕大眾講座召開，陳其昌、李友三、白成枝、許胡等人皆登臺開講，多數被警方中止。[193]

在工廠一側，業主們新募到的員工同樣來了又走，走了再招——部分業主開始懷疑廠內的熟練工，認爲他們從中作梗，不肯指導作業，新工人才會待不下去。小塚工廠主在8月15日恐嚇所屬熟練工：「你們從今以後肯不肯教習新募集的青年男女工，若是不肯，對你們的慰勞金已經豫備妥當，後日不得後悔。」[194]熟練工則答覆業主：「熟練工向來未曾不教習新職工，但他們多是同情罷工工友所致。而此後對于新募集的青年男女工，自當教習，但他們若有誤解，大家不能負責任。」[195]然而，隨後僱入的見習工同樣做不久，小塚資方認定盧姓、李姓兩位熟練工爲恐嚇新工人的主謀，在8月底把他們開除。[196]到這裡，資方把爭議擴大到熟練工，臺北印刷從業員組合本部決定採取行動——1931年8月30日，組合本部在大眾講座召集臨時會員大會，出席者二百餘名，推舉工總聯白成枝爲代表，向臺印社提出三項訴求：

一、無理馘首絕對反對。

二、李盧二人即時復職。

三、青年婦女工之爭議即時解決。[197]

---

192 見《臺灣日日新報》漢文版1931年8月6日〈罷業印刷工市內行商〉。

193 見《臺灣新民報》第三百七十六號〈臺北印刷爭議團罷工講演會〉。

194 見《臺灣新民報》第三百七十八號〈印刷爭議各地工友捐資援助新工依然表示同情業主們恐嚇熟練工〉。

195 同上註。

196 見《臺灣日日新報》漢文版1931年9月3日〈臺北印刷見習工爭議醞釀重大化一般熟練工亦搖動業主一邊態度强硬〉。

197 見《臺灣新民報》第三百八十號〈印刷工爭議波及到熟練工了因無端革職熟練工業主挑戰局面擴大〉。

　　小塚工廠主回覆，第一條、第三條可以承認，第二條則不行[198]，這是資方典型的睜眼說瞎話，因爲第一條「無理誡首」指的就是第二條李、盧二人被開除之事。廠主進一步要求：「盧、李二人的復職問題有關連青年工的爭議，希望你們熟練工，從速促其解決，若然我當幫助你們。」[199]資方借力使力，挾持被解雇的盧李二人，威脅熟練工站到資方立場去對青年工施壓。

　　8月31日，熟練工本部再度召集臨時會員大會，討論對策。會上出席者約三百名，氣氛緊張，白成枝向大會報告同小塚資方交涉的經過，突有一名會員起身質疑──1927年臺北印刷從業員組合罷工時，曾因交涉委員受資方買收，導致罷工失敗，組織分裂[200]，希望民眾黨人不要重蹈覆轍。白成枝聽完，當眾發誓，這回爭議絕對「盡心盡力」。[201]隨後，大會決議向印刷業主同盟提出下列七項要求：

一、工資五角以下增加三成，五角以上增加二成（但限於青年婦女工）
二、公休日全部復活
三、無理解雇絕對反對
四、臨時工制度撤廢（但現在的臨時工要編爲定員）
五、最低工資三角以上
六、工場内的受傷者須由工場主支出醫藥費
七、罷工中的青年工要求全部復業[202]

　　文件內容延續青年部全部訴求，只加上反對解雇盧李兩人而已，可

---

198 同上註。
199 見《臺灣新民報》第三百八十三號〈印刷罷工發出告市民書報告罷工經過〉。
200 見本書第三章第三節之十：臺北印刷從業員組合與臺北印刷工會。
201 見《臺灣新民報》第三百八十號〈印刷工爭議波及到熟練工了因無端革職熟練工業主挑戰局面擴大〉。
202 同上註。

知，熟練工決定全面支援青年見習工。1931年9月1日，白成枝做爲代表將上述七項條件提交臺北市各印刷工廠主，與資方同盟組合長江里口氏。業主方面回應，會以誠意的態度進行內部討論，翌日給予答覆。同日夜晚，臺北印刷從業員組合召開第三次臨時會員大會，會上決議，隔日雇主的回答倘若不如他們所說的「誠意」，便要決行罷工。[203]

1931年9月2日，雇主方面果眞給出不如人意的回答──他們願意承認最低工資三角、工傷補貼、並加碼發放每月全勤獎金，然而，包括解雇者復職在內的其餘條件，一概拒絕。[204]9月3日，臺北印刷從業員組合熟練工全體會員三百餘名發動罷工，支援同組合青年部。[205]

至此，臺北地區全部罷工者已近六百人。熟練工身爲工廠內業務主力，技術含量比見習工高得多，不是隨便就能找到替代人力。然而，印刷業主同盟態度強硬，決定派人去日本內地東京、大阪等地招募日籍熟練工。[206]換句話說，同樣是提高勞動成本，業主同盟寧願花錢拿去請日本工人遠渡重洋來臺就業，也不願意提高臺北印刷工的勞動條件。臺北印刷從業員組合罷工團聞訊，隨即透過舊民眾黨人打電報給日本出版勞働組合，請他們阻止會員渡海來臺。[207]該組合亦對會員下達指令，積極支援臺北印刷從業員組合[208]，根據《臺灣新民報》的報導，內地的印刷工們，比較的非常覺醒，對于臺北印刷工友的罷工，非常表示同情，而大部分印刷工拒絕來臺。所以至去二十二日，來臺的僅十八名而已。[209]

1931年9月中旬，印刷業主同盟對外宣傳，已從內地招募到熟練工百

---

203 同上註。

204 見《臺灣新民報》第三百八十五號〈臺北印刷爭議內地勞働組合の應援爭議益々熾烈御用紙盛にデマるが範圍は擴大する模樣〉。

205 見《臺灣日日新報》1931年9月7日〈印刷從業員組合業主側に屈服調停案の默殺にあつて〉。

206 見《臺灣日日新報》漢文版1931年9月18日〈招聘內地職工陸續到臺臺北印刷業〉。

207 見《臺灣新民報》第三百八十號〈熟練工罷工後的印刷爭議業主派員東渡募工爭議團已打電阻止〉。

208 見《臺灣新民報》第三百八十五號〈臺北印刷爭議內地勞働組合の應援爭議益々熾烈御用紙盛にデマるが範圍は擴大する模樣〉。

209 見《臺灣新民報》第三百八十三號〈印刷爭議尚不容易解決新募職工僅十八名爭議團員歡迎新工竟被當局檢束三名〉。

餘名，即將於9月22日抵達臺灣。從業員組合爭議團於是動員50名罷工者，手持小白旗，到臺北火車站去「歡迎」日本工人。沒想到，從火車上走下來的只有4名印刷廠主和3名印刷工，爭議團大失所望，待到資方與日本工人要上人力車，罷工者的隊伍迅速展開白旗，表示「歡迎的心意」。業主們大吃一驚，警察簇擁而上，欲阻止之，圍觀路人多達四五百名，險些大打出手。最後，工人代表黃傳福外二人被警方檢束。

　　進入10月以後，業主方面招募新工的計畫漸有進展，不論是見習工或者熟練工皆有增加的趨勢。當時有郭廷俊氏自願出面為勞資雙方調停，然而，條件是勞方必須無條件復職，爭議團見長期下去，勢將無法挽回，便囑託郭氏出面斡旋。[210]郭廷俊拜訪各個工廠主以後，10月9日，資方臺北印刷製本同盟卻答覆說罷工團五百多人當中，只考慮重新錄用四五十名，不可能照舊雇用。

　　《臺灣日日新報》報導雇主一邊考量的如下：

　　一、至今為彼等印刷工脅迫，故今後要採用內地人職工。
　　二、現在招聘多數內地人職工，而罷業團以外本島人職工亦雇入多
　　　　數，故於事業不感阻礙。
　　三、各印刷店赤字問題，困苦之時，其職工數，若只在罷業團之三
　　　　分之一，則足矣。[211]

　　臺北印刷從業員組合非常憤怒，做出決議，復職條件若排除勞方其中任何一人，則所有人都不會復工。郭廷俊則表示，當初是罷工團同意「無條件復職」，他才代為向資方交涉，現在居然變成「有條件復職」，往後絕對不再出來幫忙。[212]

---

210 見《臺灣日日新報》1931年10月6日〈罷業中の印刷工五百名が復職希望絕對的無條件で郭廷俊氏に依賴〉。
211 見《臺灣日日新報》漢文版1931年10月10日〈罷業印刷工復見動搖〉。
212 同上註。

　　另一方面，日本出版勞働組合在日本國內百方奔走，爲臺北印刷從業員組合募款，陸續把聚集起來的資源匯進臺灣。10月11日東京出版勞働組合青年部送來6圓75錢。13日，關東出版勞働者組合送來182圓79錢，據說罷工團因此更加團結。[213]

　　同一時間，社會上各種反動勢力也開始撲向罷工團。到10月3日，已有6名爭議部成員被警方拘捕，原因不明[214]；另一方面，御用新聞紙《臺灣日日新報》也開始抹黑罷工的關係人。《臺灣日日新報》先在10月底刊出〈罷工指導者迴避責任逃之夭夭〉的假新聞[215]，11月4日，更指名道姓地報導從業員組合青年部的組織者陳其昌，盜用罷工團募來的資金，獨自逃往廈門，且繪聲繪影地描述落魄的印刷工前往北署報案請求警察幫忙的畫面。同版以「通緝犯告示」的形式刊出陳其昌本人正面照片。[216]11月1日則有新聞報導某印刷工自罷工以來生計苦無著落，8月起連續偷盜13回[217]，用以警戒世風，勸告社會大眾不要搞工會、不要相信工運分子。

　　陳其昌本人則在11月28日的《臺灣民報》上發表一通聲明書，澄清盜取資金之事爲子虛烏有，他前往廈門是因爲民眾黨遭禁、蔣渭水逝世以後，臺灣的大環境似無容身之地，令他身心俱疲，更因數年來投身社運家中經濟狀況愈來愈差，不得不另覓出路[218]——事實上，陳其昌之前往廈門，只是民眾黨解散後核心幹部西進潮流中的一部分。在島內大勢已去的情況下，許多人都基於特殊的民族主義原則，轉而預期從中國革命中汲取力量，解放臺灣，謝春木「別有懷抱」的遠走是最佳案例。陳其昌亦然，他抓住1932年一二八事變日軍侵入上海所激起的反日情緒，在廈門成立「臺灣獨立運動同盟」，繼續他反帝抗日的政治理想。

---

213 見《臺灣新民報》第三百八十六號〈内地の勞働者から爭議資金陸續と來る爭議團大に活氣付く〉。

214 見《臺灣新民報》第三百八十四號〈島督瑣聞〉。

215 見《臺灣日日新報》漢文版1931年10月27日〈罷業指導者迴避責任逃之夭夭〉。

216 見《臺灣日日新報》1931年11月4日〈罷業資金を著服し逃げた勞働運動者舊民眾黨幹部の陳其昌失業職工ら北署に嘆願〉。

217 見《臺灣日日新報》1931年11月1日〈罷業印刷工竊盜を働く生活苦のために八月以來十三囘も〉。

218 見《臺灣新民報》第三百九十二號〈陳其昌的聲明書關御用紙的謠〉。

　　這回1931年臺北印刷從業員組合近六百人的大罷工，就在資方以日本熟練工取代本島熟練工的「決不妥協」政策、警察當局對工人的壓力，以及主流媒體對勞工運動的惡意抹黑中畫下句點。[219]勞資雙方最後有沒有達成妥協？新聞紙上沒有後續資料，自此以往，媒體上再看不見臺北印刷從業員組合的相關新聞，推測罷工事件後該工人組織已然消失。

　　在罷工進行的同一段時間裡，臺灣左翼被國家機器掃除殆盡、蔣渭水悲憤而死，工人運動中的右派、舊民眾黨的左翼紛紛「別有懷抱」轉進中國——「臺北印刷從業員組合」的興起與衰敗，正具體而微地隱喻著殖民地時期臺灣工人階級，做為一股政治勢力的興起與衰敗。

　　從此以後，儘管連溫卿時代的舊左翼工會、右翼臺灣工友總聯盟的組織依舊存在，卻再也沒有力量為基層的勞資爭議，以及更高層次的政治議題，進行階級性大範圍的動員。如同警方在《臺灣社會運動史》裡留下的觀察，工運組織自此已「有名無實」。自1927年高雄機械工會工人發動罷工以來，久已上升到政治鬥爭高度的臺灣勞工運動，再度倒退回到工人階級無組織、一盤散沙似的自發性經濟鬥爭。

四、1932年以後的勞工運動

　　進入1932年以後，殖民地臺灣勞工運動因為國家的鎮暴、組織的瓦解，已轉趨消極。限於資料匱乏，這裡僅能蒐集歷年《臺灣日日新報》上所報導的勞資爭議事件，表列出來，從中管窺那些年間勞工運動的情況。然而，由於《臺灣日日新報》的報導較為單薄，且時常造假，難以藉之深入事件的情況，這裡只有根據這些資料泛泛地簡單歸納出幾點特徵，大略論述如下。另外，在行文的編排上，由於這份資料表格的篇幅頗為龐大，因此，本書把它整理為【附錄二】，以免妨礙正文的閱讀。

　　首先，從《臺灣日日新報》所留下的這批資料，大致上，1932年以後

219 見《臺灣日日新報》漢文版1931年11月10日〈印刷罷工無望解決双方確執甚堅〉。

的勞工運動除了工人在自身工作場所中的切身利益以外，完全沒有超出工作場所、聯繫其他組織、做為一個階級的訴求──先別說「打倒帝國主義」這類抽象到雲端的政治口號，連過去工友協助會喊過的「確立團體交涉權」、「確立罷工權」之類，以全島工人勞動權益為目標的具體訴求，都再沒有出現。由此可知，臺灣勞工運動在1932年後已從政治鬥爭的高度上倒退回初級的經濟鬥爭，與此同時，各別工人組織的經濟鬥爭彼此不再聯繫，許多勞資爭議甚至連組織都沒有被記錄下來。相較於一九二〇年代末高漲的階級意識，1932年以後較大型的勞資爭議已呈現出一盤散沙、無有統合的狀態。這種狀況之所以會出現，恐怕是因為跨地域、跨產業的工會聯合組織已然消滅，使得個別基層工會失去了從前看待勞動權益的政治高度。

其次，除了1933年2月份福岡商會罷工事件，為文化協會會員卓瓊臣所主導的以外，1932年以後的大型勞資爭議與罷工事件的相關報導中，完全看不出1927到1931年這段社會運動狂飆年代所遺留下來的工運組織的身影。當然，新聞紙沒有寫出來，不代表組織上的聯繫並不存在，但既然除了福岡商會事件以外一件也沒有寫，可以判斷社運時代遺留下來的工會組織、工運團體已經沒有多大的影響力，甚至很可能多數已經瓦解了。

第三，這批資料顯示越到後期的勞工運動，警方之介入越是頻繁，特別是1937年以後，幾乎每一場罷工都是由警察介入解決的。這不是說以前的勞工運動很少被警方介入，而是說37年以後，幾乎都以國家壓制收場。這和日本極右翼的軍部抬頭以後，臺灣島內整個國家體制的法西斯化、軍國主義化有關──其狀況可以從1939年高雄木工罷工事件中，介入勞資雙方的爭議進行調解的高雄警署川路高等主任，對罷工工人的一番訓話看得出來。這裡從《臺灣日日新報》1939年11月7日有關這個事件的報導中摘錄出來翻譯如下：

「現在正是天皇陛下的子民們團結一致的時候，實在應該避免紛爭。調漲薪資這件事是國家的『賃金統制令』也有提到的，因此，雙方會面商議，使此事圓滿解決有其必要。且讓當局與業者討論，

取得一個令你們雙方都滿意的結果吧！」這樣一說後，取得了在場
的挽木工人們的諒解，紛紛說：「在這樣應共體時艱的時候引發騷
動，真是抱歉。」[220]

　　相較於從前大正、昭和初年相對自由放任資方剝削勞工的狀態，國家
機器已逐漸在「一億一心」的大義名份底下，改用統制的方式進行經濟管
理。警官所提到的「賃金統制令」因此客觀上是一種調和階級矛盾、維持
社會和諧的統治工具。簡單說，軍國主義化了的總督府，乃是用國家機器
來對利益相互矛盾的不同階級進行統制，調整階級之間的利益分配，以防
止暴亂發生，且維持那既有的勞工受到剝削的社會結構。然而，這統制型
的經濟體並不會讓勞工少受點剝削，反而讓勞工失去了透過運動來改善自
身生活水平的「罷工權」、「團結權」、「集體協商權」。因此，隨著第
二次世界大戰的逼近、國家統制之加深，勞工運動發生的頻率也越來越低
落。可以知道，當時的統制社會已經讓工人階級失去了捍衛自身勞動權益
的政治空間。

　　那麼最後再來問一個問題，1927到1931年中間狂飆的勞工團體後來都
怎麼了呢？目前可見的資料中，只有日刊新聞紙《臺灣日日新報》的少數
幾篇報導說明了運動組織的末路。從中可以窺見一九三〇年代裡左翼最大
的工會組織「工友協助會」與右翼「工友總聯盟」當年最終的狀態。1932
年6月10日早上，臺北州高等課的宮崎特高係長，與田代警部補，突襲工
友協助會在永樂町的本部，抓走了薛玉虎、黃有土兩位核心幹部，同時在
會館抄出大量「紅色」書籍，檢束後即決29天。[221]後續長期關押，同年12
月，年僅27歲的薛玉虎因肺結核病死獄中。[222]宮崎與田代兩名警察，正是
1931臺共大檢舉的負責人，因而，薛玉虎之死實際上也是共產黨事件的延
續。工友協助會最後剩下來的幹部陳承家、林江俊、張天助、黃阿屘、林

---

220 見《臺灣日日新報》1939年11月17日〈木挽罷業解決高雄署の斡旋で〉。

221 見《臺灣日日新報》1932年6月11日〈工友協助會の本部手入れ〉。

222 見《臺灣日日新報》漢文版1932年12月4日〈薛玉虎死在獄中〉。

萬源等人，則以各式各樣奇怪的罪名於1933年3月收監。官方指控他們在1931年的時候，為了取得社會運動的資金跟薛玉虎去搶劫銀行、綁架有錢人，還策劃在公共運輸系統上釋放毒氣──且全部失敗了！[223]現在沒有證據說明這些指控是真是假，但警察捏造證據、濫捕濫控、司法打壓，畢竟是常有的事，工友協助會的組織大約在這次大逮捕以後就瓦解掉了。

　　至於臺灣工友總聯盟這個脈絡，在1931年底臺北印刷從業員組合大罷工以後沉寂了數年，下一次見報的時候，已是在1937年6月──當初，楊慶珍組織起來的基隆木石工友會，在1931年7月解散以後，工會的基金剩下1圓54錢，因為金額不多，大家也不去管他。到1937年的時候，這筆基金生利息長到了3圓1錢，當時楊慶珍已是「基隆同風會」[224]的一員，在他的建議之下，工友會原會長便把這筆錢捐給憲兵隊當國防獻金。[225]雖然不知道楊慶珍這個動作的意圖為何，是否受到國家的壓力，或者果真「皇民奉公」去了，但這國防獻金的動作說明，當時的工人根本無法自外於軍國主義的大潮流。已經解散的組織尚且如此，依然存在的就更不用提了。後來到1939年7月26日，工友總聯盟臺南區在陳天順家裡開了一次委員會，會上認為，聯盟的存在已無必要性，就把從前弔慰部裡給工人借用的慶弔器具變賣了，拿去做國防獻金。《臺灣日日新報》的報導寫說，由於委員長盧丙丁於九一八事變後死在中國，工總聯臺南區的委員們終於體認到時局重大，乃為報效國家，自發性地捐款、解散工會聯盟。[226]

　　簡單做個小結。隨著整個一九三〇年代國家機器的法西斯化與統制經濟的出現，殖民地臺灣的社會運動逐漸失去了發展的空間，臺灣工人自1927年建立起來的組織陣地陸續崩壞，勞工運動戛然而止。

---

223 見《臺灣日日新報》漢文版1933年3月22日〈謀獲社會運動資金島人謀襲銀行二十日判決同時發表〉。

224 皇民化運動的民間隨扈組織。

225 見《臺灣日日新報》1937年6月9日〈基隆木石工友會から國防獻金積立基金の殘り全部を〉。

226 見《臺灣日日新報》1939年8月3日〈時局に目覺めた人々工友會總聯盟支部を解散し什器代を國防獻金〉。

第四節　殖民地勞工運動的結構性回顧

　　回顧殖民地時期臺灣勞工運動的歷史脈絡以後，這裡要進行總體性的觀察，從中簡單歸納出「工人集體組織」在歷史進程中所起的作用到底是什麼。

　　對於工人階級「生活向上」的願望的物質基礎，根據文獻是極其難以描繪的，一個時代的人很難完全理解另個時代的生活環境。然而，「工資水平」可以是一個關鍵的理解工具。這不是說薪水就是一切，而是在資本主義現代性出現以後，工資水平可以提綱挈領地描述一個人生活過得好或不好，儘管這是過度簡化的理解。在思想工具有限的情況下，接下來的討論將從殖民地時期歷年工資變化出發，綜合工運組織的發展狀況，求出一個有關勞工運動與經濟結構的關係的總體性輪廓。

　　廖偉程辛苦的研究著作《日據臺灣殖民發展中的工場工人（1905-1943）》乃是今天回過頭去理解殖民地時期工人狀況、工業狀況最重要的參考資料。該論文處理了勞工運動之所以興起的產業背景，在總體性的觀察部分，廖偉程極富創見地指出了兩個重要的歷史事實——首先，他根據溝口敏行與梅村又次在《旧日本植民地経済統計：推計と分析》

【圖3】農、工部門實質工資動向（1902 -1938 ）

資料來源：溝口敏行、梅村又次編，《旧日本植民地経済統計：推計と分析》（東京：東洋經濟新報社，1988），頁258-259。

推算出來的統計資料，指出臺灣島內在殖民地時期「勞工工資」與「農民收入」的連動關係；其次，他根據《臺灣社會運動史》中警方對歷年勞工運動參與人數的統計，發現了「勞工工資」與「運動規模」的連動關係。

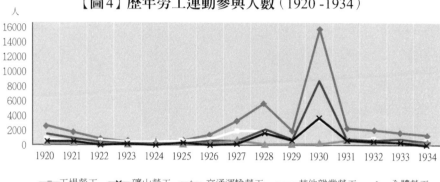

【圖4】歷年勞工運動參與人數（1920-1934）

資料來源：翁佳音譯註，《臺灣社會運動史：勞工運動、右派運動》（臺北：稻鄉，1992），頁44。

　　【圖3】與【圖4】引用的是廖氏用來進行比較的兩份圖表。對於「勞工工資」與「農民收入」的連動關係，廖偉程的理論頗為複雜，有興趣的讀者可自行翻閱他的論文。這裡，只有大致用下面這個解釋來加以概括：

> 殖民地經濟中工業部門的發展往往勞動成本佔了絕大部分。對工業資本家來說，如何在低廉工資下還能維持對工人的一定的吸引力，成了他們生存的關鍵。以比農家收入還高一點的工資來維繫原有的工人勞動者，並且吸引更多農業部門的勞動力，一直是工業資本家的如意算盤。日據臺灣殖民發展的經驗也告訴我們，決定農業勞動力流出的原因，除了非農業部門工作機會的增加外，農業上平均每人所得相對低落也是重要原因。[227]

227 見廖偉程，《日據臺灣殖民發展中的工場工人（1905-1943）》（新竹：國立清華大學歷史學研究所

簡單說，只要給的錢比農家收入高一些些，就會有農家子弟願意到工廠裡上班，工業部門與農業部門之間勞動者生活水平的連帶關係長成這樣。

同時，廖偉程更指出「米田的生產力並未被刻意提高，加上並非市場上流通的商品，導致米價無從提高」[228]，這一點做爲農村中的封建因素，說明了日本糖業壟斷資本做爲工業部門的主幹，正是利用農民收入低廉的特點，來把工業勞動者的工資壓低到農村水平，賺取超額利潤。這樣，可以用托洛茨基「發展不平衡規律」的語言[229]，抽象地概括殖民地臺灣的這份狀況——壟斷資本利用臺灣農業、工業部門的不平衡發展，建立起了一套橫跨產業部門的巨大壟斷剝削體制，農民工人同時都是受害者。既然這個產業結構導致工人的收入在客觀上將隨著農民的收入上升而上升，那麼，當年社會運動家「工農聯合」的政治想像就不只是隨口喊喊而已，而

碩士論文，1994），頁29。

228 同上註，頁24。

229「發展不平衡規律」原本是列寧用來解釋落後的俄國何以超前西方資本主義國家發動社會革命的理論框架。由於資本主義在世界各地的不平衡發展，落後地區可能擁有部分先進的資本主義生產技術與社會組織，因此，落後國家未必需要依照歐洲社會的發展步伐，依樣畫葫蘆地從封建社會過渡到資本主義，再從資本主義社會革命到社會主義。托洛茨基隨後在他1930年出版的《俄國革命史》第一章裡將發展不平衡規律的原理提升到前所未有的高度：「歷史的規律性與迂腐的圖式主義絕無共同之點。發展的不平衡性，這個歷史過程之最一般的規律，在後起國家的命運上暴露得最爲明顯與複雜。在外來必然性的鞭笞之下，落後性不得不從事跳躍。從不平衡這一個普遍的規律中，發生出另外一個規律，這因爲缺乏更適當的名稱時，可稱之爲配合的發展律，這意思是說：各階段路程的接近，各個階段的聯合，古代形態與最現代形態的混合。沒有這個規律，（當然要取其全部物質的內容，）就不能瞭解俄國的歷史，也不能瞭解一般的，所有停留在第二，第三，乃至第十等文化品級上的國家的歷史。」從發展不平衡規律中衍生出來的另一個規律「配合的發展律」說明了向外擴張的資本主義不只有可能不去將原始積累貫徹到底、把殖民地徹底地「資本主義化」，還會在矛盾的運動（指外來必然性的鞭笞、落後性的跳躍這兩股對立的力量）中跟殖民地固有的落後的生產關係混合、配合起來，變成不同歷史階段在當下的聯合。譬如說，殖民地臺灣社會落後的封建租佃制度與先進的資本主義糖業之渾然一體。這樣的論斷是動態性的，暗示了由兩種以上的生產方式綜合起來的社會內部潛伏著裂變的可能性，因而殖民地不會是一個安定的環境——其中的落後性等待著「跳躍」的機會，它在殖民地臺灣農村的田地裡、都市的街燈下裡蟄伏著，化作民族資本擴大再生產的慾望、化作主觀上「臺灣人出頭天」的願望；與此相對，技術先進的資本主義部門千方百計尋覓攫取利潤的方法，今天它同封建性結盟，明天就要背叛它、摧毀它，如同國家機器才剛剛獎勵完改良糖廍，轉頭就用「糖業取締規則」拆毀了它。然而，托洛茨基的提法僅僅是一個理解的框架，如果不把它放回客觀的歷史情境當中，這個框架就什麼也不是。

是眞正能夠改善勞工大眾生活水平的一條光明路。

工業、農業兩個部門的關係，也影響到當時勞工運動的質性——由於封建農村內部的「原始積累」尙未完成，即農民的生產工具，田地，尙未完全被新興工業資本家剝奪，工業勞動者們有著「回家種田」的退路，因此，當年許多罷工皆以工人「四散歸家」收場。當年的工運組織因此也較「淺層」，一旦國家機器拔除了全島性工聯與政黨，即，當民眾黨、共產黨、工友總聯盟盡皆消滅，基層工會的基盤就出現難以維持的狀況。

與此同時，在另一份「勞工工資」與「工運規模」的連動關係上，廖偉程則有如下說明：

> 然而，我們如果認爲工業資本家們會因爲農民收入的增加就自動提昇工人的工資，卻未免過於天眞。根據警務局的統計，在工人工資升到最高點的1920年前後，也是工人運動的第一個高峰期。……二〇年代中期以前工場工人參加工人運動的人數是以1920年爲高峰而逐漸下降。這是第一個階段。我們對照圖（1）（按：本書【圖3】），農業與工業部門的工資在1920年達到高峰時也開始下滑。也就是說，當農民收入減少時，工人起來「騷動」的機會不多。然而，農民收入增加時，工業部門的勞動者就再也無法忍受低廉的工資，而紛紛起來抗議，要求改善勞動條件。這其中又以要求提高工資爲最多。二〇年代中期以後的發展再度證明了這個現象。二〇年代中期開始，正如前面曾描述的，由於米糖相剋尖銳化的結果使得農民收入增加了。表現在農民實質工資上，可見的是二〇年代中期又開始上升。農民收入的增加再度激化原本漸趨平息的工運。1926年開始，工人要求加薪及改善工作條件的呼聲越來越大，參與發生爭議的工人也從數百人增加到數千人。這些工人的集體行動使得工業資本家們承受極大的壓力，不得不提昇工資以減緩壓力。[230]

---

230 見廖偉程，《日據臺灣殖民發展中的工場工人（1905-1943）》（新竹：國立清華大學歷史學研究所

　　1920年的第一波工運浪潮，乃是工人階級的「自發性」經濟鬥爭，正是本島人第一批印刷工會發展起來的時候；1926年以後的第二波浪潮，那是同年冬天連溫卿等左翼分子開始接觸、組織勞工，開啓了往後數年運動浪潮的時候。這樣，廖偉程就爲後人指明了殖民地時期臺灣勞工運動與總體經濟結構的關係。

　　那麼，該如何進一步理解「工人工資」的起落同「工運規模」之間的連動關係呢？這裡，首先必須對資本主義下的工資機制做出解釋──所謂的「工資鐵律」，即認定工人階級工作所得恆等於「維持工人生理生存所需的最低工資」，已被歷史證明爲不切實際。相對於工資鐵律，德國偉大的社會主義者羅莎·盧森堡提過一個觀念：工資等同於「文化─社會最低標準」──工資除了必須高於生存所需，須再疊加上工人滿足文化需求、社會需求所必要之成本，而那些需求是會成長的。他寫道：

> 工會的主要功能是，通過擴大工人需要的範圍和發展工人的道德，第一次建立起了文化─社會生存的最低標準，這個標準代替了生理生存的最低標準，也就是說，他們創造了這樣一種文化─社會的工人生活標準，一旦工資降低到這一標準以下，就不能不引起集體鬥爭和抵抗運動。這裡同樣體現了社會民主主義的偉大經濟意義：通過在思想上和政治上喚起廣大的工人群眾，它提高了工人的文化水平，並因而提高了工人的經濟需要。[231]

　　這裡所謂的文化水平提升，除了指涉工人的「生活向上」，更包含了工人階級通過集體組織的方式爲階級與自我爭取到的自信。運動裡每一次階級鬥爭的勝利，都可以讓參與鬥爭的每一個人，從精神萎靡、逆來順受、任人蹂躪的狀態脫離出來，找回生而爲人的尊嚴，轉變成勇於挑戰、

碩士論文，1994），頁31。
231 羅莎·盧森堡，《國民經濟學入門》第五章。轉引自曼德爾《權力與貨幣》第二章。

充滿自信的戰士。[232]組織的集體力量因而能夠成為個人力量發展的動能，從而強化了的個人，再進一步成為集體的力量。

經驗證明任何勞工運動的起源都是工人階級改善生活的願望，好了要更好，壞了要抵抗。「企業」做為現代性的生產組織，在無情的市場競爭與價值規律之下，為了生存下來，總是存在著節省勞動成本、增加利潤的趨勢，從而個別勞工的勞動條件總是處於向下競逐的危險之中——現代社會的經濟結構決定了勞資雙方為了各自的生存，難免有互相對立的時刻，也就是「勞資爭議／階級鬥爭」有意識或無意識地普遍存在。鬥爭可以被人為的力量調節緩和，譬如福利國家的政策保障、法西斯主義的統制經濟，然而，只要整體結構沒有改變，它不可能真正消失。而當它一而再地出現，現代工人不得不面對抉擇——奮鬥，或者退縮？抗爭，或者妥協？

從溝口敏行與梅村又次的統計數據看來，從1920年的工資高峰點算起，除了正當1925到1928年間工人運動逐步興盛的時期稍有挽回，工人階級的生活水平基本是不斷向下沉淪，縱貫整個一九二○至一九三○年代，臺灣勞工在精神上總是處於生活水平倒退的恐懼、磨難當中。1926-1928年間實質工資難得上漲時，也是工人運動蓬勃發展的時候，全島總罷工為其象徵。1928-29年間工農運動雙雙受難，工運規模向下轉折，同時也是實質工資開始嚴重倒退的起點，高雄淺野洋灰大罷工的失敗為其象徵。1930年間，實質工資走勢即將探底，工人的生活水平倒退十年以上，因而出現了前所未有的大量勞資爭議。然而，由於組織活動受到壓抑，大型抗爭皆被警方轉瞬瓦解，幾乎無一成功，這一波工潮遂無法抵禦薪資下降的趨勢。1934年間，臺灣勞工的薪資陷入谷底，直到一九三○年代中期以後，國家逐步建構法西斯式的統制經濟，廣大勞工的生活水平才稍有起色。然而，往後的實質工資水準始終沒有超過1919年。

工會組織與工人運動是勞工向資方進行工資議價的籌碼，既是生活水平的守護者，更是工人階級道德需求、社會需求與文化需求的發展者——

---

232 此為曼德爾論點。

它讓勞工有機會脫離僅僅渴望最低生存標準的飢餓狀態，重建生而為人的尊嚴。縱使勞工的薪資水準說到底仍受總體經濟結構的制約、決定，但如果沒有設法爭取，就連那被勞動市場決定的數額都拿不到，因為多數老闆不會自動送錢給你。回顧殖民地臺灣工運史，工運成功發展的歲月同時是實質工資上漲的歲月，或者至少也能緩解蕭條景氣中的降薪趨勢；然而，當工運趨於停滯或失敗，工資走勢並不會同樣停滯，而是直接開始下滑——用一句話總結，抗爭讓薪水提高，不抗爭讓薪水下降。

後記
百年縈轍低迴遍

蔣闊宇

反抗絕望

　　殖民地工運的內外在條件，和當代臺灣自主工運已有極大差異，這導致當年許多戰略、戰術與操作幾乎不可能複製到今天。比如說，在《勞資爭議處理法》的框架下，聯合組織並沒有罷工權，因此，除非工人階級決定挑戰法體系，工運幾乎不可能重現「全島總罷工」。反之亦然，今天許多情況也不可能出現在當年，日本時代沒有「不當勞動行為裁決機制」保護被打壓的工會幹部，統治階級的鎮壓力道更遠超過今天。

　　對比今日相對成熟的「法治國家」，百年前臺灣勞工所面對的叢林法則、民族歧視，彷彿一個陌生的異世界。那麼，殖民地臺灣工運史對今天還能有什麼意義呢？

　　首先必須確立一個觀點──兩個時代工運的差異並非「質變」，而是同類物在不同社會經濟條件下的「變形」。戰後「勞動三法」的實施確實改變了工會生態與鬥爭手段，然而，由於現代國家與雇傭勞動持續存在，勞、資、政三方所做的事基本沒有改變。如果視此差異為「質變」，兩個時代交相參照的可能性將被關閉，其共通處亦無法得到解釋。如若不然，今日的臺灣人方有可能從歷史裡得出一些教訓。

　　簡單舉例，《勞資爭議處理法》以冗長法定程序規範罷工權，同時也

提供了不當勞動行為裁決，保護工會；《工會法》則在戒嚴時代消滅了跨廠場的產業工會，導致臺灣勞工難以形成自為階級，但也提供法定會務假確保工會運作。在知曉臺灣工人曾經發動全島總罷工，並藉跨廠場產業工會調度、配置全階級內部的資源以後，方才明白那些被今日法體系所排除的「可能性」是什麼。「保障」和「限制」乃是一枚硬幣之兩面，「勞動三法」不只是保護勞工，更是國家用來馴化勞工，塑造其所願望之階級生態的治理工具。

對我而言，歷史演化、滄海桑田的教訓是某種「想像力」的結果，它教導人們，眼前所見一切牢不可破的現實，皆未必亙古不變、自然而然。

比如說，習慣了企業工會架構的今日臺灣人，很難想像臺北日華紡織會社的員工，會為一間遠在高雄的工廠發動罷工；習慣了《團體協約法》的架構，很難想像複數公司的資方跟複數公司的勞方進行集體協商，甚至由甲公司的工人跟乙公司的資方進行談判，進行某種交叉攻擊，以緩解廠場內勞資關係的打壓力道。

這些因為「失去歷史」所導致的「想像力匱乏」，其概要可以描述成──原來工運曾有人這樣搞，原來今天的現實並不是真正的現實。在兩個可能世界的對照下，自主工運自身的歷史定位可以重新出土。殖民地工運既是自主工運的他者與鏡像，也是構成了自主工運的自我的前提。

回頭認識殖民地臺灣工運史，不只是重見臺灣工人階級馴化以前的面孔，更是重新認識當代，重新認識那個通往未來的自己，而不是過去的自己──變革性的政治想像可以由此開啟。

譬如，解僱事件雖為權利事項，殖民地工人不上法院，直接罷工；罷工以前也不經調解，沒有什麼預告期、冷凍期，務必不讓資方和客戶有機會做準備；罷工糾察隊不只守護罷工封鎖線，更要巡狩廠區周遭村落，破壞公司徵才活動，瓦解替代性勞動力來源；一廠之內的勞工撐不過罷工斷薪，則由上級工會命令全島基層捐款援助，調度全階級之資源。所有這些操作與經驗，今天縱不太可能發生，卻足令人重啟政治想像中的「刀槍棍」。誠如從前曾茂興所言，刀法、槍法、棍法才是真正的「勞動三

法」。

　　面對著無法撼動的巨大結構，人們往往只是陷入絕望，隨後，人們把絕望的內化稱為理想性的消滅。然而，無論用上多麼正義的理由，即便把自身最激進的行動給禁止了，終於拒絕去挑戰結構了，某種被徹底擊潰的挫敗感卻依舊保存下來——因為在絕望中放棄自己同樣不符合人性。可悲的是，這卻是資本主義現代性作用在勞動者身上的病徵，繁榮的城市裡行走著無數被掏空的靈魂。

　　對我而言，歷史正是人類被拋擲到此類絕望之地時，其中一種救贖方式。當它指出眼前的現實不是現實，做為主體的人遂得以變得更為現實，現實到足以在具體條件的限制中看見另個「異世界」，開啟行動與變革。在此意義上，殖民地臺灣工運所處的可能世界從未消失，蔣渭水、連溫卿、蘇新、王萬得從未消失，民眾黨、老臺共與臺灣工人階級的政治化也未曾消失——他們不存在於過去，而是存在於未來。

　　歷史說，縱使凡存在的必然合理，但眼前合理的存在並不是必然。因此，歷史它反抗絕望。

書寫歷史

　　《全島總罷工：殖民地臺灣工運史》乃是由我的碩士論文《殖民地時期臺灣勞工抗爭史》改寫而成，主要是修正錯誤、增補文獻、清晰論點，又花費我三年工餘時間。最初的版本脫稿於2014年，正是三一八運動發生的時候，有時早上寫論文，晚上便到立法院外看朋友，在行政院外遭遇警察；數年後我已在桃園市產業總工會工作，分別對殖民地工運史進行了二度、三度的改寫，期間與2016年至2018年一系列罷工與抗爭共時。

　　本書在寫作的過程中得到許多人的幫助。首先要感謝吳密察、林欣儀、黃美娥三位教授費心跟我討論內容，指引方向。也感謝慈林教育基金會、國家藝術文化基金會、國立臺灣大學臺灣文學研究所，以及前衛出版社、鄭清鴻學長，讓本書的寫作與出版成為可能。再者，則要感謝桃園市

產業總工會與南亞電路板錦興廠企業工會對我的照顧，特別是南電工會第四屆理監事會與章秋雲祕書。

中央研究院的林文凱老師曾在《臺灣學通訊》第105期〈昭和經濟危機下的臺灣勞工運動（1927-1933）〉，以其經濟學專業給予我深刻提點，指出碩論版本中存在的一些問題，並於本書出版之際應邀爲序，在此表達眞誠的感謝。

值得對話的一點是，林文凱老師提醒，今人應注意蔣渭水與連溫卿的史觀，兩人受限於工人革命政略，導致該史觀無法掌握當時經濟變化的全貌。這是確實的，人的觀點總會受到自身條件的限制，然而，他們的看法有另一種特殊價值，因爲它產生自當年基層勞工的眞實困境，具體而微地呈現了工人奮鬥、突破的軌跡。

當年基層工運發展出來的史觀，如果要具備與時推進的、更廣泛的解釋力，它就需要被今人繼承與發展，否則，終究只能成爲一個中斷的、破碎的傳統。如果沒有更多人在其中思索，該史觀與其中寄託的願望也僅僅是過去的歷史，而不是延續到今天的歷史。

一九二〇年代晚期曾有一群人，無懼於當權者的壓力，在各個工廠裡累積臺灣勞工的自主力量，串上串下鬥不停，蔣渭水、連溫卿不過其中之二。今天，我也看到各式各樣的人在不同位置上努力，有人在各地工會裡勞心勞力；有人試著發展勞工的政治力量；有人提供法律、技術等各種資源；有人協助移工、非典與遭遇職災的更弱勢者爭取保障。

在我工作的南電工會裡，我也看見幹部們如何在日常生活裡維持一個四千人的工會繼續運轉，這不是件容易的事。大規模的虧損裡依舊爭到調薪，不景氣的時候擋下派遣制度，管理不當時有人介入喊停。沒有工會的一般受薪者很難想像，雇主那種時不時逼近的「軟土深掘」有可能被工會即時阻擋。這讓我相信，工會裡懸掛曾茂興當年題字的匾額「伸張正義」是有可能的。

回到《殖民地臺灣工運史》的書寫上。由於本書的寫作目的是「重述被遺忘的歷史」，汲汲於呈現史料內容，因此，具有清楚的資料彙編或故

事集之性質。在敘事結構上，本書並非如一般論文以問題意識爲核心切入，相反，專注在整理、釐清各工運事件的來龍去脈，只因爲先前沒人做過這份工作。

這種「羅列史料」的寫法，其好處是儘可能多地保存歷史記憶，然而，壞處則是難以呈現核心命題，以及問題意識容易模糊——當「拒絕遺忘」成爲重點，那所有史料都是重點。巨大的資料量也導致本書無力進行理論性的探討。然而，相信在史料整理完畢後，往後的歷史學家、社會學家、社會運動家，將更有條件進行抽象工作，追問更深刻的問題。

本書只是一個基礎，只是彙整了過去工人運動留下的痕跡，期待後之來者更充分地運用這批資料，屆時，臺灣史做爲深藏的礦脈方能展露其眞正價値。詩云，百年縶轍低迴遍，忍作空桑三宿看？是以爲誌。

附錄一 《臺灣日日新報》所載大型勞資爭議（1898-1926）

時間	地點	爭議事件與緣起	結果	資方或爭議對象	勞方	臺日報載
1898年8月	艋舺	某箱丁因借貸之事與檢番店雇主起衝突，後擴大為箱丁之集體罷工。	無後續報導。	某檢番店主	箱丁	1898.08.18艋舺檢番箱丁の同盟罷業
1899年3月	臺中	臺中木工罷工，因工資太低之故。	無後續報導。	臺中某土木承包商	木工	1899.03.25大工鳶職の同盟罷業
1899年5月	大稻埕	大稻埕茶商所雇之苦力三百名罷工，以內地人苦力青木某為首，要求提高工資。	茶商公會拒絕調薪要求，青木等又前往大稻埕辦務署遞交請願書，同樣遭拒。	大稻埕茶商公會	本島人及內地人苦力三百名	1899.05.05大稻埕苦力の同盟罷工
1899年12月	基隆	基隆商船組自大阪商船會社發給工人的薪資中抽取二成，致數十名工人不滿罷工。	無後續報導。	大阪商船會社屬合資會社基隆商船組	基隆港搬運苦力數十名	1899.12.07南船組仲仕の同盟罷業
1900年5月	滬尾	製茶工罷工，欲減徵稅項。	無後續報導。	滬尾職工組合	華僑製茶工	漢文版：1900.05.09職工服
1900年8月	艋舺、大稻埕	大本島人、清國人、內地人人力車夫七百餘名聯合罷工，反對車夫團體檢查之實施，並認該檢查乃警方圖利人力車組合、讓組合可以持續向車夫抽取組合費。	無後續報導。	臺北人力車營業組合	本島、內地及華僑人力車夫七百餘名	1900.08.11臺北勞働者の同盟罷業、1900.08.12人力車夫の同盟罷業に就て、1900.08.12勞働者同盟罷業後聞；漢文版：1900.08.12車夫罷業

時間	地點	內容	結果	對象	參與者	資料來源
1900年8月	臺北	人力車夫罷工，所要求者不詳。	警方逮捕罷工中的主動者，其中清國人五名遣送回國，本島人十一名依違警罪論處。	警方	華僑與本島人力車夫	1900.08.18勞働者罷業事件 1900.08.18苦力落着；漢文版：1900.08.19罷業處分
1902年7月	艋舺	人力車夫七百餘名罷工，因警方執行車體檢查，扣留車輛，引起車夫不滿。	車夫李子麗等二十一人遭逮捕拘留三日，警方返還部分車輛並放緩車體檢查之執行。	警方	本島及華僑人力車夫	1902.07.26車夫同盟罷業の詳報；漢文版：1902.07.27罷車詳報、1902.07.29罷車後報、1902.07.30罷車定非
1903年5月	臺北	木工本間松次郎率大工職組合會員，同臺北市內諸建築業者於松竹亭，進行集體協商。	工資提高，並獲臺北廳當局認可。	臺北市諸建築業者	大工職組合者	1903.05.22臺北大工の總集合
1903年6月	艋舺	人力車夫罷工，因反對大過嚴格的車體檢查。	二十餘名車夫因毆打警察遭逮捕，餘不詳。	臺北人力車營業組合	人力車夫	1903.06.23艋舺車夫の同盟休業
1903年8月	臺中	臺灣實業新報社職工罷工，情況不詳。	無後續報導。	臺灣實業新報社	臺灣實業新報職工	漢文版：1903.08.25臺灣實業新報休刊
1904年4月	艋舺	因貸務無法清償，丸萬樓之經營權轉移到新東家手論，隔日仍不復工，樓內娼妓十二人不滿，遂罷工。	警方向娼妓等進行說論。後續情況無報導。	丸萬樓	娼妓十二名	1904.04.09丸萬の同盟罷業

時間	地點	內容	結果	業者	參加者	備註
1905年6月	臺南	菸草工人二百五十餘名罷工，要求伙食費由雇主負擔。	臺南警方介入，勞方退縮，罷工平息。	同和、同成、仁記、吉祥、馥興、慶和成、淇源、和成、淇源、酌記諸號菸草業者	本島及華僑菸草工人二百五十餘名	1905.06.09菸草職工の同盟罷工；漢文版：1905.06.11同盟罷工
1907年11月	臺南	塌場米工人四十餘名罷工，要求提高工資。	店家之材料商永戶筆藏於勞資之間調停，但雙方態度強硬、不肯妥協。最後薪水只有稍微調整，資方又從內地引進新的塌場米工人。	不詳	塌場米工人四十餘名	1907.11.01疊職罷工、1907.11.12疊職罷工之間調停、罷工の後聞、1907.11.30疊罷工の相場と商
1907年11月	臺南	鋸木工六十餘名罷工，要求提高工資。	工資提高一成。	臺南材木業組合	鋸木工六十餘名	1907.11.12土木挽の同盟罷工
1908年3月	臺北	臺北大工職組合發動罷工，要求提高工資。	無後續報導。	建築承包業者	大工職組合會員二百七十人	1908.03.19大工の小同盟罷工、1908.03.24同盟大工の示威運動
1908年4月	臺中	中部臺灣日報職工罷工，詳情不明。	無後續報導。	臺灣日報社	臺灣日報職工	1908.04.17中部日報職工の不穩
1908年8月	大稻埕	搬運茶、米的苦力罷工，因負銀分配不平。	無後續報導。	不詳	苦力	1908.08.09苦力の同盟罷工

時間	地點					
1909年8月	基隆	水夫三十一名罷工，要求提高工資。	集體協商決定工資提高。	基隆商船會社軍屬荷捌組	水夫三十一名	1909.08.29艀船水夫の同盟罷業、1909.09.01基隆水夫同盟罷工後聞、1909.09.02水夫罷業和解せん、1909.09.05水夫罷業解決す
1910年3月	斗六	大日本製糖斗六工廠日本籍職工三十五六名罷工，並毀損機器，因不滿年末慰問金在日籍員工間分配不平。	警方介入，二十餘名員工復工如故，七名堅不妥協的員工返歸日本。	大日本製糖斗六工廠	內地人製糖工三十五六名	1910.03.05大日工場同盟休業詳報；漢文版：1910.03.04製糖罷業
1910年3月	大稻埕	華僑茶箱製造工發動罷工，要求提高工資。	無後續報導。	大稻埕茶商公會	華僑茶箱工	1910.04.02茶箱業者の紛擾
1911年12月	鳳山	輕鐵後押苦力罷工，要求提高工資。	數日後工資提高若干。	於報無載	輕鐵後押苦力	1911.12.31輕鐵苦力同盟罷工
1912年8月	大稻埕	玻璃工廠職工澀川末吉帶頭罷工，原因不詳。	廠主報警，後續不詳。	大稻埕牛磨車街玻璃製造廠	玻璃製造廠職工	1912.08.05職工惡劇；漢文版：1912.08.05職工惡劇
1913年5月	艋舺、大稻埕	大人力車夫艋舺千二百名、大稻埕二百五十名聯合罷工，報載因艋舺卹車夫四十餘名無故遭流氓毆打，然不知其實。	無後續報導。	不詳	人力車夫約千四百名	1913.05.15車夫の罷業；漢文版：1913.05.15車夫罷業之可怪
1913年7月	臺南	臺南篩茶工人百餘人罷工，要求提高工資。	無後續報導。	臺南茶行業者	篩茶工人百餘名	1913.07.19罷工要求；漢文版：1913.07.19罷工要求

時間	地點	事件描述	結果	對象	參與者	資料來源
1913年9月	臺北	輕鐵會社員工七十餘名罷工，真正原因不詳，報載流氓為流氓脅迫，但若為流氓，何以拘留員工？	警方介入，拘留員工五人，餘六十八人復工。	輕鐵會社	輕鐵員工七十餘名	漢文版：1913.09.26輕便罷工
1913年11月	臺北	反對當局對人力車隨車需攜量器之規定。	無後續報導。	警方	人力車夫	漢文版：1913.11.12車夫同盟罷業
1914年3月	彰化	新高製糖員工四十餘名罷工，原因是該廠原料係日籍員工八名遭臺籍蔗農圍毆，認為工作條件惡劣，資方須提供醫療保障及升高待遇。	資方讓步，詳情不明。	新高製糖會社	內地人員工四十餘名	1914.04.01新高同盟罷工顛末（既に解決せり）；漢文版：1914.04.02新高同盟罷工解決
1915年1月	打狗	臺灣煉瓦工場職工五十名罷工，要求提高工資。	報載該事件在工場主與工廠當局的盡力下「無事解決」，可知罷工失敗、訴求沒有達成。	臺灣煉瓦工場	職工五十名	1915.01.21職工同盟休業
1915年2月	東勢	嘉義赤糖株式會社苦力人夫罷工，因資方拖欠工資。	該社主任先將原料費轉移支付苦力工資，罷工遂平息。	嘉義赤糖株式會社	苦力人夫	1915.02.15土牛赤糖工擾
1918年2月	不詳	東京電機器具製造株式會社臺灣工場罷工，因臺灣工場職工數名遭解雇而引發。	資方補充缺員，逐照舊營業。	東京電機器具製造株式會社工場	電機器具製造會社臺灣本島職工	1918.03.10電機工場紛擾，無事治まる；漢文版：1918.03.11電機工場之紛擾

時間	地點	事由經過	結果	交涉對象	參加人數	資料來源（日期）
1918年3月	打狗	泊於高雄港之東海丸船員六十餘名擄所運載之四千餘噸白糖發動罷工，因認為遠航之危險與收入不相稱。	資方遣重役、社員各一名抵打狗協商，並發給船員每人五十圓之慰問金，遂復工。	不詳	東海丸下級船員六十名	1918.03.16船員罷工騷擾が包金で納まる；漢文版：1918.03.17船員罷工解決
1918年9月	基隆	基隆郵船組所雇苦力六十餘人發動罷工，要求比照商船組將每噸搬運工資提高二成。	資方將工資提高二成。	基隆郵船組	本島人苦力五十餘名與內地人苦力十名	1918.09.11苦力の同盟罷業 郵船組の荷役人夫事件は已に落著；漢文版：1918.09.12苦力同盟罷業 郵船郵船組運搬人夫事件已落著
1918年9月	基隆	商船荷捌組所屬二十四名船夫發動罷工，要求提高收入。	商船荷捌組將分配給船夫的收益由四分七厘提高到四分九厘。	基隆商船荷捌組	船夫二十四名	1918.09.22荷捌側の解決
1918年9月	臺南	臺南市內十四家吳服業者所屬染工約百名向業主提出工資提高五成的要求。	無後續報導。	臺南吳服業者十四家	染工約百名	1918.09.27染物職工賃五割の直上を申込む
1919年3月	臺南	臺南市內人力車夫罷工，抗議警方之取締過於嚴厲。	警方召集說諭，當日即復工。後數首謀者四名，所謂首謀人力車營業，取消其人力車營業許可，以殺雞儆猴。	警方	人力車夫	1919.03.13車夫同盟罷業、1919.03.15首謀者四名、1919.03.21減ったやうな車夫の數の相當の取締が必要；漢文版：1919.03.14車夫同盟罷業、1919.03.16處罰首謀車夫、1919.03.16車夫罷工

時間／地點		罷工概況	罷工經過	公司	職業與人數	備註
1919年3月	新竹	營林局八仙山伐木工、雜役二十餘名罷工，要求雜工工資由三十三錢提高至四十錢。	營林局將工資提高到三十六錢，工人仍不滿，遂發動二次罷工，陸續下山。調要無報導。後續無報載。	營林局八仙山作業所	內地人伐木工與雜役二十餘名	1919.03.15山方人夫罷業 八仙山の作業所で；漢文版：1919.03.16山間人夫罷業
1919年4月	頭份	臺車苦力十二名罷工，因不滿過怠金遭資方扣減。	資方以全部解雇罷工者相脅，遂復工。	臺南拓殖會社	臺車苦力十二名	1919.04.17車苦力の同盟罷業 罷業圓滿に解決を見たり
1919年6月	基隆	華僑石炭苦力六十餘名發動兩次罷工，皆要求提高工資。	第一次罷工已成功使資方提高待遇，第二次罷工後續則無報導。	廣通運輸社	華僑石炭苦力六十餘名	1919.06.09賃金の直上げを叫んで 石炭苦力の同盟罷業；漢文版：1919.06.10石炭苦力罷工
1919年6月	打狗	平田商行所屬備船第五新成號前往外島磷礦採集苦力，船上七十餘名苦力發動罷工，要求提高每日伙食費與工資。	平田商行返航後打狗支廳當局介入調查，後續無報導。	平田商行	燐礦採集苦力七十餘名	1919.06.29燐礦苦力の同盟罷業
1919年7月	臺北	臺北履物商組合所屬職工發動罷工，要求每隻鞋子的工資從二錢七厘提高到三錢五厘。	每隻鞋子工資提高到三錢三厘。	臺北履物商組合	履物商組合職工	1919.07.09履物職工紛擾 結局同步ひ合ひか
1919年7月	基隆	十一日亞美利加丸入港之際苦力五十六名罷工，要求苦力工資提高。	在苦力頭的安慰下三十名苦力復工，其餘人手則由會社向他	荷役會社	苦力五十六名	1919.07.12苦力の罷業 貯金直上の請求；漢文版：1919.07.14苦力同盟罷業

時間	地點	經過	結果	對象	參與人數	資料來源
1919年7月	新竹	新竹製腦會社事務員與苦力意見衝突，引發苦力約五十名罷工。	處屆僱補足，罷工遂平息。會社並允諾同年八月後將搬運工資依苦力要求提高到每件二錢一厘。	新竹製腦會社	臺車後押苦力約五十名	1919.07.13臺車苦力罷工
1919年7月	臺南	臺南職工組合因物價騰貴，欲做成決議向資方提加薪要求，然而當月十一日之集會因不參加者為多數，以流會告終。	無後續報導。	不詳	臺南職工組合	1919.07.13賃錢直上協議 臺南の職工組合
1919年7月	打狗	鐵道部鐵工廠本島人與內地人職工二百餘人聯合要求增給。	協議日給提高五成、病假日給照付、工傷或因病退職者給予慰問金。	打狗鐵道部鐵工場	本島人與內地人職工二百餘名	1919.08.01鐵工場職工增給要求
1919年8月	臺南	洋服店所屬職工四十餘名，罷工要求工資提高三成。	經協議修正工資規定，遂復工。	臺南洋服業者	洋服店職工四十餘名	1919.08.11洋服職工不穩、1919.08.12直上要求二件、1919.08.17洋服職工の直上問題
1919年8月	臺南	塌塌米店職工十六名罷工，要求提高工資。	警方會集勞資雙方代表進行調解、協議勞方復工、資方提出工資方案。	臺南塌塌米店業者	塌塌米店職工十六名	1919.08.12直上要求二件、1919.08.13疊職罷業終熄、1919.08.17疊職工賃直上

時間	地點	罷工經過（一）	罷工經過（二）	雇主	人數	事件名稱
1919年8月	基隆	因基隆霍亂流行，二十三艘鰹漁船上來自宮崎縣的內地人船員七百餘名船員取消作業返回日本。	船主方面提出霍亂對策，包括為船員施打疫苗等。	宮崎縣水產組合	內地人鰹魚船員七百餘名	1919.08.16漁夫の同盟罷業
1919年9月	打狗	造船工罷工，要求工資比照基隆上漲。	勞資雙方集於打狗支廳，協議工資自三圓漲至三圓二十錢。	中村造船所等打狗造船業者	造船工	1919.09.13船大工の罷業
1919年11月	基隆	船夫二百五十餘名罷工，要求提高收入。	無後續報導。	不詳	船夫二百五十餘名	1919.11.02船夫罷業
1920年1月	臺南	臺南市內各洋服店職工罷工，要求工資上漲二成。	無後續報導。	臺南市內洋服業者	洋服店職工	1920.01.12洋服職工の賃金直上要求
1920年1月	嘉義	洋服店職工二十六名罷工，要求工資提高八成至十成。	店主提高工資二成至三成。	嘉義洋服業者	洋服店職工二十六名	1920.01.13職工同盟罷業
1920年1月	基隆	十四家造船所所百餘名內地人造船工聯合罷工，要求「殖民地特待遇」提高工資。	無後續報導。	基隆造船業者十四家	內地人造船工百餘名	1920.01.14船大工罷業
1920年1月	臺中	大坑某舊糖廍苦力五十餘名罷工，要求提高工資。	雇主不從，苦力告歸。	不詳	糖廍苦力五十餘名	1920.01.27製糖苦力罷業；漢文版：1920.01.28製糖苦力罷業

時間	地點	事件描述	資方	人數	相關報導	備註
1920年6月	臺中	帝國製糖會社農場區域內苦力三十名因勞動時間與工資問題罷工。	帝國製糖會社	苦力百三十名	1920.06.19苦力の罷業	無後續報導。
1920年6月	打狗	打狗某商會貯炭所遭竊，警方懷疑為一千苦力所雇為姦加逮捕，其餘苦力遂不滿罷工。	不詳	苦力	1920.06.26打狗の勞力	無後續報導。
1920年9月	彰化、嘉義	新高製糖彰化、嘉義兩工場社員與職工聯合請願，要求調薪。	新高製糖會社	新高製糖從業員百餘名	1920.09.24新高製糖社員結束して歎願す	無後續報導
1920年11月	臺南	臺南車輛會社所屬人力車夫二百二十名罷工，為反對資方的冬服規定。	臺南車輛會社	人力車夫二百二十人	1920.11.03車夫の怠業：臺南市にて；漢文版：1920.11.04臺南市車夫罷業	警方介入，罷工平息。
1920年11月	臺中	臺灣電力會社北山坑工事由高石組承包，所雇苦力因高石組拖欠工資而罷工。	高石組	本島人苦力	漢文版：1920.11.17苦力罷業解決	警方介入，罷工平息。
1920年12月	南投	南投興業株式會社所屬伐木、搬運工三十餘名罷工，含本島人與內地人，要求提高工資。	南投興業株式會社	本島人與內地人職工三十餘名	1920.12.11枷の同盟罷業	無後續報導。
1921年7月	高雄	高雄臺灣鐵工所本島人職工二百六十名與內地人職工...	臺灣鐵工會社	本島人職工二百六十人	1921.07.24高雄鐵工所職工 位置の保...	資方盡力安撫員工，餘不詳。

時間	地點	要求	結果	人數	資方	備註
		工二二十名聯合罷工，要求確保工作權。		十名內地人職工二十名		障を要求して
1922年10月	不詳	臺灣自動車株式會社員九名罷工、要求改善待遇、縮短工作時間。	資方解雇罷工頭人。	駕駛員九十名	臺灣自動車株式會社	1922.10.06自動車運轉手同盟罷業
1922年10月	臺北	臺北場場米工人四十名團結於罷工組合下進行罷工。	職工組合脫離資方，自行開業，成立「疊工作業所」。	場場米職工四十名	臺北場場米業者	1922.10.14疊職工の罷業 工賃の直上を要求して 1922.10.15疊職工作業組合は を計畫競爭で今年は安い 疊替が出來るだらう？ 1922.10.20疊職工作業所が 新に出來た
1923年1月	臺北	菊水軒員工十餘名罷工，要求縮短勞動時間、提高工資、定期放假等。	無後續報導。	菊水軒員工內地人本島人十餘名	菊水軒	1923.01.10果子職工の罷業 菊水軒の職工同盟す
1923年2月	鶯歌	鶯歌車站作業組改選，撤換苦力頭，新主事官決定下調苦力資，遂引發苦力之罷工。	新苦力頭重新招聘苦力四十餘名取代舊苦力，舊苦力團謝罪，原因不詳。	鶯歌驛苦力	鶯歌驛 鶯歌作業組合	漢文版：1923.02.26勞働者同盟罷工、1923.03.03訂正一則
1923年9月	臺北	印刷工罷工，因反對臺北製本印刷同盟組合之減薪、廢除公休日、津貼及…	臺北州當局出面調停，最終勞資雙方安協廢除津貼之三成一…	印刷工	臺北製本印刷同盟組合	漢文版：1923.09.05印刷職工員滿解決

1924年5月	基隆	全勤獎金之決定，資方在過程中解雇罷工職員。	水上署門脇署長到船說諭，得知罷工主謀人，皆為內地人，船長河本忠太郎許以要求加薪二成，船員不平，醞釀罷工，該船機關長松本久吉食於船員周旋業者渡邊銀藏之家，受水上署警戒，遂請基隆水上警察署出面處理。	愛澤丸船長	愛澤丸船員	1924.05.09基隆碇泊中の愛澤丸船員が罷業を企てゝ水上署長の說諭で納まる；漢文版：1924.05.11船員罷業受說諭
1924年8月	臺南	大安日華紡織會社職工二十一名罷工，因反對資方廢除公休日之工資。	無後續報導。	大安日華紡織會社	大安日華紡織會社職工二十一名	1924.08.30紡績職工怠業
1925年5月	豐原	臺灣製麻會社大裁員三百四十一名，當地有志出面協調善後。	無後續報導。	臺灣製麻會社	臺灣製麻會社裁職工三百四十一名	漢文版：1925.05.02豐原製麻裁職工
1925年7月	大稻埕	製茶包裝工百二十餘名向臺北茶商公會要求每件工資提高二成。	茶商公會拒絕調薪要求，但將在華僑製茶包裝工返國之際給予十五日歸國旅費，工人方面亦接受。	臺北茶商公會	華僑製茶包裝工約二百二十名	1925.07.04二割增を要求した製茶勞働爭議歸國旅費給與で圓滿に解決

時間	地點	事件概要	結果	會社	參與人數	相關報導
1925年12月	鹽水	鹽水港製糖會社岸內工廠、白糖樓及裝糖所工人百餘名罷工，因工資過低、勞動時間過長。	無後續報導。	鹽水港製糖會社	糖業工人百餘名	1926.01.01鹽糖罷工
1926年4月	臺南	吳服店店員罷工，原因不詳。	無後續報導。	臺南市錦町某吳服店	吳服店店員	1926.04.23本島人店員同盟罷業
1926年6月	基隆	工人謝石龍與監工劉石寬因石炭收集工法意見不同，引起爭至持刀砍傷監工，遭警方拘留。工人們請三井會社保釋謝石龍，遭本島人苦力承包業者阻撓，工人們於是罷工要求撤換監工並加薪。	警方介入，苦力復工，只有三井物產為直營之工人加薪，其餘承包業者則照舊。	三井物產株式會社與其相關苦力承包業者	苦力四百餘名	1926.06.12直營？三井物產側は動搖？1926.06.15問題は一兩日に解決する 基隆沖荷役苦力の罷業について三井物産井上支店長談；民報：1926.08.01基隆港積達石炭工人罷工員相
1926年8月	基隆	近海郵船專屬海陸運輸會社荷役苦力百二十名故意在信濃丸入港、吉野丸出港之業務最繁忙時刻罷工，因內地人監督與本島人苦力頭起衝突。	警方介入調停，苦力無條件復業。	近海郵船專屬海陸運輸會社	苦力百二十名	1926.08.06近海郵船專屬海なる海陸運輸會社所屬百廿名の荷役苦力罷業 原因は監督との喧嘩から應援を求めて荷役は繼續 基隆四日午後からの出來事、1926.08.07無條件落著 會社に先手を打たれ 官憲の調停もあつたので

時間	地點				人數	
1926年10月	大溪	大溪炭坑之搬運苦力百三十餘名罷工，反對坑主將工資減價三分之一。	苦力離職另謀他業。	大溪炭坑	苦力百三十名	1926.10.03大溪炭坑の石炭運搬苦力罷業十三哩牛九十錢のものを六十錢に値下したため：漢文版：1926.10.03大溪炭鑛臺車夫同盟罷業因炭鑛主割減工金一日起中止運搬
1926年10月	臺中	臺中車站所屬作業團苦力六十餘名罷工，反對資方之保證金制度。	車站找別的苦力替代原作業團，罷工者遂安協復職。	臺中車站	苦力六十餘名	1926.10.03臺中驛所屬苦力同盟罷業 原因＝保證金積立を怠り驛長から叱責され結局圓滿解決

資料來源：大鐸資訊，《臺灣日日新報》資料庫，http://140.112.115.15/

附錄二 《臺灣日日新報》所載大型勞資爭議（1932-1940）

時間	地點	爭議事件與緣起	結果	資方或爭議對象	勞方	臺日報載
1932年1月	汐止	柴田礦坑主拖欠四期工資，而欲以僅值工資價格六成之生活品替代發放，工人遂不滿罷工。	坑主不願改變條件，警方介入，似乎有復工。	柴田礦坑主	礦工二百二十名	1932.01.23汐止柴田炭坑々夫 百餘名再罷業深恐爭議惡化警戒中、1932.01.28柴田炭礦の坑夫が罷業業主には同情するが背に腹は替へられぬ；漢文版：1932.01.29柴田炭礦坑夫罷業因經營難生活必需品欲減至工資之六成
1932年3月	臺北	臺灣爆竹會社女工罷工，因資方欲調降工資。	無後續報導。	臺灣爆竹會社	女工三百四十名	1932.03.06臺灣爆竹會社の女工が罷業工賃値下を慎つて；漢文版：1932.03.06臺灣爆竹會社女工罷業爲工金無多
1932年4月	基隆	日東商船組所屬苦力罷工，因資方拖欠工資。	無後續報導。	日東商船組	苦力百八十五名	1932.05.01日東商船組の苦力が罷業；漢文版：1932.05.01日東商船組苦力罷業
1932年5月	豐原	樺太工業惠須取工廠罷工，因資方廢除全勤獎金。	無後續報導。	樺太工業惠須取工廠	工人八百餘名	1932.05.11樺太工業總罷業職工待遇問題で；漢文版：1932.05.11樺太工業惠須取一同罷業

時間／地點	爭議原因	勞方／資方	結果	人數	備註
1932年5月 臺北	臺灣神社前明治橋之架設工夫罷工，要求縮短每日工作時間。	不詳	警方介入，勞資雙方妥協中午增加一個半小時的休息時間，遂復工。	工人二十五名	1932.05.14明治橋改修の工夫が突如罷業勞働時間の短縮を叫んで、1932.05.14明治橋改修の工夫の罷業解決十四日から工事につく；漢文版：1932.05.14明治橋架設工夫要求工作時間短縮不逐十二日一齊罷工、1932.05.15明治橋架設工夫罷工圓滿解決十四日起照常勞働
1932年7月 彰化	四間鳳梨罐頭工廠剖鳳梨之女工罷工，因廠方降方降薪。	永豐、東華、大和、正春四間鳳梨工廠	資方聯合把解雇全部女工。	鳳梨女工四百餘名	漢文版：1932.07.27南部鳳梨罐詰工場剖目女工同盟罷業現頗有自悔擧動之非者
1932年9月 屏東	珍風景市場內豬肉販罷工，因不滿市場管理之斥責言論。	珍風景市場管理員	無後續報導。	豬肉販二十四名	1932.09.28屏東市場珍風景豚肉屋さんが總罷業決行市場書記の叱言に憤慨して
1932年10月 南投	日月潭電廠工事承包商伊藤組之人力供給者林天生不付工資，致使工人罷工。	人力仲介者林天生	妥協息事，條件不詳。	工人百二十餘名	1932.10.25伊藤組輩下の罷業解決す武界駐在所が調停し停止し

時間	地點	事件	後續	相關單位	參與人數	備註
1932年11月	臺北	臺北場場米店員罷工，因資方臺北業主組合欲下調工資。	無後續報導。	臺北業主組合	臺北罷業職工組合（日本工人）	1932.11.08疊屋さんの罷業積極的に繼續會見物別れとなつて、1932.11.03工資引下げ要求で疊屋の職工罷業年末を控へて業主か對立結局は近く落着か
1933年1月	旗山	旗山芭蕉容器社所屬四工廠罷工，反對資方下調工資。	無後續報導。	旗山芭蕉容器會社	工人二百五十餘名	1933.01.10四工場の職工一齊に同盟罷業賃金値下に反對し
1933年1月	彰化	製犁工廠十餘名員工罷工，要求改善待遇。	第三者協調，條件不詳。	周和泰深耕犁製造工廠	工人十餘名	安方調停雙方協1933.01.14十餘名罷業、1933.01.17罷業者復業す；漢文版：1933.01.16罷業職工復業
1933年2月	臺北	福岡商會所屬木工以卓瓊臣為首十一名罷工，因工資餘額遲未給付。卓氏為文化協會幹部。	無後續報導。	福岡商會臺北分會	本島、華僑木工十一名	1933.02.04職工が罷業福岡商會休業
1933年3月	豐原	帽蓆業者組織同志聯合會削減工資，製帽女工遂組織工友會相抗。	業者向女工出高價懇為作業。	帽蓆業者之同志會	女工數名	漢文版：1933.03.22穿帽緣女工組工友會
1933年5月	暖暖	櫻井組所屬礦坑礦工於勞動節罷工，因反對資方廢止獎金制度。	無後續報導。	櫻井組	礦工約百餘名	1933.05.02暖暖坑の探炭夫が罷業原因は賃金の廢止

時間	地點	爭議概要	後續	資方	人數	備註
1933年5月	南投	日月潭工事承包商鹿島組將轉包給浦邊島組之業務務交給浦邊島組進行，引發浦邊島組工人不滿，進而罷工。	無後續報導。	鹿島組	內地、朝鮮工人百餘名。	漢文版：1933.05.25日月潭武界工事中浦井組全部罷業為償概使渡邊渡組開鑿人對鹿島組工人百餘名。
1933年7月	基隆	平津鐵工所積欠工資達千餘圓，員工罷工。	資方承諾來日發薪，後續不詳。	平津鐵工所	鐵工	1933.07.21平津鐵工所の職工が罷業；漢文版：1933.07.22平津鐵工所欠工金千餘圓職工罷業
1933年8月	新營	八掌溪架橋承包業者拖欠工資致工人罷工。	無後續報導。	不詳	修橋工人	漢文版：1933.08.18新營橋架罷工
1933年8月	基隆	基隆船渠會社欲將部分業務外包以減少成本，員工們怕待遇下降，因而罷工反對。	無後續報導。	基隆船渠會社	船渠工人三百六十名	1933.08.20基隆ドックに部分的な罷業基隆署成行を監視；漢文版：1933.08.21基隆船渠會社職工部分的同情罷業基隆署正監視其趨向
1933年10月	高雄	堀江町貨物自動車合同營業所所屬搬運工罷工，因資方欲調降工資一成。	無後續報導。	堀江町貨物自動車合同營業所	搬運工二十餘名	1933.10.25高雄堀江町合同營業人夫罷工
1933年11月	基隆	基隆市街自動車會社所屬自動車運轉手罷工，因工時長達十七小時且慰問金同金少。	州高等課出面調停，勞方復職，資方承諾增加車輛一臺、縮短工時、支付罷工工時工資、不對罷工者秋後算帳。	基隆市街自動車會社	本島、內地人自動車駕駛員	1933.11.21一日の勞働實に内地人自動車十七時間基隆市街自動車の罷業運轉手に同情集る，1933.12.07罷業運轉手が強硬態度臺北市內某所に立籠らん、1933.12.07罷業

					工人二十名	運轉手ら基隆署に陳情、1933.12.13運轉手罷業圓滿解決決州高等課の調停により：漢文版：1933.11.21基隆乘合從業員慰金少同盟罷業、1933.11.21基隆市乘合罷業續報一日勞働十七時間世人多同情手運轉手、1933.12.08罷業運轉手陳情、1933.12.14運轉手罷業員滿解決決州高等課調停停
1934年6月	南投	日月潭工事依慣例下雨停工時，每日發給工人十錢津貼，會社方面欲廢除下雨津貼引起工人罷工。	會社解雇罷工者另聘新人。	鐵道工事會社	工人二十名	漢文版：1934.06.06日月潭水社壩堤工事從業員罷工
1934年7月	基隆	三井物產所屬貯炭場搬運工罷工，因不滿會社變更承包制度、解雇工頭。	無後續報導。	三井物產會社	搬運工三百五十餘名	1934.07.19基隆三井貯炭苦力二百餘名罷業開始不穩の形勢はない、1934.07.22海鼠戰術ながら割合に強腰依然形勢一變した三井貯炭場の罷業；漢文版：1934.07.22三井石炭苦力繼續罷工人態度強硬

時間	地點	事件描述	後續	雇主	人數	資料來源
1934年8月	基隆	旭岡運動場苦力因工資問題罷工。	無後續報導。	基隆市役所土木課	苦力二百餘名	1934.08.02旭ヶ岡運動場の作業苦力が罷業請負者の賃銀問題で；漢文版：1934.08.03旭岡運動場苦力罷業
1934年9月	基隆	日本內地海員趁船泊基隆港時向資方提出要求改善待遇，如不同意便要罷工。	無後續報導。	不詳	日本海員組合	1934.09.28基隆碇泊の諸船にまだ何等の指令がなし一、罷業指令があっても内地臺北航路諸船には及ぶまい 萬一、罷業指令が
1934年10月	臺北	西門某咖啡廳女服務生上班時間同情人外出，與雇主發生糾紛，遂釀成全店十一名女服務生之罷工。	警察出面斥責不良風氣，後續不詳。	某咖啡廳	女服務生十一名	1934.10.16桃色ストライキ 無斷外出を店主に叱責された女給が
1934年11月	沙鹿	沙鹿木匠罷工，要求業主調薪三成。	業主同意加給兩成。	沙鹿木工業者	木匠三十餘名	漢文版：1934.11.23沙鹿木匠罷工風潮賴警官調停息事許以月給各加增二成
1934年12月	基隆	臺陽礦業所屬礦工因遭苦力頭毆打惹起罷工。	無後續報導。	臺陽礦業會社	礦工六十餘名	1934.12.11苦力夫が罷業を為に籠城採炭夫が罷業苦力頭が部下を毆つた為；漢文版：1934.12.11苦力頭毆傷部下炭夫罷工
1935年2月	恆春	潮恆自動車會社所屬駕駛員因勞務過重罷工。	警察介入後解決，條件不詳。	潮恆自動車會社	運轉手八名	1935.02.26恆春潮州間バス運轉手が罷業原因は過重

勞務強制、1935.02.27運轉手の罷業圓滿に解決に；漢文版：1935.02.26恆春運轉手罷業原因為間乘合運重勞務、1935.02.28潮州恆春間乘合車運轉手罷業解決

時間	地點	罷工事件概況	後續	事業單位	人數	備註
1935年2月	南投	明治製糖南投工廠工人罷工，要求增給。	會社聲明求職者甚多，業務不受影響。	明治製糖會社	糖廠工人	漢文版：1935.02.27南投明糖工場勞資爭議同題續報雙方各堅持不肯讓步、1935.03.06明糖南投工場求起工資會社拒絕
1935年2月	豐原	石鹼會社員工全員罷工，因反對雇主解雇某一社員。	無後續報導。	豐原石鹼會社	石鹼會社從業員數名	石鹼會社1935.03.05皇原の石鹼會社の従業員らが罷業原因は社長との感情問題て目下善後策に奔走中；漢文版：1935.03.06皇原石鹼會社全員罷業原因反感情
1935年4月	臺北	中央排水溝工事之工人罷工，因反對官方撤換苦力頭。	無後續報導。	臺北市役所	苦力百餘名	1935.04.16百餘名の苦力が同盟罷業に入る中央排水溝工事場て
1935年5月	高雄	九曲堂車站作業苦力團罷工，反對資方將作業負責人王主巡撤換爲日人。	警察當局與岡田運送店出面斡旋，終於解決，條件不詳。	臺灣運輸組合	苦力三十五名	漢文版：1935.05.07九曲堂罷業現署苦力團罷業現署善後策、1935.05.10鳳山罷業解決

時間	地點	爭議概要	結果	相關單位	人數	資料來源
1935年7月	臺南	珈琲館天國店長要求女侍許綉琴同男友斷絕關係，引發眾人不滿罷工。	無後續報導。	珈琲館天國	女侍十三名	漢文版：1935.07.11珈琲館天國女侍十三名同盟罷業
1935年8月	士林	市場內屠戶罷工，因反對市場使用費制度。	官方同意修改市場之使用費制度。	官方	屠戶二十七名	漢文版：1935.09.06士林屠戶罷業問題解決四日起開辦
1935年9月	臺北	臺灣瓦公司所屬窯工罷工，要求提高工資。	無後續報導。	臺灣瓦公司	窯工二百餘名	漢文版：1935.09.20臺北七星兩地磚主工人二百餘罷業雙方各相持不下
1936年6月	基隆	臺陽汽船所屬船員因供餐等問題罷工。	資方一部分安協，條件不詳。	臺陽汽船會社	船員三十餘名	1936.02.15依然相時臺陽汽船船員の罷業；漢文版：1936.02.15臺陽汽船船員罷工為食料問題、1936.02.16臺陽汽船船工罷工解決應其一部要求
1936年4月	新竹	新竹拓殖軌道會社從業員罷工，因反對該社某事務員對下屬之態度。	無後續報導。	新竹拓殖軌道會社	社員、運轉手數十人	漢文版：1936.04.25拓殖軌道社員及運轉手同盟罷業
1936年5月	豐原	豐原製紙所所屬四家紙工廠聯合調降工資，引起工人同盟罷工。	第三方出面調停，工人無條件復業。	協同、興新、大同、金益暨豐四家紙工廠	造紙工人二百餘名	1936.05.03豐原製紙會社で職工の同盟罷業賃銀値下げ反對が原因罷工代表三名引致さる、1936.05.09豐原製紙の罷業圓滿に解決職工は全部就業；漢文版：1936.05.04四製紙公司共降工資職工罷業

時間	罷工原因	結果	公司	職別	經過
1936年10月 羅東	蘭陽乘合自動車會社所屬司機七名罷工，因勤務過勞、待遇過低。	資方全數解雇，介入調停後復職。	蘭陽乘合自動車會社	運轉手七名	1936.10.25突如バス總罷業し出盛つた乘客立住生蘭陽地方の動脈線なので羅東郡警察課で早速調停、1936.10.26要求を全部を却け罷業員を飲首會社側の態度強硬、1936.10.26罷業運轉手泣きを四名だけやっと復職、1936.10.27運轉手の總罷業きその．員滿の盃をあぐに解決兩者和解のあをあぐ；漢文版：1936.10.26官蘭羅東間乘合車司機者全部罷業郡警察課出為調停、1936.10.27蘭陽乘合停、罷業問題重役會議善後策決議全部解雇另行採用、1936.10.28羅東運轉手之罷業警察課長調停復職
1936年12月 基隆	臺灣電化會社罷工，因資方不給年終獎金。	無後續報導。	臺灣電化會社	電化會社職工	電化會社職工罷工：漢文版：1936.12.26臺灣電化會社職工罷工：1936.12.27臺灣電化會社職工罷工
1937年3月 基隆	山ヨ運送店所屬浮船人夫罷工要求提高工資。	警方介入，工人復工，條件不詳。	基隆山ヨ運送店	運輸工	1937.03.06基隆山ヨの人夫ぜネ・スと罷業延引すれば「全員敵首」に出ん

年月	地點	事由	經過	團體	人數	結果
1937年4月	嘉義	嘉義車站作業苦力罷工要求提高工資。	資方接受要求。	臺南運輸組合	嘉義車站苦力	會社側は第三者の介在を拒否罷業團員も張切る 1937.04.10苦力の罷業近く解決か貨物主任に一任、1937.04.10嘉義罷業作業苦力の同盟罷業解決運輸組合側の善處で
1937年5月	臺中	家具木工七十餘名罷工，要求提高工資。	警方逮捕二十名首謀者，後資方同意調薪部分解決。	臺中木工業者	木工七十餘名	1937.05.08指物職工ら五十餘名罷業首謀者廿名檢舉さる
1937年5月	高雄	高雄府立高等醫院護士全體罷工兩小時，因不滿院方管控護士之方式。	院方與護士溝通、消解其不滿，條件不詳。	臺灣總督府立高等醫院	護士三十四名	1937.05.25高雄醫院の看護婦一齊に總罷業大恐慌の醫院側立落して二時間後に就業
1937年12月	嘉義	棉花會社女工因工資問題罷工。	會社解雇全部罷工者，正月如欲復職再重新聘用。	臺灣棉花會社	女工五十餘名	1937.12.31臺灣棉花の嘉義罷業工場で女工連が一齊罷業會社側は全員を解傭
1938年3月	基隆	泊於基隆港的昭榮丸船上日本船員十八名罷工，因與船上幹部衝突。	警方介入調停後復工。	不詳	日本船員十八名	1938.03.21機關員が罷業昭榮丸は立往生前借からもつれて、1938.03.21昭榮丸の問題圓滿に解決
1939年11月	高雄	旗後某造船所工人因工資問題罷工。	警方介入調停後復工。	不詳	工人七十餘名	1939.11.17木挽罷業解決高雄署の斡旋で
1940年4月	不詳	荷役苦力罷工。	不詳。	不詳	搬運苦力	1940.04.25荷役苦力罷業、1940.04.26苦力罷業解決

資料來源：大鐸資訊《臺灣日日新報》資料庫，http://140.112.115.15/

參考書目

一、報紙

大鐸資訊，《臺灣日日新報》資料庫：http://140.112.115.15/

得泓資訊，《臺灣民報》線上資料庫：http://tm.lib.ntu.edu.tw/

國立臺灣文學館，《臺灣新民報資料檢索系統》，http://sinmin.nmtl.gov.tw/opencms/
　　sinmin/

六然居資料室，《日刊臺灣新民報創始初期：1932年4/15-5/31》（電子書），臺南：
　　國立臺灣歷史博物館，2009。

南天書局，《臺灣大眾時報》，臺北：南天書局復刻，1995。

────，《新臺灣大眾時報》，臺北：南天書局復刻，1995。

二、專書

川野重任著，林英彥譯，《臺灣米穀經濟論》，臺北：臺灣銀行，1969。

王乃信等譯，《臺灣社會運動史（一九一三～一九三六年）第二冊：政治運動》，
　　臺北：海峽學術，2006。

────，《臺灣社會運動史（一九一三～一九三六年）第三冊：共產主義運
　　動》，臺北：海峽學術，2006。

────，《臺灣社會運動史（一九一三～一九三六年）第四冊：無政府主義運
　　動、民族革命運動、農民運動》，臺北：海峽學術，2006。

王詩琅譯註，《臺灣社會運動史：文化運動》，臺北：稻鄉，1988。

矢內原忠雄著，林明德譯，《日本帝國主義下之臺灣》，臺北：財團法人吳三連臺
　　灣史料基金會，2004。

史明，《臺灣人四百年史》，洛杉磯：蓬島文化，1980。

向山寬夫著，楊鴻儒、陳蒼杰、沈永嘉譯，《日本統治下的臺灣民族運動史》，臺北：福祿壽，1999。

托洛茨基著，王凡西譯，《俄國革命史》，上海：春燕出版社，1941。

列寧著，中共中央編譯局譯，《列寧選集》第三卷，北京：人民出版社，1995。

吳文星，《日據時期臺灣社會領導階層之研究》，臺北：正中書局，1992。

吳密察、吳瑞雲編譯，《臺灣民報社論》，臺北：稻鄉，1992。

李筱峰，《臺灣革命僧林秋梧》，臺北：自立晚報，1991。

邱秀芷，《臺灣民族運動的火車頭：蔣渭水傳》，臺北：臺北市文化局，2011。

周婉窈，《日據時代的臺灣議會設置請願運動》，臺北：自立晚報，1987。

涂照彥，《日本帝國主義下的臺灣》，臺北：人間，2008。

宮川次郎，《臺灣の農民運動》，臺北：拓殖通信社，1927。

────，《臺灣の社會運動》，臺北：臺灣實業界社營業所，1929。

馬克思、恩格斯著，中共中央編譯局譯，《資本論》第一卷，北京：人民出版社，2004。

翁佳音譯註，《臺灣社會運動史：勞工運動、右派運動》，臺北：稻鄉，1992。

陳水逢，《日本近代史》，臺北：臺灣商務，1988。

陳芳明，《蔣渭川和他的時代》，臺北：前衛，1996。

────，《殖民地臺灣左翼政治運動史論》，臺北：麥田，2006。

────，《謝雪紅評傳》，臺北：麥田，2009。

────，《殖民地摩登：現代性與臺灣史觀》，臺北：麥田，2011。

莊永明，《韓石泉醫師的生命故事：愛人如己的醫界典範》，臺北：遠流，2005。

郭杰、白安娜著，李隨安、陳進盛譯，《臺灣共產主義運動與共產國際（1924-1932）研究‧檔案》，臺北：中央研究院臺灣史研究所，2010。

張宗漢，《光復前臺灣之工業化》，臺北：聯經，1980。

連溫卿著，張炎憲、翁佳音編校，《臺灣政治運動史》，臺北：稻鄉，2003。

曼德爾著，孟捷譯，《權力與貨幣》，北京：中央編譯出版社，2001。

黃信彰，《工運‧歌聲‧反殖民：盧丙丁與林氏好的年代》，臺北：臺北市文化局，2010。

黃師樵，《臺灣共產黨秘史》，臺北：海峽學術，1999。

黃煌雄，《臺灣的先知先覺者：蔣渭水先生》，臺北：輝煌，1976。

黃慧鳳，《臺灣勞工文學》，臺北：國立編譯館，2007。

溝口敏行、梅村又次編，《旧日本植民地経済統計：推計と分析》，日本東京：東

洋經濟新報社，1988。

楊克煌，《臺灣人民民族解放鬥爭小史》，臺北：海峽學術，1999。

楊克煌遺稿，楊翠華整理，《我的回憶》，臺北：楊翠華，2005。

楊渡，《簡吉：臺灣農民運動史詩》，臺北：南方家園，2014。

楊碧川，《日據時代臺灣人反抗史》，臺北：稻鄉，1988。

葉榮鐘等著，《臺灣民族運動史》，臺北：自立晚報，1971。

臺灣史研究會編，《王敏川選集》，臺北：海峽學術，2002。

蔣渭水著，王曉波編，《蔣渭水全集增訂版》上下冊，臺北：海峽學術，2005。

蕭友山，《臺灣解放運動の回顧》，臺北：三民書局，1946。

盧卡奇著，黃丘隆譯，《歷史與階級意識——馬克思主義辯證法研究》，臺北：結
　　構群文化，1989。

盧修一，《日據時代臺灣共產黨史（1928-1932）》，臺北：前衛，1989。

薛化元主編，《發展與帝國邊陲：日治臺灣經濟史研究文集》，臺北：國立臺灣大
　　學出版中心，2013。

謝春木，《臺灣人は斯く觀る》，臺北：臺灣民報社，1929。

———，《臺灣人の要求》，臺北：臺灣新民報社，1931。

謝雪紅口述，楊克煌筆錄，《我的半生記》，臺北：楊翠華，1997。

簡炯仁，《臺灣民眾黨》，臺北：稻鄉，1991。

———，《臺灣共產主義運動史》，臺北：前衛，1997。

藍博洲，《日據時期臺灣學生運動》，臺北：時報，1993。

三、單篇論文

王御風，〈陳中和家族與日治高雄市產業的發展〉，《臺灣文獻》第62卷第4期，臺
　　北：國史館臺灣文獻館，2001。

吳榮發，〈淺野水泥高雄廠的發展（1917~1945年）〉，《高雄文獻》第18卷第3
　　期，高雄：高雄市立歷史博物館，2005。

柯志明，〈所謂的「米糖相剋」問題——日據臺灣殖民發展研究的再思考〉，《臺
　　灣社會研究季刊》第2卷第3、4期，臺北：臺社，1989。

———，〈日據臺灣農村之商品化與小農經濟之形成〉，《中央研究院民族學研究
　　所集刊》第68卷，臺北：中央研究院，1990。

———，〈殖民經濟發展與階級支配結構——日據臺灣米糖相剋體制的危機與重構
　　（1925-1942）〉，《臺灣社會研究季刊》第13卷，臺北：臺社，1992。

洪紹洋，〈戰後臺灣機械公司的接收與早期發展〉，《臺灣史研究》第17卷第3期，
　　臺北：中央研究院臺灣史研究所，2000。

———，〈日治時期臺灣機械業發展之初探：以臺灣鐵工所為例〉，《臺灣學研究
　　國際學術研討會：殖民與近代化論文集》，臺北：國立中央圖書館臺灣分館，
　　2009。

根岸勉治著，許粵華譯，〈日據時代臺灣之農產企業與米糖相剋關係〉，《臺灣銀
　　行季刊》第9卷第4期，臺北：臺灣銀行經濟研究室，1958。

堀內義隆，〈日本植民地期台湾の米穀産業と工業化：籾摺‧精米業の発展を中心
　　に〉，《社会経済史学》第67卷第1號，日本東京：社会経済史学会，2001。

———，〈日本植民地期台湾における農村工業の発達と労働供給〉，《三重大
　　学法経論叢》第27卷第2號，日本三重縣：三重大學，2010。

許松根，〈日治臺灣的工業化程度〉，《東吳經濟商學學報》第75期，臺北：東吳
　　大學，2011。

許雪姬，〈臺灣中華總會成立前的「臺灣華僑」，1895~1927〉，《中央研究院近代
　　史研究所集刊》第20期，臺北：中央研究院近代史研究所，1991。

黃文樹，〈大崗山派心覺法師行述〉，《護僧》第27期，高雄：中華佛教護僧協
　　會，2002。

葉淑貞，〈日治時代臺灣經濟的發展〉，《臺灣銀行季刊》第60卷第4期，臺北：臺
　　灣銀行經濟研究室，2009。

蔡龍保，〈舊事物‧新管理：日治初期臺北地區人力車的發展（1895-1904）〉，
　　《臺灣學研究國際學術研討會：殖民與近代化論文集》，臺北：國立中央圖書
　　館臺灣分館，2009。

四、學位論文

吳永毅，《運動在他方——一個基進知識份子的工運自傳》，香港：香港理工大學
　　應用社會科學研究所博士論文，2010。

柯正毅，《日治時期臺灣勞工文學之研究——以新文學小說為中心》，臺北：國立
　　臺北教育大學臺灣文化研究所碩士論文，2013。

高淑媛，《臺灣近代產業的建立——日治時期臺灣工業與政策分析》，臺南：國立
　　成功大學歷史研究所博士論文，2003。

莊天賜，《臨時臺灣糖務局與臺灣新製糖業之發展（1902-1911）》，臺北：國立臺
　　灣師範大學歷史學研究所博士論文。2011。

張獻堂，《論簡吉與農民運動》，臺北：臺北市立教育大學歷史與地理學系社會科教學碩士學位班碩士論文，2013。

曾郁明，《巨變與衝擊：論社會主義思潮對臺灣左翼運動的影響（以1920-1937論述）》，臺北：國立臺灣師範大學政治學研究所碩士論文，2006。

楊光華，《日據時期臺灣農民組合之研究》，臺北：中國文化大學史學研究所碩士論文，1998。

廖師慧，《日治時期水泥工業之發展——以淺野財閥爲中心》，高雄：國立高雄第一科技大學應用日語系碩士論文，2004。

廖偉程，《日據臺灣殖民發展中的工場工人（1905-1943）》，新竹：國立清華大學歷史學研究所碩士論文，1994。

鄭秀美，《日治時期臺灣婦女的勞動群相（1895-1937）》，臺南：國立成功大學歷史研究所碩士論文，2007。

蕭新煌，《臺灣農民運動的興盛與衰落——對二○年代與八○年代的觀察》，臺北：國立臺灣大學社會學研究所碩士論文，1992。

羅文國，《日本殖民政策與臺灣農民運動的形成（1895-1931年）》，臺北：國立政治大學歷史學研究所碩士論文，1993。

五、網路資料

文化部，《臺灣大百科全書》，2006，http://taiwanpedia.culture.tw/

中野文庫，《植民地法令目次》，2008，http://www.geocities.jp/nakanolib/etc/colony/colony.htm

邱士杰，〈二十世紀臺灣社會主義運動簡史─組織史部分〉，2009，苦勞網：http://www.coolloud.org.tw/node/77056

───，〈一九二零年代臺灣社會運動中的「大眾黨」問題〉，2014，連溫卿研究：https://lianwenqing.wordpress.com

羅莎·盧森堡，《國民經濟學入門》，1962，中文馬克思主義文庫：http://www.marxists.org/chinese/Rosa-Luxemburg/1914/index.htm

國家圖書館出版品預行編目資料

全島總罷工：殖民地臺灣工運史 / 蔣闊宇著. -- 初
版. -- 臺北市：前衛, 2020.05
　　面；17×23公分
　　ISBN 978-957-801-913-3（平裝）

1.罷工　2.勞工運動史　3.臺灣

556.2209　　　　　　　　　　　　　109005387

全島總罷工
殖民地臺灣工運史

作　　者　蔣闊宇
責任編輯　鄭清鴻
封面設計　Lucace workshop. 盧卡斯工作室
美術編輯　宸遠彩藝
圖像授權　財團法人蔣渭水文化基金會
出版補助　國│藝│會
　　　　　NCAF

出 版 者　前衛出版社
　　　　　地址：104056台北市中山區農安街153號4樓之3
　　　　　電話：02-25865708｜傳眞：02-25863758
　　　　　郵撥帳號：05625551
　　　　　購書‧業務信箱：a4791@ms15.hinet.net
　　　　　投稿‧代理信箱：avanguardbook@gmail.com
　　　　　官方網站：http://www.avanguard.com.tw
出版總監　林文欽
法律顧問　南國春秋法律事務所
總 經 銷　紅螞蟻圖書有限公司
　　　　　地址：114066台北市內湖區舊宗路二段121巷19號
　　　　　電話：02-27953656｜傳眞：02-27954100

出版日期　2020年5月初版一刷
定　　價　450元

＊請上「前衛出版社」臉書專頁按讚，獲得更多書籍、活動資訊
　http://www.facebook.com/AVANGUARDTaiwan